한 방에 합격하는

정보처리기사

필기 | 2권

KB084732

SD에듀
㈜시대고시기획

목 차

5 과목

정보 시스템 구축 관리

과목

프로그래밍 언어 활용

장

서버 프로그램 구현

이번 장에서 다룰 내용

```
서버 프로그램 구현 ─┬─ 환경 구성 ─┬─ 서버 아키텍처
                 │            ├─ 통합 개발 환경
                 │            └─ 데브옵스
                 │
                 └─ 구현 ─┬─ 객체화
                         ├─ 서버 프레임워크
                         ├─ 시큐어 코딩
                         ├─ API 개발
                         ├─ 모듈 개발
                         └─ 배치 프로그램
```

☑ 서버 프로그램을 구현하기 위해 개발 환경 구축을 먼저 해야 한다.
☑ 효과적으로 서버 프로그램을 할 수 있도록 개발 프레임워크를 사용하여 개발한다.
☑ 서버 모듈을 개발할 수 있도록 모듈화, 객체화, 재사용 기법 등을 사용한다.
☑ 서버 프로그램을 개발하기 위해서는 API, 시큐어 코딩 등을 이해해야 한다.

101 | 서버 아키텍처

1 서버 아키텍처의 이해

PC가 서버 역할을 하던 시대를 지나, 현재는 클라이언트/서버 구조로 모든 비즈니스 개발을 서버에서 하게 되어 서버 아키텍처에 대한 이해가 필요하다.

| 클라이언트/서버 구조 |

- 클라이언트는 서버에서 분리되어 있고, 각각의 클라이언트가 서버에 요청하는 방식이 클라이언트 서버 구조이다.
- 서버의 유형은 애플리케이션 서버, 파일 및 FTP 서버, 터미널 서버, 메일, DNS* 서버 등 목적에 따라 구성할 수 있다.

구분	역할	기능
서버	수동적, 서비스 제공자 (Passive, Slave)	- 클라이언트 요청을 처리하기 위해 대기 - 요청을 처리한 후, 결과를 클라이언트에 회신하는 역할 (Reply)
클라이언트	능동적, 의뢰자 (Active, Master)	- 서버가 수행할 수 있는 요청을 전송하는 역할 - 회신(응답)이 반환될 때까지 기다리는 행위 진행

2 계층으로 본 서버 아키텍처의 변화

■ 2계층 구조와 3계층 구조

초기에는 인터넷 기반의 2계층 서비스를 시작했으나, 애플리케이션 서버가 추가된 3계층 서비스로 아키텍처가 변화했다. 3계층 구조는 2계층 구조와 달리 클라이언트와 데이터베이스 사이에 비즈니스 처리를 전담하는 애플리케이션 서버를 통하여 비즈니스 개발 부분을 분리한다.

구분	기능
2계층 구조	

멘토 코멘트

NCS 출제 기준으로 개편되면서 추가된 부분이다. 서버 아키텍처에 대한 이해가 필요하다.

★ DNS
(Domain Name System)
할당된 도메인 영역에 대한 정보를 가지고 있는 서버로, 주로 도메인을 IP주소로 변환하는 역할을 한다.

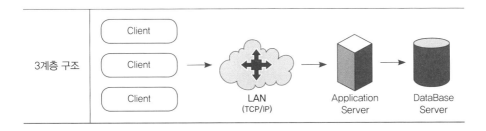

| 3계층 구조 | Client / Client / Client → LAN (TCP/IP) → Application Server → DataBase Server |

■ 계층으로 변화된 서버 아키텍처

웹 브라우저로 전송되는 정적인 콘텐츠(CSS, 이미지, 스크립트)는 웹 서버에서 전담하는 역할을 하고, 비즈니스를 전담하는 서블릿* 등의 컴포넌트는 WAS(Web Application Server)에 설치하여 아키텍처를 구성한다.

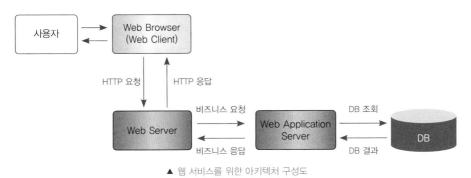

▲ 웹 서비스를 위한 아키텍처 구성도

★ 서블릿(Servlet)
Java를 사용하여 웹을 만들기 위한 기술로써, 클라이언트가 요청을 하면 그 결과를 전달하기 위해 작성된 프로그램이다.

알아두기
웹 서버는 정적 콘텐츠를 제공하는 역할을 하고, WAS는 동적 콘텐츠를 제공하는 역할을 한다.

3 서버 아키텍처의 구성 요소

구성 요소	설명	유형
운영체제	시스템 하드웨어와 사용자 프로그램 사이에 존재하여 시스템적으로 관리해주는 구성 요소	Linux, Windows, Unix
웹 서버	HTTP를 통해 웹 브라우저에서 요청하는 HTML 문서나 오브젝트를 전송해주는 서비스 및 프로그램	Apache, nginx
웹 애플리케이션 서버	웹 서비스를 동적(Dynamic)으로 제공하기 위한 WAS(Web Application Server)의 형태	WAS, Tomcat
데이터베이스 서버	데이터를 저장하여 효율적으로 조회하고 사용하기 위한 서버	Oracle, Mysql, DB2
파일 서버	파일 저장 하드웨어로 물리적 저장 장치를 활용한 서버	NAS

멘토 코멘트
서비스 요구사항에 따라 서버 구성 요소는 달라질 수 있으나 보편적으로 사용되는 유형에 대하여 학습이 필요하다.

01 서버를 구성하기 위한 필수 하드웨어 환경 조건이 아닌 것은?

① 웹 애플리케이션 서버

② 웹 서버

③ 데이터베이스 서버

④ 웹 브라우저

> **해설** 웹 브라우저는 클라이언트 도구로써 필수 하드웨어 환경 조건이 아니다.

02 서버, 클라이언트에 대한 설명으로 틀린 것은?

① 서버는 클라이언트 요청을 처리하기 위해 대기하는 역할을 한다.

② 서버는 요청을 처리한 후, 결과를 클라이언트에 회신한다.

③ 서버는 능동적 역할을 하고, 클라이언트는 수동적 역할을 한다.

④ 서버는 최근 WAS를 이용하는 아키텍처를 많이 사용한다.

> **해설** 서버는 수동적 역할을 하고, 클라이언트가 능동적인 역할을 한다.

03 웹 서버 아키텍처에 대한 설명이다. 틀린 것은?

① 비즈니스 요청 처리를 하기 위해 WAS를 사용한다.

② 정적인 파일은 Web Application Server에서, 동적인 파일은 웹 서버에서 처리한다.

③ Web Application Server를 이용하는 경우 데이터베이스 연계는 보통 Web Application Server에서 연계한다.

④ 웹 브라우저는 보통 웹 서버로 호출한다.

> **해설** 동적인 파일은 Web Application Server에서 처리하고, 정적인 파일은 웹 서버에서 처리한다.

04 다음 보기가 포함되는 유형은 어느 것인가?

> Apache, nginx

① 운영체제

② 파일 서버

③ 웹 서버

④ 데이터베이스 서버

> **해설** 웹 서버는 HTTP를 통해 웹 브라우저에서 요청하는 HTML 문서나 오브젝트를 전송해주는 서비스 및 프로그램이며, 대표적으로 Apache, nginx, Microsoft IIS 등이 있다.

102 | 통합 개발 환경

1 통합 개발 도구의 개념

- 개발 환경 구축은 소프트웨어 개발을 하기 위한 환경 구성을 말한다. 개발할 수 있는 하드웨어를 구축하고, 개발할 수 있는 도구를 사전에 세팅하는 활동이 포함된다.
- 개발 환경을 구축할 때는 개발 활동을 테스트하고 배포, 모니터링할 수 있는 기능을 제공하는 도구들이 있다.

알아두기

통합 개발 환경(IDE; Integrated Development Environment)
코딩, 디버그, 컴파일, 배포 등 프로그램 개발에 관련된 모든 작업을 하나의 프로그램 안에서 처리하는 환경을 제공하는 소프트웨어이다.

■ 세부 개발 도구

도구	설명	예시
구현 도구	개발 언어를 통해 실제 구현할 수 있는 기능과 환경을 제공하는 도구	IntelliJ, Eclipse, Visual Studio 등
테스트 도구	개발된 모듈에 대해 요구사항대로 구현되었는지 확인할 수 있는 도구	Junit, Spring Test 등
형상 관리 도구	개발된 산출물에 대해 저장하면서 버전 및 히스토리를 확인할 수 있는 도구	CVS, SVN, Git 등
빌드 도구	개발된 코드에 대해 컴파일하고 빌드할 수 있는 도구	Ant, Maven, Gradle 등

2 형상 관리(Configuration Management)의 개념

소프트웨어의 개발을 위한 전과정에서 발생하는 모든 항목의 변경 사항을 관리하기 위한 활동이다.

■ 형상 관리 절차

멘토 코멘트

형상 관리는 시험 출제 빈도수가 높으니 꼭 알아두어야 한다.

절차		활동	설명
1	형상 식별	대상 식별	형상 관리 대상을 정의, 식별하고 해당 항목에 추적성을 부여하기 위한 ID 관리 번호를 부여하는 활동
2	형상 통제	승인, 검토 통제	변경 요구 관리, 변경 제어, 형상 관리 등 통제 지원
3	형상 감사	베이스라인 무결성	베이스라인 변경 시 요구사항과 일치 여부 검토
4	형상 기록	각종 수행 결과 기록	소프트웨어 형상 및 변경 관리에 대한 수행 결과 기록

■ 형상 관리의 구성 요소

구성 요소	설명
기준선 (Baseline)	– 각 형상 항목의 기술적 통제 시점, 모든 변화를 통제하는 시점의 기준 – 라이프 사이클상 진행과 변경을 구별하는 관리상의 기준점
형상 항목 (Configuration Item)	소프트웨어 생명주기 중 공식적으로 정의되고 관리되는 대상 예 기술 문서, 개발 도구, 소스 코드가 포함되는 항목
형상물 (Configuration Product)	소프트웨어 개발 생명주기 중 공식적으로 구현되는 형체가 실현된 형상 관리의 대상 예 기술 문서, 하드웨어 제품, 소프트웨어 제품
형상 정보 (Configuration Information)	형상 항목과 형상물로 구성되는 정보
CCB* (Configuration Control Board)	형상 관리에 대한 전략과 통제 등 전반적인 관리와 통제를 하는 조직 예 전략/표준 수립, 교육, 베이스라인 설정, 변경 통제/승인, 식별, 통제, 감사, 기록 등

★ CCB(Configuration Control Board)
형상 제어 위원회라고도 불리며, 제안된 형상 항목의 변경을 평가하거나 승인/불승인하고, 승인된 변경의 구현을 보증할 책임이 있는 조직이다.

3 개발 환경 구축 절차

	절차	설명	주요 활동
1	요구사항 분석	대상이 되는 시스템의 요구사항을 분석하여 어떠한 도구들이 필요할지 준비하는 과정	시스템 환경 분석
2	도구 설계	구현 도구, 빌드 도구, 테스트 도구, 형상 관리 등 요구사항에 맞는 시스템을 구축하기 위한 환경 설계	관련 도구 현황 파악
3	개발 언어 선정	개발 대상의 업무 성격에 적합한 특성을 확인하고 적합한 언어를 선정	– 개발 언어 선정 – 기준 점검
4	개발 도구 선정	개발 언어에 따른 적합한 구현 도구를 파악	Java, C 등 언어에 따른 도구 선정
5	빌드/테스트 구축	구성원의 경험과 개발 환경에 맞는 빌드 및 테스트	CI/CD 구축

기출 유형 문제

출제 예상 문제

2019.04

01 소프트웨어 형상 관리에 대한 설명으로 가장 타당한 것은?

① 개발 인력을 관리하는 것

② 개발 과정의 변화 사항을 관리하는 것

③ 개발 일정을 관리하는 것

④ 테스트 과정에서 소프트웨어를 통합하는 것

> **해설** 형상 관리(Configuration Management)는 CVS, SVN, Git 등을 이용하여 변화되는 사항을 관리하는 것이다.

2015.03

02 소프트웨어 형상 관리의 대상으로 거리가 먼 것은?

① 소스 레벨과 수행 형태인 컴퓨터 프로그램

② 숙련자와 사용자를 목표로 한 컴퓨터 프로그램을 서술하는 문서

③ 프로그램 내에 포함된 자료

④ 시스템 개발 비용

> **해설** 형상 관리의 대상에는 시스템 개발 비용이 포함되지 않는다.

2022.03

03 개발 환경 구성을 위한 빌드(Build) 도구에 해당하지 않는 것은?

① Ant

② Kerberos

③ Maven

④ Gradle

> **해설** Kerberos는 '티켓'을 기반으로 동작하는 컴퓨터 네트워크 인증 암호화 프로토콜로서 비보안 네트워크에서 통신하는 노드가 Kerbero의 보안 방식을 통해 다른 노드에 대해 식별할 수 있게 허용하는 특징이 있다.

04 다음에서 설명하는 형상 관리 구성 항목은?

> 개발된 산출물에 대해 저장하면서 버전 및 히스토리를 확인할 수 있는 도구

① 형상 관리 도구　　② 구현 도구

③ 빌드 도구　　　　④ 테스트 도구

> **해설** CVS, SVN, Git 등을 이용하여 개발된 산출물에 대해 저장하면서 히스토리를 관리할 수 있는 도구를 형상 관리 도구라고 한다.

05 다음 형상 관리 절차를 정확히 작성한 것은?

① 형상 식별 → 형상 기록 → 형상 감사 → 형상 통제

② 형상 기록 → 형상 통제 → 형상 감사 → 형상 식별

③ 형상 식별 → 형상 통제 → 형상 감사 → 형상 기록

④ 형상 식별 → 형상 통제 → 형상 기록 → 형상 감사

> **해설** 형상 관리의 절차는 형상 식별 → 형상 통제 → 형상 감사 → 형상 기록으로 구성된다.

06 다음에서 설명하는 형상 관리 구성 항목은?

> 형상 관리에 대한 전략과 통제 등 전반적인 관리 통제를 하는 조직

① 기준선(Baseline)

② 형상 항목(Configuration Item)

③ 형상 정보(Configuration Information)

④ CCB(Configuration Control Board)

> **해설** 형상 관리 대상의 변경 요구를 검토하여 통제하는 조직을 CCB라고 한다.

103 | 데브옵스

1 데브옵스(Devops)의 개념

알아두기

개발과 운영을 효과적으로 진행할 수 있는 방법론을 데브옵스라 한다.
지속적인 통합과 배포를 진행하기 위해 구성하는 통합 배포 방식을 CI/CD(Continue Integration / Continue Deploy)라고 한다.

데브옵스는 소프트웨어의 개발(Development)과 운영(Operations)의 합성어로서, 소프트웨어 개발자와 정보기술 전문가 간의 소통, 협업 및 통합을 강조하는 개발 환경이나 문화를 의미하는 방법론이다.

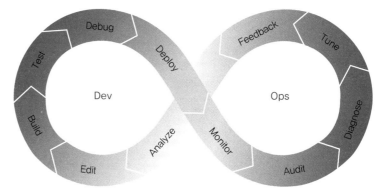

▲ 데브옵스 개념도

2 데브옵스(Devops)의 활동

절차	설명
코드 작성	코드 개발 및 검토, 버전 관리 도구, 코드 병합
빌드	지속적 통합(CI) 도구, 빌드 상태
테스트	테스트 및 결과가 성능을 결정
패키지	애플리케이션 배포 이전 단계
릴리즈	변경 사항 관리, 릴리즈 승인, 릴리즈 자동화
구성	인프라 구조 구성 및 관리, IaC(Infrastructure as Code) 도구
모니터링	애플리케이션 성능 모니터링, 최종 사용자 경험

3 데브옵스(Devops)의 문화

문화	설명
협업, 가시성 및 효율	팀 간의 협업을 하고, 내용에 대해서는 가시성의 제공이 필요
팀 역할 범위와 책임의 변화	개발자는 개발은 물론 운영 단계까지 책임을 짐
짧은 릴리즈 주기	짧은 주기로 소프트웨어 릴리즈를 하며 민첩성 유지
지속적인 학습	성장형 사고 방식을 가지고 지속적인 학습

4 CI와 CD

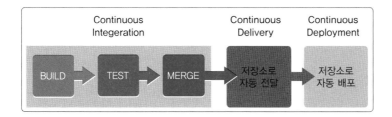

멘토 코멘트

CI/CD는 지속적 통합 및 지속적 제공의 구축 사례만을 지칭할 때도 있고, 지속적 통합, 지속적 제공, 지속적 배포라는 3가지 구축 사례 모두를 의미하는 것일 수도 있다.

■ CI(Continuous Integration)

- 중앙 저장소에 지속적으로 코드가 통합, 테스트되고 배포할 준비를 하는 자동 환경 구축 방법이다.
- 소스 코드 변경 사항을 공유 브랜치 또는 트렁크로 다시 병합하는 작업을 수행하는 활동이다.
- 자동화된 단위/통합 테스트로 변경 사항의 정확한 적용 여부, 기존 코드와 충돌 여부 등을 확인하는 활동이다.

■ CD(Continuous Delivery)

소프트웨어의 빌드, 테스트, 릴리즈의 빈도를 높이고, 빠르게 하기 위한 방법이다.

CD 활동	설명
Continuous Delivery	개발자들이 애플리케이션에 적용한 변경 사항이 버그 테스트를 거쳐 리포지토리(예 GitHub 또는 컨테이너 레지스트리)에 자동으로 업로드하는 활동
Continuous Deployment	개발자의 변경 사항을 리포지토리에서 고객이 사용 가능한 프로덕션 환경까지 자동으로 릴리즈하는 활동

알아두기

CI를 위해서는 CI 서버가 필요하며, 이에 해당하는 대표적인 서버로 Jenkins가 있다.

01 다음 중 데브옵스의 활동이 아닌 것은?

① 빌드

② 테스트

③ 산출물 기록

④ 릴리즈

> **해설** 빌드, 테스트, 릴리즈는 데브옵스(Devops)의 주 활동이다.

02 다음 중 데브옵스의 문화가 아닌 것은?

① 빠른 비용 산출

② 협업, 가시성 및 효율

③ 짧은 릴리즈 주기

④ 지속적인 학습

> **해설** 형상 관리에서 시스템 개발 비용과는 무관하다.

03 다음 보기에서 설명하는 개념은 무엇인가?

> 중앙저장소에 통합된 코드를 자동으로 배포하는 환경 구축 방법

① 릴리즈(Release)

② 개발(Development)

③ CI(Continuous Integration)

④ CD(Continuous Delivery)

> **해설** CI는 중앙 저장소에 지속적으로 코드가 통합, 테스트되고 배포할 준비를 하는 자동 환경 구축 방법이고, CD는 배포 활동의 핵심이 되는 활동이다.

04 다음 중 CI(Continuous Integration)의 활동은 무엇인가?

① 변경된 코드에 따라 자동으로 설계서에 반영한다.

② 애플리케이션에 적용한 변경 사항을 자동으로 전달하는 활동을 한다.

③ 변경 사항을 자동으로 프로덕션 환경까지 릴리즈하는 활동을 한다.

④ 소스 코드의 변경 사항을 공유 브랜치 또는 트렁크로 다시 병합하는 작업을 수행한다.

> **해설** 애플리케이션에 적용한 변경 사항을 자동으로 전달하는 활동을 하는 것은 Continuous Delivery이고, 변경 사항을 자동으로 프로덕션 환경까지 릴리즈하는 활동은 Continuous Deployment에 속한다. 변경된 코드에 따라 설계서에 반영하는 것은 CI에 속하지 않는다.

104 | 객체화

1 객체화의 개념

실생활의 내용을 추상적으로 담아 표현하는 프로그래밍 기법이다.

알아두기

Java 프로그래밍 언어는 대표적 객체화 언어이다.

2 객체화의 구성 요소

구성 요소	설명
클래스* (Class)	– 같은 종류의 집단으로 속성(Attribute)과 행위(Behavior)를 통해 정의 – 객체 지향 프로그램의 기본적인 사용자 정의 데이터형
객체* (Object)	– 실제 메모리에 할당된 클래스의 구체적 인스턴스* – 자신 고유의 속성을 가지며 클래스에서 정의한 행위(Behavior)를 수행
속성 (Attribute)	객체의 데이터
메소드 (Method)	– 객체의 행위를 정의한 단위 – 클래스로부터 생성된 객체를 사용하는 방법
메시지 (Message)	– 다른 객체에 특정 작업을 요청하는 신호로 객체들 간의 상호작용 – 수신 객체 이름, 오퍼레이션 이름, 매개변수로 구성

★ 클래스(Class)

객체를 만들어내기 위한 설계도

★ 객체(Object)

소프트웨어에서 구현할 대상

★ 인스턴스(Instance)

설계도를 바탕으로 소프트웨어에 구현된 구체적인 실체

3 객체화의 기법

기법	설명
캡슐화 (Encapsulation)	– 관련성이 많은 속성과 메소드를 하나로 묶어서 객체로 구성 – 사용자에게는 객체의 기능과 사용법만 제공하고 내부 처리 과정은 은닉 – 데이터 보호, 추상화 용이, 사용성 증가, 변경 용이, 재사용성 증가
추상화 (Abstraction)	– 공통 성질을 추출하여 슈퍼 클래스로 구성 – 복잡한 현실 세계를 객체 중심의 안정된 모델로 표현
다형성 (Polymorphism)	– 동일한 이름의 오퍼레이션을 여러 형태의 다른 사양으로 정의 가능 – 오버로딩 : 매개변수의 수 또는 타입을 달리하여 구분 – 오버라이딩 : 부모 클래스의 메소드를 재정의
정보 은닉 (Information Hiding)	– 캡슐화된 항목(내부 구현)을 다른 객체(Object)로부터 숨김 – 모듈 내 인터페이스와 구현을 분리하고 인터페이스를 통해서만 메시지 전달
상속 (Inheritance)	– 상위 클래스의 속성과 메소드를 하위 클래스가 상속받아 사용 – 상위 클래스는 추상적(일반화)이며, 하위 클래스는 구체적(특수화) 성질을 가짐

4 객체화의 설계 원리

설계 원리	설명
SRP	- Single Responsibility Principle - 단일 책임 원칙 : 객체는 하나의 책임만 진다는 원리
OCP	- Open Close Principle - 개방 폐쇄 원칙 : 확장에 열리고 수정에 닫혀야 한다는 원리
LSP	- Liskov Substitution Principle - 리스코프 교체 원칙 : 하위 클래스는 상위 클래스를 대체할 수 있어야 한다는 원리
ISP	- Interface Segregation Principle - 인터페이스 분리 원칙 : 관련 없는 메소드는 의존하지 않는다는 원리
DIP	- Dependency Inversion Principle - 의존관계 역전 원칙 : 추상화에 의존하고, 구체적인 것에 의존하지 않는다는 원리

알아두기

객체화 설계 원리에 기반하여 최적화로 만든 패턴을 디자인 패턴(Design Pattern)이라고 한다.

5 Java의 객체 접근 제한자

알아두기

C++에서도 public, private, protected 모두 Java에서와 같은 속성으로 사용되고 있으나, C++에서는 default가 private로 설정되는 차이가 있다.

접근 제한자	설명
public	모든 접근을 허용하는 제한자
protected	같은 패키지(폴더)에 있는 객체와 상속 관계의 객체들만 허용하는 제한자
default	같은 패키지(폴더)에 있는 객체들만 허용하는 제한자
private	현재 클래스 내에서만 허용하는 제한자

2020.09

01 Java에서 사용하는 접근 제어자의 종류가 아닌 것은?

① internal

② private

③ default

④ public

해설 Java의 접근 제어자는 private, default, public, protected 가 있다.

2021.03

02 Java에서 변수와 자료형에 대한 설명으로 틀린 것은?

① 변수는 어떤 값을 주기억장치에 기억하기 위해서 사용하는 공간이다.

② 변수의 자료형에 따라 저장할 수 있는 값의 종류와 범위가 달라진다.

③ char 자료형은 나열된 여러 개의 문자를 저장하고자 할 때 사용한다.

④ boolean 자료형은 조건이 참인지 거짓인지 판단하고자 할 때 사용한다.

해설 Java에서 char는 한 개의 문자를 저장할 때 사용되는 자료형이며, 여러 개의 문자를 저장할 때는 string을 사용한다.

2020.06

03 Java 언어에서 접근 제한자가 아닌 것은?

① public

② protected

③ package

④ private

해설 package는 클래스를 묶는 역할을 한다.

2021.06

04 다음 Java 프로그램이 실행되었을 때의 결과는?

```java
public class Operator {
public static void main(String[] args) {
    int x = 5, y = 0, z = 0;
    y = x++;
    z = --x;
    System.out.print(x+","+y+","+z)
    }
}
```

① 5, 5, 5

② 5, 6, 5

③ 6, 5, 5

④ 5, 6, 4

해설 y=x++ 구문에서는 y에 x값 5를 넣은 후 x에 1을 더하게 된다. 결과는 x=6, y=5, z=0이 된다.
z=--x 구문에서는 x에서 1을 빼고, z에 x값 5를 대응한다.
따라서 결과는 5, 5, 5이다.

05 다음 Java 프로그램이 실행되었을 때, 실행 결과는?

```java
public class Rarr {
    static int[] marr() {
        int temp[] = new int[4];
        for(int i = 0; i<temp.length; i++)
            temp[i] = i;
        return temp;
    }
    public static void main(String[] args) {
        int iarr[];
        iarr = marr();
        for(int i = 0; i<iarr.length; i++)
            System.out.print(iarr[i]+" ");
    }
}
```

① 1 2 3 4

② 0 1 2 3

③ 1 2 3

④ 0 1 2

> **해설** marr() 함수에서 0, 1, 2, 3 순서대로 입력하였고, main 함수에서 배열에 들어있는 공간만큼 for문으로 출력하였으므로 0 1 2 3으로 출력된다.

06 다음 중 객체화 기법이 아닌 것은?

① 캡슐화

② 추상화

③ 다형성

④ 응집화

> **해설** 객체화 기법에는 캡슐화, 추상화, 다형성, 정보 은닉, 상속성이 있다. 응집화는 모듈화 기법이다.

07 다음 중 객체화 구성 요소가 아닌 것은?

① 클래스

② 객체

③ 속성

④ 직렬화

> **해설** 객체화 구성 요소에는 클래스, 객체, 속성, 메소드, 메시지가 있다.

08 다음에서 설명하는 객체화 설계 원리는 무엇인가?

> 객체는 하나의 책임만 진다는 원리

① SRP

② OCP

③ LSP

④ ISP

> **해설** SRP는 Single Responsibility Principle의 약어로, 단일 책임 원칙이다.

105 | 서버 프레임워크

1 서버 프레임워크(Framework)★의 개념

- 협업의 개발이 가능하도록 공통적인 표준을 제시하여 개발할 수 있도록 할 수 있는 도구이자 가이드이다.
- 인터페이스, 설정, 코드 등을 정하여 재사용할 수 있는 기능 등을 포함한다.

★ 프레임워크
소프트웨어 애플리케이션이나 솔루션의 개발을 수월하게 하기 위해 소프트웨어의 구체적 기능에 해당하는 부분의 설계와 구현을 재사용 가능하도록 협업화된 형태로 제공하는 소프트웨어 환경을 말한다.

■ 서버 프레임워크의 특징

특성	설명
모듈화 (modularity)	− 인터페이스에 의한 캡슐화를 통해 모듈화를 강화한다. − 설계와 구현의 변경에 따르는 영향을 최소화하는 성질이다.
재사용성 (reusability)	반복적으로 사용될 수 있는 컴포넌트를 정의하여 재사용성을 높인다.
확장성 (extensibility)	다형성을 통해 애플리케이션이 프레임워크의 인터페이스를 확장할 수 있게 한다.

■ 서버 프레임워크의 구성 요소

구성 요소	구성 기능	기능
개발 환경	구현 도구, 배포 도구, 테스트 도구, 형상 관리 도구	데이터 개발 도구, 테스트 자동화 도구, 코드 검사 도구, 템플릿 프로젝트 생성 도구, 공통 컴포넌트 조립 도구, 서버 환경 관리 도구, 모바일용 표준 소스 코드 생성 도구 등의 환경
실행 환경	화면 처리, 업무 처리, 데이터 처리, 연계 통합, 공통 기반	개발하는 업무 프로그램의 실행에 필요한 공통 모듈 등 업무 프로그램 개발 시 화면, 서버 프로그램, 데이터 개발, 배치 처리 기능 개발을 표준화가 용이하도록 지원하는 응용 프로그램 환경
운영 환경	모니터링 도구, 운영 관리 도구, 배치 운영 도구	실행 환경에서 운영되는 서비스를 운영하기 위한 환경 제공(모니터링, 배포, 관리 시스템 등)과 배치 환경을 운영하기 위한 환경 제공(배치 실행, 스케줄링, 결과 모니터링 등)
관리 환경	서비스 요청 관리, 변경 관리, 현황 관리, 표준 관리	개발 프레임워크 및 공통 서비스를 각 개발 프로젝트에 배포 및 관리하기 위한 모듈

2 전자정부 프레임워크의 개념

전자정부 표준 프레임워크는 공공사업에 적용되는 개발 프레임워크의 표준 정립으로 응용 소프트웨어 표준화, 품질 및 재사용성 향상을 목표로 하는 개발 프레임워크이다.

■ 전자정부 프레임워크의 특징

특징	설명
상용 솔루션 연계	상용 솔루션과 연계가 가능한 표준을 제시하여 상호 운용성 보장
개방형 표준 준수	오픈 소스 기반의 범용화되고 공개된 기술의 활용으로 특정 사업자에 대한 종속성 배제
모바일 환경 지원	모바일 환경을 위한 모바일 웹(UX/UI) 및 하이브리드 앱 지원
편리하고 다양한 환경	Eclipse 기반의 모델링(UML, ERD), 컴파일링, 디버깅 환경 제공
변화 유연성	각 서비스의 모듈화로 교체가 용이하며 인터페이스 기반 연동으로 모듈 변경에 대한 영향 최소화
국가적 표준화 지향	민간, 학계로 구성된 자문협의회를 통한 국가적 차원 표준화 수행

알아두기

전자정부 프레임워크는 대한민국의 공공부문 정보화 사업 시 플랫폼별 표준화된 개발 프레임워크이다.

알아두기

Spring 프레임워크는 Java의 대표적인 프레임워크로, 전자정부 프레임워크의 기반 기술로 사용되고 있다.

알아두기

서버가 아닌 클라이언트 화면을 구성하는 프레임워크로는 vue.js, react, angular.js 프레임워크가 있다.

■ 전자정부 프레임워크의 구성

전자정부 표준 프레임워크는 웹 기반 정보화 시스템 구축 시 필요로 하는 애플리케이션 아키텍처, 기본 기능 및 공통 컴포넌트를 제공하는 표준 프레임워크로서 다음과 같이 개발 환경, 실행 환경, 관리 환경, 운영 환경과 공통 컴포넌트로 구성된다.

기출 유형 문제

2021.06

01 프레임워크(Framework)에 대한 설명으로 옳은 것은?

① 소프트웨어 구성에 필요한 기본 구조를 제공함으로써 재사용이 가능하게 해준다.

② 소프트웨어 개발 시 구조가 잡혀 있기 때문에 확장이 불가능하다.

③ 소프트웨어 아키텍처(Architecture)와 동일한 개념이다.

④ 모듈화(Modularity)가 불가능하다.

> **해설** 프레임워크는 확장성, 모듈화, 재사용성의 특징을 가지고 있으며, 소프트웨어 아키텍처는 소프트웨어 개발을 위한 전반적인 환경을 말한다.

출제 예상 문제

02 전자정부 프레임워크의 구성 요소에 해당하지 않는 것은?

① 기획 환경

② 개발 환경

③ 실행 환경

④ 운영 환경

> **해설** 전자정부 프레임워크는 개발부터 실행, 운영할 수 있는 환경을 제공하는 것을 목표로 한다.

03 다음 중 프레임워크의 특징이 아닌 것은?

① 모듈화

② 재사용성

③ 적정성

④ 확장성

> **해설** 프레임워크의 특징으로는 모듈화, 재사용성, 확장성 등이 있다.

04 다음 중 프레임워크 유형에 속하지 않는 것은?

① 전자정부 프레임워크

② Spring

③ Git

④ Vue.js

> **해설** 프레임워크는 공통으로 개발할 수 있는 환경으로 Git은 프레임워크가 아니라 개발 형상 관리 도구이다.

106 | 시큐어 코딩

1 서버 보안의 개요

웹 서버 보안 취약점은 웹 서버 구현상의 취약점, CGI 관련 취약점, 그리고 웹 서버 구성상의 취약점으로 구분할 수 있다.

구분	설명
CGI 관련 취약점	외부 사용자에게 호스트의 정보를 보여주는 취약점과 사용자 입력 양식(Form)을 통해서 임의의 명령을 수행할 수 있는 취약점이 존재하는 경우가 있다.
웹 서버 구성상의 취약점	웹 서버 구성의 잘못으로 인한 파일 접근 권한 획득, 디렉터리 내용 리스팅, 심볼릭 링크 등의 취약점을 유발할 수 있다.

2 서버 보안의 취약점 유형

🎓 **멘토 코멘트**

★ **포맷 스트링 공격**
프로그램에 입력된 문자열 데이터가 명령으로 해석될 때 발생한다. 공격자는 코드를 실행하거나 스택 메모리 일부를 읽거나 실행중인 프로그램에 Segmentation Fault를 발생시켜 시스템에 의도되지 않은 동작을 일으킬 수 있다.

분류	취약점	설명
메모리 보안 침입	버퍼 오버플로	메모리를 다루는 데에 오류가 발생하여 잘못된 동작을 하는 프로그램
	허상 포인터	프로그램 과정에서 적절한 타입의 유효한 객체를 가리키고 있지 않은 포인터
입력 확인 오류	포맷 스트링 버그★	포맷팅을 수행하는 printf( )와 같은 특정한 C함수에서 검사되지 않은 사용자 입력을 포맷 스트링 파라미터로 따로 사용하는 기법
	SQL 삽입	응용 프로그램 보안상 허점을 의도적으로 이용해 악의적인 SQL문을 삽입하여 실행되게 하는 기법
	코드 인젝션	유효하지 않은 데이터를 실행하여 야기되는 소프트웨어 버그의 부당한 부분을 사용하는 공격 기법
	디렉터리 접근 공격	비공개 디렉터리의 파일에 대해서 부정하게 디렉터리 패스를 가로질러 액세스하는 공격 기법
	HTTP 헤더 인젝션	공격자가 응답 헤더 필드에 개행 문자 등을 삽입함으로써 임의의 응답 헤더 필드나 바디를 추가하는 공격 기법
경쟁 상태	심볼릭 링크 경쟁	절대 경로 또는 상대 경로의 형태로 다른 파일이나 디렉터리에 대한 참조를 포함하고 있는 파일을 공격하는 기법
권한 이용 공격	요청 위조 공격	특정 사용자를 대상으로 하지 않고 불특정 다수를 대상으로 로그인된 사용자를 공격하는 기법
	클릭재킹	투명한 버튼이나 링크 함정을 사용하여 웹 페이지에 유저가 클릭하면 의도치 않은 콘텐츠에 액세스시키는 공격 기법

3 서버 보안 취약 대비 : 소프트웨어 개발 보안 가이드 유형(시큐어 코딩)

알아두기

한국인터넷진흥원에서 발행한 시큐어 코딩 가이드에 명시한 가이드라인이다.

유형	설명
입력 데이터 검증 및 표현	프로그램 입력값에 대한 검증 누락 또는 부적절한 표현에 대해 검증하는 방법
보안 기능	보안 기능(인증, 접근 제어, 기밀성, 암호화, 권한 관리 등)을 위한 코딩 방법
시간 및 상태	시간 및 상태를 이용한 공격을 방지하기 위한 방법
에러 처리	에러 처리를 통해 부적절한 행위에 대한 처리 방법
코드 오류	타입 변환 오류 자원의 부적절한 반환 등에 대한 오류 해결 방법
캡슐화	캡슐화되었을 때 인가되지 않은 사용자가 이용할 수 없도록 하는 방법
API 오용	보안에 취약한 API를 이용하여 발생할 수 있는 보안 약점을 방어하는 방법

기출 유형 문제

2020.08

01 다음 내용이 설명하는 소프트웨어 취약점은?

> 메모리를 다루는 데 오류가 발생하여 잘못된 동작을 하는 프로그램 취약점

① FTP 바운스 공격

② SQL 삽입

③ 버퍼 오버플로

④ 디렉터리 접근 공격

해설 버퍼 오버플로는 참조하는 부분을 이용하여 다른 메모리 영역을 침투하는 공격 기법이다.

출제 예상 문제

02 다음 중 메모리 주소 변조를 이용하여 공격하는 기법은 무엇인가?

① 버퍼 오버플로

② 코드 인젝션

③ 디렉터리 접근 공격

④ 클릭재킹

해설
- 코드 인젝션은 유효하지 않은 데이터를 실행함으로써 소프트웨어 버그의 부당한 부분을 사용하는 공격 기법이다.
- 디렉터리 접근 공격은 비공개 디렉터리의 파일을 부정하게 액세스하는 공격 기법이다.
- 클릭재킹은 웹 페이지에 유저가 클릭하면 의도치 않은 콘텐츠에 액세스시키는 공격 기법이다.

03 서버 보안을 위한 시큐어 코딩 방법이 아닌 것은?

① 입력 데이터 검증 및 표현

② 시간 및 상태

③ 에러 처리

④ 객체화

해설 객체화는 추상화, 은닉화, 캡슐화, 다형성을 이용한 프로그래밍을 설계하고 구현할 때 사용되는 기법이다.

04 다음에서 설명하는 보안 취약 공격 기법은 무엇인가?

> 웹 페이지에 투명한 버튼이나 링크 함정을 사용하여 유저가 클릭하면 의도치 않은 콘텐츠에 액세스시키는 공격

① 코드 인젝션

② 포맷 스트링 버그

③ HTTP 헤더 인젝션

④ 클릭재킹

해설 클릭재킹에 대한 설명이다.
- 코드 인젝션은 유효하지 않은 데이터를 실행함으로써 야기되는 소프트웨어 버그의 부당한 부분을 사용하는 공격 기법이다.
- 포맷 스트링 버그는 특정한 C함수에서 검사되지 않은 사용자 입력을 포맷 스트링 파라미터로 따로 사용하는 기법이다.
- HTTP 헤더 인젝션은 공격자가 응답 헤더 필드에 개행 문자 등을 삽입함으로써 임의의 응답 헤더 필드나 바디를 추가하는 공격 기법이다.

107 | API 개발

1 서버 API의 개념

외부에서 해당 기능을 이용하거나 애플리케이션을 구현할 수 있도록 함수, 프로토콜, 기능 등을 제공하는 인터페이스이다.

■ 사용처에 따른 API 유형

유형	설명
윈도우 API	마이크로소프트 윈도우 운영체제에서 사용되는 API
웹 API	웹 애플리케이션에서 다른 서비스에 요청을 보내고 응답을 받기 위해 정의하는 API
Open API	API 중에서 플랫폼의 기능과 콘텐츠를 외부에서 웹 프로토콜(HTTP)로 호출해 사용할 수 있게 오픈(공개)한 API ➜ 누구나 사용 가능
Java API	Java를 사용하여 쉽게 구현할 수 있도록 한 클래스 라이브러리의 집합

2 REST API의 개념

웹상의 자료를 HTTP 위에서 SOAP이나 쿠키*를 통한 세션 트랙킹 같은 별도의 전송 계층 없이 전송하기 위한 간단한 인터페이스이다.

★ 쿠키(Cookie)
하이퍼 텍스트의 기록서(HTTP)의 일종으로서 인터넷 사용자가 어떠한 웹사이트를 방문할 경우 사용자의 웹 브라우저를 통해 저장되는 기록 정보 파일을 일컫는다.

알아두기

최근 App 개발이 늘어나면서 많이 사용하고 있는 API가 REST API이다.

★ **로드 밸런싱**

서버가 처리해야 할 업무 혹은 요청(Load)을 여러 대의 서버로 나누어(Balancing) 처리하는 것을 의미한다.

■ REST API의 조건

조건	설명
클라이언트/서버 구조	클라이언트, 서버 기반의 일관적인 인터페이스로 분리
무상태(Stateless)	요청 간 클라이언트의 콘텍스트가 서버에 저장되어서는 안 되는 성질
캐시 처리 기능(Cacheable)	WWW에서와 같이 클라이언트 응답을 캐싱하는 기능
계층화 (Layered System)	중간 계층 서버를 통해 연결을 확인하고 로드 밸런싱*이나 공유 기능 캐시를 제공하는 방법
Code on Demand	서버가 클라이언트를 실행시킬 수 있는 로직을 전송하여 기능 확장
인터페이스 일관성	아키텍처를 단순화하고 작은 단위로 분리하는 성질

■ REST API의 메소드

메소드	역할
POST	POST를 통해 해당 URI를 요청하면 리소스를 생성
GET	– GET을 통해 해당 리소스를 조회 – 리소스를 조회하고 해당 도큐먼트에 대한 자세한 정보를 가져옴
PUT	PUT을 통해 해당 리소스를 수정
DELETE	DELETE를 통해 리소스를 삭제

■ REST API 작성 방법

- URI는 정보의 자원을 표현한다. (리소스명은 동사보다는 명사를 사용한다.)
- 자원에 대한 행위는 HTTP 메소드(GET, POST, PUT, DELETE 등)로 표현한다.
- 슬래시 구분자(/)는 계층 관계를 나타내는 데 사용한다.
- URI 마지막 문자로 슬래시(/)를 포함하지 않는다.
- 하이픈(-)은 URI 가독성을 높이는 데 사용한다.
- 밑줄(_)은 URI에 사용하지 않는다.

01 REST API에 대한 설명 중 틀린 것은?

① POST : POST를 통해 모든 API 기능을 다 처리
할 수 있다.

② GET : 리소스를 조회하고 정보를 가져온다.

③ PUT : PUT을 통해 해당 리소스를 수정한다.

④ DELETE : 해당 리소스를 삭제한다.

> **해설** POST를 통해 해당 URI를 요청하면 리소스를 생성하는 역할만 정의한다.

02 외부에서 해당 기능을 이용하거나 애플리케이션을 구현할 수 있도록 함수, 프로토콜, 기능 등을 제공하는 인터페이스를 무엇이라고 하는가?

① API

② REST

③ TCP

④ HTTP

> **해설** API는 Application Protocol Interface로, 상호 연결하는 인터페이스라 할 수 있다.

03 다음에서 설명하는 용어는 무엇인가?

> 누구나 사용할 수 있도록 공개하는 API를 말하며, 다양한 서비스에서 활용될 수 있도록 명세가 제공된다.

① Open API

② Connected API

③ TCP

④ REST

> **해설** Open API는 여러 사람들이 공동으로 사용할 필요가 있는 자원에 대하여 이 자원의 사용을 개방하고, 사용자들이 자원에 대한 전문적인 지식이 없어도 쉽게 사용할 수 있도록 기능을 추상화하여 표준화한 인터페이스를 말한다.

04 다음 중 회원 가입할 때 설계된 REST API로 옳은 것은?

① GET /members/1

② POST /members/2

③ DELETE /members/3

④ PUT /members/4

> **해설** 정보를 조회할 때는 GET, 등록할 때는 POST, 회원을 삭제할 때는 DELETE, 수정할 때는 PUT을 사용한다.

모듈 개발

1 공통 모듈의 개념

서버 프로그램을 구현하게 되면 공통으로 들어가는 비즈니스 부분이 필요하다. 이 부분의 반복을 줄이기 위해 공통 모듈을 구현한다. 즉 공통 모듈을 사용함으로써 재사용성이 강화된다. 이러한 공통 모듈을 개발하기 위해서는 모듈화가 핵심이다.

알아두기

모듈과 패키지
- 모듈(Module)은 한 개의 파일에서 기능을 제공하는 모음이다.
- 패키지(Package)는 여러 개의 모듈을 한 개의 폴더에 묶어서 기능을 제공한다.

2 재사용의 개념

- 기존의 소프트웨어 또는 소프트웨어 지식을 활용하여 새로운 소프트웨어를 구축하는 방법이다.
- 재사용 가능한 모듈을 제공함으로써 개발자의 생산성을 향상시키는 방법이다.

■ 재사용의 프로그래밍

기법	설명
객체 지향 프로그래밍	객체 단위로 재사용이 가능하도록 설계하여 구조화된 구현을 하는 프로그래밍 방식
제네릭 프로그래밍	데이터 형식에 의존하지 않고, 하나의 값이 여러 데이터 타입을 가질 수 있는 기술에 중점을 두어 재사용성을 높일 수 있는 프로그래밍 방식
자동 프로그래밍	프로그램이 사용자가 설정한 일련의 변수에 근거하여 어떤 종류의 프로그램을 생성하는 방식
메타 프로그래밍	자기 자신 혹은 다른 컴퓨터 프로그램을 데이터로 처리함으로써 프로그램을 작성, 수정할 수 있는 기법

3 모듈화의 개념

- 응집도와 결합도에 기반하여 프로그램 구성을 효율적으로 묶는 기법이다.
- 모듈화의 측정 척도는 응집도와 결합도로 나뉜다.

■ 모듈화의 원리

원리	설명
분할과 지배	복잡한 문제를 분해하고 모듈 단위로 문제를 해결하는 원리
정보 은폐	어렵거나 변경 가능성이 있는 모듈을 타 모듈로부터 은폐하는 원리
자료 추상화	각 모듈 자료 구조를 액세스하고 수정하는 함수 내에 자료 구조의 표현 내역을 은폐하는 원리
모듈의 독립성	낮은 결합도와 높은 응집도를 가지는 성질

4 결합도(Coupling)의 개념

- 모듈 내부가 아닌 외부 모듈과의 연관도를 나타내는 척도이다.
- 소프트웨어 구조에서 모듈 간의 관련성을 측정하는 척도이다.

■ 결합도의 유형

- 결합도는 자료 결합도가 가장 낮고, 내용 결합도가 가장 높다.
- 결합도는 낮을수록 모듈의 독립성이 좋다.

유형	설명	척도
자료 결합도	모듈이 변수를 파라미터로 교환하는 방식	낮음
스탬프 결합도	모듈 사이에 자료 구조로 교환하는 방식	↑
제어 결합도	제어용 신호로 주고 받는 방식	
외부 결합도	모듈들이 소프트웨어의 외부 환경과 연관되도록 사용하는 방식	
공통 결합도	많은 모듈들이 전역 변수를 참조할 때 발생하는 방식	
내용 결합도	한 모듈이 다른 모듈의 내부 자료나 제어 정보를 사용하는 방식	높음

5 응집도(Cohesion)의 개념

프로그램의 한 요소로, 해당 기능을 수행하기 위해 모듈 내부가 얼마만큼의 연관된 책임과 아이디어로 묶여 있는지 나타내는 정도이다.

■ 응집도의 유형

- 응집도는 우연적 응집도가 가장 낮고, 기능적 응집도가 가장 높다.
- 응집도가 높을수록 모듈의 독립성이 좋다.

유형	설명	척도
우연적 응집도	모듈 내부의 각 구성 요소들이 전혀 연관성이 없도록 구성	낮음
논리적 응집도	유사한 성격의 작업들로 구성	
시간적 응집도	같은 시간대에 처리된 것으로 구성	
절차적 응집도	모듈 진행 요소들이 서로 관계되어지고 순서대로 진행되도록 구성	
통신적 응집도	동일한 입출력 자료를 이용하여 서로 다른 기능을 수행하도록 구성	
순차적 응집도	작업의 결과가 다른 모듈의 입력 자료로 사용	
기능적 응집도	하나의 기능으로 수행하도록 구성	높음

2020.06

01 시스템에서 모듈 사이의 결합도(Coupling)에 대한 설명으로 옳은 것은?

① 한 모듈 내에 있는 처리 요소들 사이의 기능적인 연관 정도를 나타낸다.

② 결합도가 높으면 시스템 구현 및 유지보수 작업이 쉽다.

③ 모듈 간의 결합도를 약하게 하면 모듈 독립성이 향상된다.

④ 자료 결합도는 내용 결합도보다 결합도가 높다.

해설
– 결합도는 외부 모듈과의 연관도를 나타내는 척도이다.
– 결합도는 낮아야 효율적인 작업이 가능하다.
– 결합도는 자료 결합도가 가장 낮고, 내용 결합도가 가장 높다.

2020.06

02 응집도가 가장 낮은 것은?

① 기능적 응집도

② 시간적 응집도

③ 절차적 응집도

④ 우연적 응집도

해설
응집도는 우연적 → 논리적 → 시간적 → 절차적 → 통신적 → 순차적 → 기능적 순으로 높아진다. 우연적 응집도가 가장 낮은 응집도이다.

2020.08

03 효과적인 모듈 설계를 위한 유의 사항으로 거리가 먼 것은?

① 모듈 간의 결합도를 약하게 하면 모듈 독립성이 향상된다.

② 복잡도와 중복성을 줄이고 일관성을 유지시킨다.

③ 모듈의 기능은 예측이 가능해야 하며 지나치게 제한적이어야 한다.

④ 유지보수가 용이해야 한다.

해설
모듈은 제한적이 아닌 상황에 따라 구성되어야 한다.

2020.08

04 다음이 설명하는 응집도의 유형은?

모듈이 다수의 관련 기능을 가질 때 모듈 안의 구성 요소들이 그 기능을 순차적으로 수행할 경우의 응집도

① 기능적 응집도

② 우연적 응집도

③ 논리적 응집도

④ 절차적 응집도

해설
정해진 순서대로 진행되는 응집도를 절차적 응집도라 한다.

2020.09

05 공통 모듈의 재사용 범위에 따른 분류가 아닌 것은?

① 컴포넌트 재사용

② 더미 코드 재사용

③ 함수와 객체 재사용

④ 애플리케이션 재사용

해설
더미 코드를 재사용하지는 않는다.

06 어떤 모듈이 다른 모듈의 내부 논리 조직을 제어하기 위한 목적으로 제어 신호를 이용하여 통신하는 경우이며, 하위 모듈에서 상위 모듈로 제어 신호가 이동하여 상위 모듈에게 처리 명령을 부여하는 권리 전도 현상이 발생하게 되는 결합도는?

① Data Coupling

② Stamp Coupling

③ Control Coupling

④ Common Coupling

> **해설** 제어 결합도(Control Coupling)는 하나의 모듈이 다른 모듈로 무엇을 해야 하는지에 대한 정보를 넘겨줌으로써 다른 모듈의 흐름을 제어한다.

07 응집도의 종류 중 서로 간에 어떠한 의미 있는 연관 관계도 지니지 않는 기능 요소로 구성되는 경우이며, 서로 다른 상위 모듈에 의해 호출되어 처리상의 연관성이 없는 서로 다른 기능을 수행하는 경우의 응집도는?

① Functional Cohesion

② Sequential Cohesion

③ Logical Cohesion

④ Coincidental Cohesion

> **해설** Functional Cohesion(기능적 응집도)은 다른 연관 관계 없이 하나의 기능으로 수행하도록 구성하는 응집도이다.

08 결합도(Coupling)에 대한 설명으로 틀린 것은?

① 데이터 결합도(Data Coupling)는 모듈이 매개변수로 자료를 전달할 때, 자료 구조 형태로 전달되어 이용될 때 데이터가 결합되어 있다고 한다.

② 내용 결합도(Content Coupling)는 하나의 모듈이 직접적으로 다른 모듈의 내용을 참조할 때 내용적으로 결합되어 있다고 한다.

③ 공통 결합도(Common Coupling)는 모듈이 동일한 전역 데이터를 접근한다면 공통 결합되어 있다고 한다.

④ 결합도(Coupling)는 모듈 간의 상호작용 또는 의존도를 나타내는 것이다.

> **해설** 모듈 사이에 자료 구조로 교환하는 방식은 스탬프 결합도이다. 자료(데이터) 결합도는 모듈들이 간단히 변수를 파라미터로 교환하는 방식이다.

09 결합도가 낮은 것부터 높은 순으로 나열한 것은?

> (ㄱ) 내용 결합도 (ㄴ) 자료 결합도
> (ㄷ) 공통 결합도 (ㄹ) 스탬프 결합도
> (ㅁ) 외부 결합도 (ㅂ) 제어 결합도

① (ㄱ) → (ㄴ) → (ㄹ) → (ㅂ) → (ㅁ) → (ㄷ)

② (ㄴ) → (ㄹ) → (ㅁ) → (ㅂ) → (ㄷ) → (ㄱ)

③ (ㄴ) → (ㄹ) → (ㅂ) → (ㅁ) → (ㄷ) → (ㄱ)

④ (ㄱ) → (ㄴ) → (ㄹ) → (ㅁ) → (ㅂ) → (ㄷ)

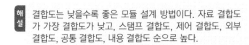

해설 결합도는 낮을수록 좋은 모듈 설계 방법이다. 자료 결합도가 가장 결합도가 낮고, 스탬프 결합도, 제어 결합도, 외부 결합도, 공통 결합도, 내용 결합도 순으로 높다.

10 소프트웨어 개발에서 모듈(Module)이 되기 위한 주요 특징에 해당하지 않는 것은?

① 다른 것들과 구별될 수 있는 독립적인 기능을 가진 단위(Unit)이다.

② 독립적인 컴파일이 가능하다.

③ 유일한 이름을 가져야 한다.

④ 다른 모듈에서의 접근이 불가능해야 한다.

해설 모듈은 보다 작고 이해할 수 있는 단위로 나누어져 있으며, 작은 단위로 구성되어 있다가, 필요할 때 본체에 합류하여 그 기능을 수행할 수 있는 특성이 있다. 따라서 다른 모듈에서의 접근이 가능해야 한다.

11 다음 중 Myers가 구분한 응집도(Cohesion)의 정도에서 가장 낮은 응집도를 갖는 단계는?

① 순차적 응집도(Sequential Cohesion)

② 기능적 응집도(Functional Cohesion)

③ 시간적 응집도(Temporal Cohesion)

④ 우연적 응집도(Coincidental Cohesion)

해설 응집도는 우연적 → 논리적 → 시간적 → 절차적 → 통신적 → 순차적 → 기능적 순으로 높아진다. 우연적 응집도가 가장 낮은 응집도이다.

12 모듈화(Modularity)와 관련한 설명으로 틀린 것은?

① 시스템을 모듈로 분할하면 각각의 모듈을 별개로 만들고 수정할 수 있기 때문에 좋은 구조가 된다.

② 응집도는 모듈과 모듈 사이의 상호 의존 또는 연관 정도를 의미한다.

③ 모듈 간의 결합도가 약해야 독립적인 모듈이 될 수 있다.

④ 모듈 내 구성 요소들 간의 응집도가 강해야 좋은 모듈 설계이다.

해설 응집도는 모듈의 독립성을 나타내는 개념으로, 모듈 내부 구성 요소 간의 연관 정도이고, 결합도는 모듈 내부가 아닌 외부 모듈과의 연관도 또는 모듈 간의 상호 의존성을 나타내는 정도이다.

13 재사용 프로그래밍에 속하지 않는 프로그래밍은 ?

① 객체 지향 프로그래밍

② 제네릭 프로그래밍

③ 자동 프로그래밍

④ 절차적 프로그래밍

> **해설** 재사용 프로그래밍에는 객체 지향 프로그래밍, 제네릭 프로그래밍, 자동 프로그래밍, 메타 프로그래밍 등이 포함된다.

14 다음에서 모듈화에 대한 설명 중 틀린 것은?

① 응집도와 결합도에 기반하여 프로그램을 효율적으로 묶는 기법을 모듈화라고 한다.

② 분할과 지배의 원리를 이용하고 있다.

③ 모듈 내부가 아닌 외부 모듈과의 연관도를 결합도라고 한다.

④ 낮은 응집도와 높은 결합도가 좋은 모듈화이다.

> **해설** 높은 응집도와 낮은 결합도가 좋은 모듈화 방법이다.

15 다음에서 설명하는 결합도의 유형은?

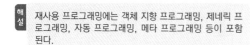

모듈들이 변수를 파라미터로만 교환하는 결합도

① 자료 결합도

② 스탬프 결합도

③ 제어 결합도

④ 공통 결합도

> **해설** 자료 결합도는 어떤 모듈이 다른 모듈을 호출하면서 매개 변수나 인수로 데이터를 넘겨 주고, 호출 받은 모듈에서는 받은 데이터에 대해 처리한 결과를 다시 돌려 주는 방식이다.

16 다음 중 응집도가 가장 높은 것은?

① 절차적 응집도

② 순차적 응집도

③ 우연적 응집도

④ 논리적 응집도

> **해설** 응집도는 우연적 → 논리적 → 시간적 → 절차적 → 통신적 → 순차적 → 기능적 순서로 높다.

109 | 배치 프로그램

1 배치 프로그램의 개념

배치 프로그램이란 사용자와의 상호 작용 없이 일련의 작업을 작업 단위로 묶어 정기적으로 반복 수행하거나 정해진 규칙에 따라 일괄 처리하는 프로그램이다.

멘토 코멘트

배치 프로그램은 NCS로 개정되면서 들어온 분야이다. 배치 프로그램이 무엇인지 정확히 이해할 필요가 있다.

2 배치 프로그램의 고려 요소

고려 요소	요건
대용량 데이터	대용량의 데이터를 처리할 수 있어야 함
자동화	심각한 오류 상황 외에는 사용자의 개입 없이 동작해야 함
견고함	유효하지 않은 데이터의 경우도 처리해서 비정상적인 동작 중단이 발생하지 않아야 함
안정성	어떤 문제가 언제 발생했는지 추적할 수 있어야 함
무결성	데이터의 조작이 일어나더라도 일관된 데이터를 제공하여 데이터의 신뢰성을 보장해야 함
성능	주어진 시간 내에 처리를 완료할 수 있어야 하고, 동시에 동작하고 있는 다른 애플리케이션을 방해하지 말아야 함

3 배치 스케줄러의 유형

■ 주기별 배치 스케줄러의 유형

유형	설명
정기 배치	정해진 시험에 실행되는 배치
이벤트성 배치	사전에 정의해 둔 조건이 충족되면 실행되는 배치
온디맨드 (ON-DEMAND) 배치	사용자의 명시적인 요구가 있을 때마다 실행되는 배치

■ 솔루션별 배치 스케줄러의 유형

알아두기

Linux에서 일정 시간에 특정 프로그램을 실행할 때 crontab을 사용한다.

유형	설명
스프링 배치	– Spring Source사와 Accenture사가 공동 개발한 오픈 소스 프레임워크 – 스프링 프레임워크의 기반 하에 다양한 기능을 제공 – 구성 요소 : ITM, Chunk, Job, Step
Quartz	– 스프링 프레임워크로 개발되는 응용 프로그램들의 일괄 처리를 위한 다양한 기능을 제공하는 오픈 소스 라이브러리 – Quartz Cron 표현식은 공백으로 구분되는 6개 또는 7개의 필드로 구성됨 – 순서 : [초] [분] [시] [일] [월] [요일] [연도]

4 배치 프로그램의 구현

단계	구현 활동	설명
1	배치 대상 선정	프로그램 관리 대장을 확인하여 배치 프로그램을 선정한다.
2	설계	배치 프로그램을 설계한다.
3	배치 프로그램 구현	– 배치 프로그램 구현을 위한 입출력 오브젝트를 정의한다. – 배치에 필요한 SQL을 작성한다. – 스케줄러 Job을 작성하여 등록한다.

2020.08

01 배치 프로그램의 필수 요소에 대한 설명으로 틀린 것은?

① 자동화는 심각한 오류 상황 외에는 사용자의 개입 없이 동작해야 한다.

② 안정성은 어떤 문제가 생겼는지, 언제 발생했는지 등을 추적할 수 있어야 한다.

③ 대용량 데이터는 대용량의 데이터를 처리할 수 있어야 한다.

④ 무결성은 주어진 시간 내에 처리를 완료할 수 있어야 하고, 동시에 동작하고 있는 다른 애플리케이션을 방해하지 말아야 한다.

해설 무결성은 데이터의 신뢰를 보장할 수 있어야 하고, 다른 애플리케이션 데이터에 관여할 수 있다.
④는 성능에 대한 설명이다.

02 다음 중 배치 프로그램을 구현할 때 고려되어야 할 요소가 아닌 것은?

① 대용량 데이터

② 자동화

③ 성능

④ 모듈화

해설 배치 프로그램의 고려 요소에는 대용량 데이터, 자동화, 견고함, 안정성, 무결성, 성능 등이 있다. 모듈화는 배치 프로그램을 구현할 때 고려될 요소가 아니다.

03 주기별 배치 스케줄러의 유형이 아닌 것은?

① 정기 배치

② 이벤트성 배치

③ 온디맨드 배치

④ 스케일 배치

해설 배치 스케줄러 유형에는 정기적으로 진행되는 정기 배치, 특별한 반응에 실행하는 이벤트성 배치, 요청이 있을 경우 실행되는 온디맨드(On-Demand) 배치가 포함된다.

04 배치 프로그램 구현 순서로 옳은 것은?

> ㄱ. 배치 대상 선정
> ㄴ. 배치 프로그램 구현
> ㄷ. 배치 대상 설계

① ㄱ → ㄴ → ㄷ

② ㄷ → ㄱ → ㄴ

③ ㄱ → ㄷ → ㄴ

④ ㄴ → ㄱ → ㄷ

해설 프로그램 관리 대장을 확인하여 배치 프로그램을 선정하고 배치 프로그램을 설계한다. 설계 후 구현을 위한 입출력 오브젝트를 정의하고 스케줄러 Job을 작성하여 등록한다.

프로그래밍 언어 활용

이번 장에서 다룰 내용

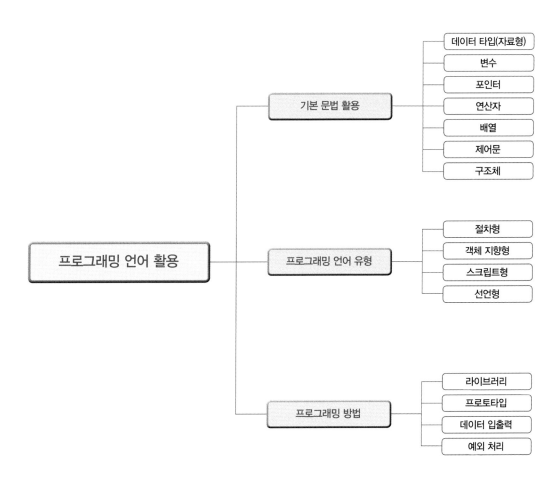

- 데이터 타입(자료형)
- 변수
- 포인터
- 연산자
- 배열
- 제어문
- 구조체

기본 문법 활용

- 절차형
- 객체 지향형
- 스크립트형
- 선언형

프로그래밍 언어 유형

프로그래밍 언어 활용

- 라이브러리
- 프로토타입
- 데이터 입출력
- 예외 처리

프로그래밍 방법

☑ 데이터 타입 및 변수, 연산자의 기본 프로그램 문법을 알 수 있다.
☑ 객체 지향, 절차 지향 등 다양한 프로그램 유형을 알 수 있다.
☑ 라이브러리, 프로토타입 등을 이용한 프로그램을 할 수 있다.

기본 문법 활용

1 데이터 타입(자료형)의 개념

멘토 코멘트

프로그래밍 문법 부분은 출제가 많이 되었고, NCS에도 포함되어 있는 영역이다. 변수의 개념과 연산자에 대해 정확히 숙지해야 한다.

프로그래밍 언어에서 실수, 정수 등과 같은 여러 종류의 데이터를 식별하는 형태이다.

■ 데이터 타입

유형	설명
Boolean 타입	조건이 참인지 거짓인지 판단하고자 할 때 사용하는 타입
문자 타입	문자 하나를 변수에 저장하고자 할 때 사용하는 타입
문자열 타입	나열된 여러 개의 문자를 저장하고자 할 때 사용하는 타입
정수 타입	정수값을 저장하고자 할 때 사용하는 타입
부동 소수점 타입	소수점을 포함하는 실수값을 저장하고자 할 때 사용하는 타입
배열 타입	여러 데이터를 하나로 묶어서 저장하고자 할 때 사용하는 타입

2 변수의 개념

값을 저장할 수 있는 메모리 공간에 붙은 이름 혹은 메모리 공간 자체를 가리켜 변수라고 한다.

알아두기

변수명 규칙

변수명은 숫자로 시작하지 않고, 변수명 사이에는 공백이 삽입되면 안 되며, 예약어(각 언어별)를 사용하면 안 된다.

■ Java 언어의 변수 타입

유형	변수 타입	크기	범위
정수형	byte	1byte	−128 ~ 127
	short	2byte	−32768 ~ 32767
	int	4byte	−2147483648 ~ 2147483647
	long	8byte	−9223372036854775808 ~ 9223372036854775807
실수형	float	4byte	0x0.000002P−126f ~ 0x1.fffffeP+127f
	double	8byte	0x0.0000000000001P−1022 ~ 0x1.fffffffffffffP+1023
문자형	char	2byte	0 ~ 65535

알아두기

char 타입의 경우 C언어에서는 1byte이지만, Java에서는 유니코드 문자 체제를 이용하여 2byte이다.

■ C/C++ 언어의 변수 타입

유형	변수 타입	크기	범위
정수형	short	2byte	−32768 ~ 32767
	unsigned short	2byte	0 ~ 65535
	int	4byte	−2147483648 ~ 2147483647
	unsigned int	4byte	0 ~ 4294967295
	long	4byte	−2147483648 ~ 2147483647
	unsinged long	4byte	0 ~ 4294967295
실수형	float	4byte	$1.2*10^{-38}$ ~ $3.4*10^{38}$
	double	8byte	$2.2*10^{-308}$ ~ $1.8*10^{308}$
문자형	char	1byte	−128 ~ 127
	unsinged char	1byte	0 ~ 255

■ 파이썬 언어의 변수 타입

유형	변수 타입	설명
정수형	int	자연수를 포함해 값의 영역이 정수로 한정된 값 예 −1, 1024, 32
실수형	float	소수점이 포함된 값 예 −3.14, 314e−2(지수형)
군집 자료형	char	값이 문자로 출력되는 데이터 타입 예 'building'
	list	− 하나의 변수에 여러 값을 할당하는 데이터 타입 − list는 [ ]로 표시하고, list 안에 요소들은 콤마로 구분하여 나열함 예 ['dog','cat']
	tuple	− list와 같은 구성이지만, 데이터를 변경할 수 없는 자료 구조 − ( )를 사용함 예 ('dog','cat')
	dictionary	− Immutable한 키(Key)와 Mutable한 값(Value)으로 매핑되어 있는 순서가 없는 집합 − { }를 사용함 예 {'a': 1, 'b': 2}
논리형	bool	참, 거짓을 나타내는 데이터 타입 예 true, false

> **알아두기**
>
> 파이썬 3..x부터는 long형이 사라지고 int형이 크기 제한이 없고 부호가 있는 정수형이 되었다. 사실상 파이썬 정수형의 크기는 다른 언어가 컴파일러에 의해 제한되는 것에 비해 순전히 컴퓨터 메모리에 의해서만 제한된다.

3 포인터

■ 주소값의 이해

- 데이터의 주소값이란 해당 데이터가 저장된 메모리의 시작 주소를 의미한다.
- C언어에서는 이러한 주소값을 1byte 크기의 메모리 공간으로 나누어 표현한다.

  예 int형 데이터는 4byte의 크기를 가지지만, int형 데이터의 주소값은 시작 주소 1byte만을 가리킨다.

알아두기

C언어에서 선언된 포인터는 참조 연산자(*)를 사용하여 참조할 수 있다.

■ 포인터

- C언어에서 포인터(Pointer)란 메모리의 주소값을 저장하는 변수이며, 포인터 변수라고도 부른다.
- 주소 연산자(&)는 변수의 이름 앞에 사용하며, 해당 변수의 주소값을 반환한다.
- 참조 연산자(*)는 포인터의 이름이나 주소 앞에 사용하며, 포인터가 가리키는 주소에 저장된 값을 반환한다.

```
타입 *포인터이름;
포인터 = &변수;
```

예
```
int x = 6;          // 변수의 선언
int *ptr = &x;      // 포인터의 선언
int *pptr = &ptr;   // 포인터의 참조
```

4 연산자의 개념

프로그램 실행을 위해 연산을 표현하는 기호를 말한다.

■ 연산자의 유형

유형	설명
산술 연산자	+, −와 같이 가장 일반적으로 사용된다.
시프트 연산자	비트를 이동시킨다.
관계 연산자	두 피연산자 사이의 크기를 비교한다.
논리 연산자	두 피연산자 사이의 논리적인 관계를 정의한다.
비트 연산자	0과 1의 자리에 대한 연산을 수행한다.

■ 유형별 연산자의 구성

유형	연산자	설명
산술 연산자	+	양쪽의 값을 더한다.
	−	왼쪽 값에서 오른쪽 값을 뺀다.
	*	2개의 값을 곱한다.
	/	왼쪽 값을 오른쪽 값으로 나눈다.
	%	왼쪽 값을 오른쪽 값으로 나눈 나머지를 계산한다.
	++	1을 증가시킨다.
	−−	1을 감소시킨다.
시프트 연산자	《	왼쪽으로 비트를 이동한다.
	》	오른쪽으로 비트를 이동한다.
관계 연산자	〉	왼쪽에 있는 값이 오른쪽에 있는 값보다 크면 참(True)을 반환하고, 그렇지 않으면 거짓(False)을 반환한다.
	〈	왼쪽에 있는 값이 오른쪽에 있는 값보다 작으면 참(True)을 반환하고, 그렇지 않으면 거짓(False)을 반환한다.
	〉=	왼쪽에 있는 값이 오른쪽에 있는 값보다 크거나 같으면 참(True)을 반환하고, 그렇지 않으면 거짓(False)을 반환한다.
	=〈	왼쪽에 있는 값이 오른쪽에 있는 값보다 작거나 같으면 참(True)을 반환하고, 그렇지 않으면 거짓(False)을 반환한다.
	==	왼쪽에 있는 값이 오른쪽에 있는 값과 같으면 참(True)을 반환하고, 그렇지 않으면 거짓(False)을 반환한다.
	!=	왼쪽에 있는 값이 오른쪽에 있는 값과 다르면 참(True)을 반환하고, 그렇지 않으면 거짓을(False)를 반환한다.
논리 연산자	&&	− AND 논리 − 양쪽이 모두 참이면 참으로 연산한다.
	||	− OR 논리 − 양쪽 중 하나 이상이 참이면 참으로 연산한다.
	!	− NOT 논리 − 참이면 거짓, 거짓이면 참으로 연산한다.
비트 연산자	&	2개의 값을 비트로 연산하여 모두 참이면 참(True)을 반환하고, 그렇지 않으면 거짓(False)을 반환한다.
	|	2개의 값을 비트로 연산하여 하나가 참이면 참(True)을 반환하고, 그렇지 않으면 거짓(False)을 반환한다.
	^	2개의 값을 비트로 연산하여 서로 다르면 참(True)을 반환하고, 그렇지 않으면 거짓(False)을 반환한다.
	~	비트 단위 XOR 연산*을 한다.
할당(대입) 연산자	+=	왼쪽 값에 오른쪽 값을 더해서 넣는다.
	−=	왼쪽 값에 오른쪽 값을 빼서 넣는다.
	*=	왼쪽 값에 오른쪽 값을 곱해서 넣는다.
	/=	왼쪽 값에 오른쪽 값으로 나누어 몫을 넣는다.
	%=	왼쪽 값에 오른쪽 값으로 나누어 나머지를 넣는다.
삼항 연산자	? :	참/거짓을 판단할 변수 ? 참일 때 값 : 거짓일 때 값으로 사용한다. 예 num == 10 ? 100 : 200 ➔ num 값이 10이면 100을 대입하고, 10이 아니면 200을 대입한다.

🖉 알아두기

연산자의 우선순위는 다음과 같다.
① ( ) [ ]
② ! ~ −− ++
③ * / %
④ + −
⑤ 《 》
⑥ 〈 〈= 〉= 〉
⑦ == !=
⑧ &
⑨ ^
⑩ |
⑪ &&
⑫ ||
⑬ ?:
⑭ = += −=

🖉 알아두기

주석 표기법
− 보통 한 줄 주석은 // 나 /을 사용하고, 여러 줄 주석은 /* */을 사용한다.
− HTML에서는 〈!− −〉을 사용한다.
− 파이썬에서는 한 줄은 #, 여러 줄은 작은 따옴표 3개(''' ''') 또는 큰 따옴표 3개(""" """)를 사용한다.

★ XOR 연산
XOR 연산은 입력값이 같지 않으면 1을 출력한다. 입력 중 하나만이 배타적으로 참일 경우에만 일어난다.

5 배열(Array)의 개념

- 배열은 같은 타입의 변수로 이루어진 유한 집합이다.
- 배열을 구성하는 각각의 값을 배열 요소(Element)라고 하며, 배열에서의 위치를 가리키는 숫자를 인덱스(Index)라고 한다.

■ 배열의 문법

- 타입은 배열 요소로 들어가는 변수의 종류를 명시한다.
- 배열 이름은 배열이 선언된 후에 배열로 접근하기 위해 사용된다.
- 배열의 길이는 해당 배열이 몇 개의 배열 요소를 가지게 되는지 명시한다.

```
타입 배열 이름[배열 길이]
```

■ 배열의 초기화

- 변수와 마찬가지로 배열도 선언과 동시에 초기화가 가능하다.
- 중괄호({ })를 사용하여 초기값을 선언할 수 있다.
- 초기화 리스트의 타입과 배열의 타입은 반드시 일치해야 한다.

```
타입 배열 이름[배열 길이] = {배열 요소1, 배열 요소2, ..};
```

예
```
int grade[3] = {85, 65, 90};
```
➡ 'grade'라는 배열 변수를 선언하여 3개의 점수를 입력할 수 있다.

6 제어문(Control Flow Statements)

- 처음부터 끝까지 순서대로 실행되며 수많은 명령문이 포함되는데, 이때 중괄호({ })로 둘러싸여 처리되는 부분이 제어문에 속하게 된다.
- 제어문에는 크게 조건문과 반복문이 있다.

■ 조건문(Conditional Statements)

조건문은 주어진 조건식의 결과에 따라 별도의 명령을 수행하도록 제어하는 명령문이다.

조건문 유형	설명
if문	- if문 : 조건식의 결과가 참(True)이면 주어진 명령문을 실행하며, 거짓(False)이면 아무것도 실행하지 않는다. - else if문 : 부분 조건에 대하여 실행하도록 한다. - else문 : if 문에 속하지 않는 나머지 경우를 실행시킨다.

switch문	특정 조건에 맞는 case를 실행시키는 명령문이다.
	
	switch (조건값)
	{
	   case 값1:
	      조건값이 값1일 때 실행하고자 하는 명령문;
	      break;
	   case 값2:
	      조건값이 값2일 때 실행하고자 하는 명령문;
	      break;
	   ...
	   default:
	      어떠한 case 절에도 해당하지 않을 때 실행하고자 하는 명령문;
	      break;
	}

■ 반복문(Iteration Statements)

반복문이란 프로그램 내에서 똑같은 명령을 일정 횟수만큼 반복하여 수행하도록 제어하는 명령문이다.

반복문 유형	설명

while문	특정 조건을 만족할 때까지 계속해서 주어진 명령문을 반복 실행한다.
	
	while (조건식)
	{
	   조건식의 결과가 참인 동안 반복적으로 실행하고자 하는 명령문;
	}

do/while문	한 번 실행하고, while문의 조건이 참인 동안 반복적으로 실행하는 명령문이다. do { 조건식의 결과가 참인 동안 반복적으로 실행하고자 하는 명령문; } while (조건식);

for문	초기식, 조건식, 증감식을 선언하여 반복 실행하는 명령문이다.
	
	for (초기식; 조건식; 증감식)
	{
	   조건식의 결과가 참인 동안 반복적으로 실행하고자 하는 명령문;
	}

7 구조체(Structure)의 개념

구조체는 여러 데이터 타입(자료형)을 가진 변수들을 하나로 묶어 사용할 수 있도록 정의하는 표현식이다.

■ 구조체의 문법

```
struct 구조체 이름
{
    타입 변수명;
    타입 변수명;
...
}
```

■ 구조체 변수의 초기화

각각의 원소를 콤마로 구분하여 입력하면 구조체 내에 선언된 변수는 각각 순서대로 초기화가 된다.

예
```
struct score a = {100, 75, 80, 98};
```

8 함수

■ C언어 주요 함수

유형	함수	설명
입출력함수	fclose	파일(스트림)을 닫는 함수
	fgetc	파일(스트림)에서 한 글자를 읽어오는 함수
	fgets	파일(스트림)에서 스트림을 읽어오는 함수
	fclose	파일(스트림)을 닫는 함수
	ferror	파일(스트림)에 접근했을 때 에러가 발생하는지 확인하는 함수
	fopen	파일(스트림)을 여는 함수
	fprintf	포맷된 데이터를 파일(스트림)에 쓰는 함수
	fputs	파일(스트림)에 스트림을 출력하는 함수

수학함수	abs	정수값의 절대값을 구하는 함수
	div	정수로 나눈 나머지와 몫을 구하는 함수
	fabs	절대값을 구하는 함수
메모리함수	free	할당받은 메모리를 반납하는 함수
	malloc	특정 크기의 메모리를 할당받는 함수
	memcpy	한 메모리의 데이터를 다른 메모리로 복사하는 함수
데이터변환	atoi	문자열을 정수 타입으로 변환하는 함수
	함수	문자열을 실수 타입으로 변환하는 함수
	atol	문자열을 long 정수 타입으로 변환하는 함수
시간함수	clock	한 프로세서에 대해 경과된 CPU 시간을 구하는 함수
	시간함수	시간 사이의 차이를 구하는 함수
	getdate	시스템의 날짜를 구하는 함수
	gettime	시스템의 시간을 구하는 함수

기출 유형 문제

2020.06

01 C언어에서 비트 논리 연산자에 해당하지 않는 것은?

① ^

② ?

③ &

④ ~

해설 ^는 XOR, &는 AND, ~는 NOT을 의미하는 비트 연산자이다.

2020.06

02 C언어에서 사용할 수 없는 변수명은?

① student2019

② text-color

③ _korea

④ amount

해설 C언어의 경우 변수의 이름은 알파벳, 숫자, 언더바(_)로만 구성해야 한다.

2020.08

03 C언어에서 정수 자료형으로 옳은 것은?

① int

② float

③ char

④ double

해설 float과 double은 실수형이고, char은 문자형이다.

2020.06

04 C언어에서 배열 b[5]의 값은?

static int b[9] = [1,2,3];

① 0

② 1

③ 2

④ 3

해설
- 선언되지 않은 초기값은 0으로 초기화되어 있다.
- 인덱스 번호는 기본적으로 0부터 시작한다.

배열 변수 b 위치(index 번호)	배열 변수 b 초기값
0	1
1	2
2	3
3	0
4	0
5	0
6	0
7	0
8	0

2020.09

05 C언어에서 구조체를 사용하여 데이터를 처리할 때 사용하는 것은?

① for

② scanf

③ struct

④ abstract

해설 struct는 사용자가 C언어의 기본 타입을 가지고 새롭게 정의할 수 있는 사용자 정의 타입이다. 구조체는 기본 타입만으로는 나타낼 수 없는 복잡한 데이터를 표현할 수 있다.

[struct 형식]
struct 구조체이름
{
    멤버변수1의타입 멤버변수1의이름;
    멤버변수2의타입 멤버변수2의이름;
    ...
};

06 다음 C프로그램의 결과값은?

```
main(void) {
  int i;
  int sum = 0;

  for(i = 1; i <= 10; i = i + 2)
    sum = sum + i;
  printf("%d", sum);
}
```

① 15

② 19

③ 25

④ 27

해설 for(i = 1; i <= 10; i = i + 2) sum = sum + i;
(1) i = i + 2
   i가 매회 2씩 증가 : i 값은 1, 3, 5, 7, 9, 11로 변경
(2) i <= 10
   for문은 5번 반복 과정 작동
(3) sum = sum + i;
   sum 값은 0, 1, 4, 9, 16, 25로 변경
➡ 최종적으로 sum은 25를 출력한다.

07 PHP에서 사용 가능한 연산자가 아닌 것은?

① @

② #

③ 〈 〉

④ ===

해설 PHP에서 #은 주석을 처리할 때 사용한다.
- @ : 해당 코드 라인의 에러 메시지를 출력하지 않는 연산자이다.
- $x 〈〉 $y : 〈〉은 $x가 $y와 같지 않으면 True를 반환하는 연산자이다.
- $x === $y : ===은 $x가 $y와 같고 동일한 유형이면 True를 변환하는 연산자이다.

08 다음 Java 프로그램 조건문에 대해 삼항 조건 연산자를 사용하여 옳게 나타낸 것은?

```
int i = 7, j = 9;
int k;

  if (i > j)
    k = i - j;
  else
    k = i + j;
```

① int i = 7, j = 9;
   int k;
   k = (i > j) ? (i - j):(i + j);

② int i = 7, j = 9;
   int k;
   k = (i < j) ? (i - j):(i + j);

③ int i = 7, j = 9;
   int k;
   k = (i > j) ? (i + j):(i - j);

④ int i = 7, j = 9;
   int k;
   k = (i < j) ? (i + j):(i - j);

해설 [조건문 ? 참일 경우 : 거짓일 경우]의 조건문이다.

09 Java 프로그래밍 언어의 정수 데이터 타입 중 long의 크기는?

① 1byte

② 2byte

③ 4byte

④ 8byte

해설 Java 프로그래밍 언어에서 long의 크기는 8byte이다.

2020.09

10 다음 Java 코드를 실행한 결과는?

```
int x = 1, y = 6;

    while(y--) {
      x++;
    }
System.out.println("x =" + x + "y =" + y);
```

① x = 7 y = 0

② x = 6 y = -1

③ x = 7 y = -1

④ Unresolved Compilation Problem 오류 발생

해설 while문 안에는 boolean형이 나와야 하기 때문에 incompatible types: int cannot be converted to boolean이 발생한다.

2020.09

11 다음 파이썬으로 구현된 프로그램의 실행 결과로 옳은 것은?

```
>>> a = [0, 10, 20, 30, 40, 50, 60, 70, 80, 90]
>>> a[:7:2]
```

① [20, 60]

② [60, 20]

③ [0, 20, 40, 60]

④ [10, 30, 50, 70]

해설
- 파이썬에서 여러 수를 담을 때는 [시작 번호:끝 번호:단계]로 표현한다.
- 끝 번호 부분을 생략하면 시작 번호부터 그 문자열의 끝까지 출력한다.
- 시작 번호를 생략하면 문자열의 처음부터 끝 번호까지 출력한다.

2020.08

12 다음은 사용자로부터 입력받은 문자열에서 처음과 끝의 3글자를 추출한 후 합쳐서 출력하는 파이썬 코드에서 (ㄱ)에 들어갈 내용은?

```
string = input("7문자 이상 문자열을 입력하시오 :")
m = (ㄱ)
print(m)
```

입력값 : Hello World
최종 출력 : Helrld

① string[1:3] + string[-3:]

② string[:3] + string[-3:-1]

③ string[0:3] + string[-3:]

④ string[0:] + string[:-1]

해설
- string 변수에 입력된 문자열 상태(index 번호는 0부터 시작한다.)

위치	입력값
0	H
1	e
2	l
3	l
4	o
5	
6	W
7	o
8	r
9	l
10	d

- string[시작위치:종료위치] : 시작위치부터 종료위치-1까지의 문자열을 가져온다.
- Hel : 인덱스 0부터 2까지의 문자열이므로 string[0:3]으로 표현한다.
- 파이썬은 음수를 사용할 수 있으며, 이 경우 뒤에서부터 접근한다.
- rld : 시작 문자 'r'이 뒤에서 3번째 위치에 있으므로 '-3'에서 시작하고 문자열의 끝까지 가져오도록 종료위치는 생략하여 string[-3:]으로 표현한다.

10: ④ 11: ③ 12: ③ 정답

2020.08

13 파이썬의 변수 작성 규칙 설명으로 옳지 않은 것은?

① 첫 자리에 숫자를 사용할 수 없다.

② 영문 대문자/소문자, 숫자, 밑줄(_)의 사용이 가능하다.

③ 변수 이름의 중간에 공백을 사용할 수 있다.

④ 이미 사용되고 있는 예약어는 사용할 수 없다.

해설 변수를 작성할 때는 첫 자리에 숫자를 사용할 수 없고, 영문자, 숫자, 밑줄 사용이 가능하다. 변수의 이름에 공백은 포함할 수 없다.

2021.03

14 C언어에서 문자열을 정수형으로 변환하는 라이브러리 함수는?

① atoi()

② atof()

③ itoa()

④ ceil()

해설
- atoi() : 문자열을 정수형으로 변환하는 함수이다.
- atof() : 문자열을 실수형으로 변환하는 함수이다.
- itoa() : 정수형을 문자열로 변환하는 함수이다.
- ceil() : 소수점 자리를 올림하는 함수이다.

추가적으로 atol()은 문자열을 long 정수형 타입으로 변환하는 함수이다.

2021.03

15 C언어에서 산술 연산자가 아닌 것은?

① %

② *

③ /

④ =

해설
% : 나머지를 반환하는 연산자
* : 곱하기 산술 연산자
/ : 나누기 산술 연산자
= : 값을 대입하는 대입 연산자

2021.03

16 다음 Java 코드 출력문의 결과는?

```
System.out.println("5 + 2 = " + 3 + 4);
System.out.println("5 + 2 = " + (3 + 4));
```

① 5 + 2 = 34
5 + 2 = 34

② 5 + 2 + 3 + 4
5 + 2 = 7

③ 7 = 7
7 + 7

④ 5 + 2 = 34
5 + 2 = 7

해설 Java에서 문자형과 숫자형을 더하면 모두 문자형으로 처리되며, 괄호가 있는 경우는 괄호 안의 존재하는 형으로만 처리된다.

2021.03

17 다음은 파이썬으로 만들어진 반복문 코드이다. 이 코드의 결과는?

```
>> while(True):
       print('A')
       print('B')
       print('C')
   continue
       print('D')
```

① A, B, C 출력이 반복된다.

② A, B, C 까지만 출력된다.

③ A, B, C, D 출력이 반복된다.

④ A, B, C, D 까지만 출력된다.

해설 while문은 계속 반복시키는 명령어이고, continue문은 반복문의 나머지 부분을 처리하지 않고, 반복문의 처음으로 돌아가는 기능을 한다.

정답 13: ③ 14: ① 15: ④ 16: ④ 17: ①

18 C언어에서 변수로 사용할 수 없는 것은?

① data02

② int01

③ _sub

④ short

> 해설 short는 자료형의 예약어이기 때문에 변수명으로 사용할 수 없다.

2021.06

19 다음 C언어 프로그램이 실행되었을 때의 결과는?

```
#include <dio.h>
int main(int argc, char *argv[ ]) {
    int a=4;
    int b=7;
    int c=a | b;

    printf("%d", c);
    return 0;
}
```

① 3   ② 4

③ 7   ④ 10

> 해설 C언어에 |는 OR 연산자이다. 각 숫자를 2진수로 변경하면 4는 0100이고, 7은 0111이므로 OR 연산을 하면 0111이 된다. 따라서 결과값은 7이다.

2021.06

20 다음 Java 프로그램이 실행되었을 때의 결과는?

```
public class array {
    public static void main(String[] args) {
        int cnt = 0;
        do {
            cnt++;
        } while(cnt < 0);
        if(cnt==1)
            cnt++;
        else
            cnt=cnt+3;
        System.out.printf("%d", cnt)
    }
}
```

① 2   ② 3

③ 4   ④ 5

> 해설 do-while문은 while의 조건식에 상관없이 한 번만 실행한다. cnt는 1이므로 1 증가하여 cnt는 2가 된다.

2021.06

21 다음 C언어 프로그램이 실행되었을 때의 결과는?

```
#include <stdio.h>
int main(int argc, char *argv[ ]) {
    char a;
    a='A'+1;

    printf("%d", a);
    return 0;
}
```

① 1   ② 11

③ 66   ④ 98

> 해설 대문자 'A'의 아스키코드값은 10진수 65이다. 따라서 'A'+1은 66이 된다.

2021.06

22 C언어에서 연산자 우선순위가 높은 것에서 낮은 것으로 바르게 나열된 것은?

㉠ ()	㉡ ==
㉢ <	㉣ <<
㉤ ||	㉥ /

① ㉠, ㉥, ㉣, ㉢, ㉡, ㉤

② ㉠, ㉣, ㉥, ㉢, ㉡, ㉤

③ ㉠, ㉣, ㉥, ㉢, ㉤, ㉡

④ ㉠, ㉥, ㉣, ㉤, ㉡, ㉢

 () → / → 《 → 〈 → == → \|\| 순으로 연산자의 우선순위가 높다.

단항 연산자	!(논리 not) ~(비트 not)
	++ -- sizeof
산술 연산자	* / %
	+ -
시프트 연산자	《 》
관계 연산자	〈 〈= 〉= 〉
	== !=
비트 연산자	&
	^
	|
논리 연산자	&&
	||
조건 연산자	? :
대입 연산자	= += -= *= /= %= 《= 》=
순서 연산자	.

2021.08

23 다음 C언어 프로그램이 실행되었을 때의 결과는?

```c
#include <stdio.h>
#include <string.h>
int main(void) {
  char str[50]="nation";
  char *p2="alter";

  strcat(str, p2);
  printf("%s", str);
  return 0;
}
```

① nation

② nationalter

③ alter

④ alternation

해설 strcat() 함수는 문자열을 붙이는 함수이다. nation과 alter 를 합쳐서 출력하게 된다.

2021.08

24 다음 중 Java에서 우선순위가 가장 낮은 연산자는?

① --

② %

③ &

④ =

해설 '=' 연산자는 모든 연산자 중 가장 낮은 순위의 연산자이다.

25 다음 Java 프로그램이 실행되었을 때의 결과는?

```
public class Main {
    public static void main(String[] args) {

        int arr[];
        int i = 0;
        arr = new int[10];
        arr[0] = 0;
        arr[1] = 1;

        while(i < 8) {
            arr[i+2] = arr[i+1]+arr[i];
            i++;
        }
        System.out.println(arr[9]);
    }
}
```

① 13   ② 21

③ 34   ④ 55

해설 while문은 아래와 같이 진행된다.
arr[1] = 1
arr[2] = 1
arr[3] = 2
arr[4] = 3
arr[5] = 5
arr[6] = 8
arr[7] = 13
arr[8] = 21
arr[9] = 34

26 C언어의 변수 선언으로 틀린 것은?

① int else;

② int Test2;

③ int pc;

④ int True;

해설 else는 C언어 예약어이므로 변수로 사용할 수 없다.

202 | 프로그래밍 언어 유형

1 절차적 프로그래밍 언어의 개념

단순히 순차적인 명령 수행이 아니라 루틴, 서브루틴, 메소드, 함수 등을 이용한 프로그래밍 패러다임 언어이다.

■ 절차적 프로그래밍 언어의 특징

특징	설명
코드의 재사용	같은 코드를 다른 장소에서 호출하여 재사용이 가능
복잡성 낮춤	함수 내 호출을 통해 여러 부분을 생략하여 프로그램 흐름 파악이 쉬움
모듈화 및 구조화	재사용 단위인 모듈로 구성하여 프로그램을 구조화함

■ 절차적 프로그래밍 언어의 종류

종류	설명
알골(ALGOL)	– 알고리즘의 연구개발에 이용하기 위해 생성 – 절차형 언어로는 최초로 재귀 호출이 가능
C언어	– Unix 운영체제에서 사용하기 위해 개발된 프로그래밍 언어 – 모든 컴퓨터 시스템에서 사용할 수 있도록 설계된 프로그래밍 언어
베이직(BASIC)*	– 교육용으로 개발되어 언어의 문법이 쉬움 – 서로 다른 종류 사이의 소스 코드는 호환되지 않음
포트란(FORTRAN)	– 과학 계산에서 필수적인 벡터, 행렬 계산 기능이 내장된 과학 기술 전문 언어 – 산술 기호, 삼각 함수, 지수 함수, 대수 함수 같은 수학 함수들 사용

★ 베이직(BASIC)
절차적 프로그래밍 언어이면서, 스크립트 기반으로 실행될 수 있는 언어이다.

2 객체 지향 프로그래밍 언어의 개념

프로그램을 단순히 데이터와 처리 방법으로 나누는 것이 아니라, 프로그램을 '객체'라는 기본 단위로 나누고 이 객체들의 상호작용으로 프로그래밍하는 언어이다.

■ 객체 지향 프로그래밍 언어의 5가지 특징

🎓 **멘토 코멘트**

객체 지향 프로그래밍
언어 분야가 출제 빈도
가 높다. 객체 지향 프
로그래밍 언어의 5가지
특징은 정확히 프로그
래밍 언어의 숙지해
두어야 한다.

특징	설명
캡슐화	속성과 메소드를 하나로 결합하여 객체로 구상하는 성질
추상화	데이터의 공통된 성질을 추출하여 개략화, 모델링하는 방법
상속성	상위 클래스의 모든 속성과 연산을 하위 클래스에서 구현하는 방법
다형성	하나의 메시지에 대해 다양한 방법으로 응답할 수 있도록 변형할 수 있는 성질
정보 은닉	다른 객체에게 자신의 정보를 숨기고 자신의 연산만을 통하여 접근 허용

■ 객체 지향 프로그래밍 언어의 종류

종류	설명
C++	C언어의 확장판으로 만들어진 객체 지향 프로그래밍 언어
Java	C/C++ 과 비슷한 문법을 가지고 있지만 C++에 비해 단순하고 효율성을 제공하는 프로그래밍 언어

3 스크립트 언어의 개념

기계어로 컴파일되지 않고, 별도의 번역기를 통해 소스를 읽어 동작하는 언어이다.

■ 스크립트 언어의 특징

특징	설명
컴파일 생략	컴파일 없이 바로 실행하여 결과 확인
신속한 개발	빠르게 학습하여 작성 가능한 언어
단순성	상대적으로 단순한 구문과 의미를 내포함

■ 스크립트 언어의 종류

종류	설명
자바스크립트	웹 페이지를 동작하는 데 사용되는 클라이언트용 스크립트 언어
파이썬 (Python)	플랫폼에 독립적이며 인터프리터식, 객체 지향적, 동적 타이핑 대화형 언어
PHP	– 동적 웹 페이지를 만들기 위해 설계 – 작성자가 원하는 웹 페이지 작성이 가능한 언어
Node.js	스크립트 기반의 경량 서버를 개발할 수 있는 언어

4 선언형 언어의 개념

특정 선언만 명시하여 프로그램을 동작시키는 프로그래밍 언어이다.

■ 선언형 언어의 유형

유형	설명
함수형 언어	자료 처리를 수학적 함수의 계산으로 취급하고, 상태와 가변 데이터를 멀리하는 프로그래밍 언어
논리형 언어	논리 문장을 이용하여 프로그램을 표현하고 계산을 수행하는 언어

■ 선언형 언어의 특징

특징	설명
참조 투명성	프로그램 동작의 변경 없이 관련 값을 대체할 수 있는 성질
가독성	가독성이나 재사용성이 좋음
신속 개발	외부적인 환경의 의존을 줄이고 알고리즘에 집중하여 개발 가능

■ 선언형 언어의 종류

종류	설명
HTML	인터넷을 위한 하이퍼텍스트 문서를 만들기 위해 사용되는 언어
Haskell	함수형 언어들을 통합 정리하여 만든 일반적인 순수 함수형 언어
Prolog	논리식을 토대로 하여 오브젝트와 오브젝트 관계에 관한 문제를 해결하기 위한 언어
XML	특수한 목적을 갖는 마크업 언어를 만드는 데 사용하도록 권장하는 다목적 마크업 언어
SQL	데이터베이스에 질의를 할 수 있는 언어

알아두기

HTML 마크업은 HTML 요소(Elements)와 그들의 속성(Attributes), 문자 기반 데이터 형태와 문자 참조와 엔티티 참조를 포함하는 몇 가지 핵심 구성 요소로 이루어져 있다.

2020.06

01 스크립트 언어가 아닌 것은?

① PHP

② Cobol

③ Basic

④ Python

> **해설** 스크립트 언어는 기계어로 컴파일되지 않고, 별도의 번역기를 통해 소스를 읽어 동작하게 하는 언어로, PHP, Basic, Python 등이 있다. Cobol은 절차적 언어이다.

02 다음 중 선언형 언어의 특징이 아닌 것은?

① 참조 투명성

② 가독성

③ 신속 개발

④ 기계어

> **해설** 선언형 언어는 프로그램 동작의 변경 없이 관련 값을 대체할 수 있는 참조 투명성이 있고, 가독성이나 재사용성이 좋다. 또한, 외부적인 환경의 의존을 줄여 주기 때문에 알고리즘에 집중하여 개발할 수 있다.

03 다음 중 선언형 언어가 아닌 것은?

① SQL

② HTML

③ Prolog

④ PHP

> **해설** 선언형 언어에는 HTML, Haskell, Prolog, XML, SQL 등이 있다. PHP는 스크립트 언어다.

04 다음 중 스크립트 언어의 특징이 아닌 것은?

① 비컴파일

② 신속한 개발

③ 메모리 관리

④ 단순성

> **해설** 스크립트 언어로 메모리 관리를 하지는 않는다.

203 | 프로그래밍 방법

1 라이브러리의 개념

프로그램을 참조하여 효율적으로 개발할 수 있도록 모아 놓은 집합체이다.

알아두기

프로그래밍을 하는 데에는 기존에 작성된 라이브러리를 많이 참고하게 된다. 언어별 주요 라이브러리 참고가 필요하다.

라이브러리의 유형

유형	설명
표준 라이브러리	프로그래밍 언어 자체에 기본적으로 내장된 라이브러리
외부 라이브러리	표준 라이브러리와 달리 별도의 파일을 설치하여 개발할 수 있는 라이브러리

언어별 핵심 라이브러리

알아두기

모듈과 패키지

- 모듈(Module)은 한 개의 파일에서 기능을 제공하는 모음이다.
- 패키지(Package)는 여러 개의 모듈을 한 개의 폴더에 묶어서 기능을 제공한다.

언어	라이브러리	설명
C언어	stdio.h	데이터의 입출력에 사용되는 기능 제공
	math.h	수학 함수 제공
	string.h	문자열 처리에 사용되는 기능 제공
	stdlib.h	자료형 변환, 난수 발생, 메모리 할당에 사용되는 기능 제공
	time.h	시간 처리에 사용되는 기능 제공
Java	java.lang	Java 언어의 주요 구성 요소와 관련된 패키지
	java.util	다양한 자료 구조를 동일한 방법으로 처리할 수 있도록 하는 라이브러리
	java.io	키보드, 네트워크 파일 등 입출력 관련 주요 기능을 제공하는 라이브러리
	java.sql	데이터베이스 프로그래밍 관련 라이브러리
파이썬 (Python)	NumPy	행렬이나 일반적으로 대규모의 다차원 배열을 쉽게 처리할 수 있도록 하는 라이브러리
	Pandas	데이터 분석을 위해 널리 사용되는 라이브러리
	Pilow	이미지 편집을 하기 위한 대표적인 라이브러리
	Tensorflow	기계 학습과 딥러닝을 위해 구글에서 만든 오픈 소스 라이브러리

2 프로토타입의 개념

알아두기

Java에서는 interface와 abstract를 이용하여 프로토타입과 비슷한 역할을 하고 있다.

속성과 메소드를 다른 클래스의 인스턴스 또는 빈 객체에 추가하여 컴파일러에게 사용될 함수의 정보를 미리 알리는 함수 원형이다.

■ 프로토타입 선언

| C언어에서의 함수 프로토타입의 선언 예 |

```
int Car(char i , int j)
```

- int는 반환형이고, Car는 함수명이다.
- 매개변수는 char i와 int j로 구성된다.

3 데이터 입출력의 개념

데이터를 키보드와 같은 입력 장치로 입력받아 화면 등의 출력 도구로 출력할 수 있도록 하는 기법 및 함수이다.

알아두기

C언어 입출력 함수의 서식 문자

%d : 정수형 10진수
%o : 정수형 8진수
%x : 정수형 16진수
%f : 실수
%c : 문자
%s : 문자열

■ 데이터 입출력의 단위 구조

구조	설명
단일 변수 파라미터	라이브러리 함수 내 Input 파라미터의 Value(값)를 설정하여 원하는 결과값을 도출하는 파라미터
오브젝트 파라미터	Object로 구성된 Document를 이용하여 받는 방식의 파라미터

■ 언어별 주요 데이터 입출력 함수

알아두기

C언어 입출력 함수의 제어 문자

\n : 줄 바꿈
\r : 현재 행의 처음으로
\b : 백스페이스
\t : tab 문자

언어	함수	설명
C언어	scanf	키보드로 입력받아 변수에 저장하는 함수
	printf	인수로 주어진 값을 화면에 출력하는 함수
자바 (Java)	Scanner	키보드로부터 값을 입력받아 객체 변수를 생성하여 처리하는 클래스
	System.out.println	System 클래스의 서브 클래스인 out 클래스의 메소드 printf()를 사용하여 출력
파이썬 (Python)	input	입력되는 모든 것을 문자열로 취급하는 함수
	print	결과를 화면에 출력해주는 함수

4 예외 처리의 개념

프로그램이 처리되는 동안 특정한 문제가 일어났을 때 처리를 중단하고 다른 처리를 하는 방법이다.

■ 예외의 원인

원인	설명
컴퓨터 하드웨어 문제	설계 오류나 설정의 실수로 예기치 못한 결과 도출
운영체제의 설정 실수	운영체제 설치 후 설정 시 파라미터값의 오류로 발생
라이브러리 손상	구 버전의 라이브러리 또는 일부 설치 등 손상된 라이브러리 사용으로 예외 발생
사용자 입력 실수	존재하지 않는 파일 이름 입력, 숫자값 입력 칸에 일반 문자 입력 등으로 발생

■ 예외 처리 방법

방법	설명
Throw 처리	프로그램이 정상적으로 실행될 수 없는 상황일 때 호출한 부분으로 예외 처리를 보내는 방식
Try Catch 처리	예외가 발생할 수 있는 부분을 블록으로 지정하여 예외 핸들러로 처리하는 방식

기출 유형 문제

2020.09

01 Java에서 사용되는 출력 함수가 아닌 것은?

① System.out.print( )

② System.out.println( )

③ System.out.printing( )

④ System.out.printf( )

 해설
Java의 출력 함수
– System.out.print() : 출력하기 위한 기본 메소드
– System.out.println() : 줄 바꿈하여 출력
– System.out.printf() : 'System.out.printf("문자열 %d %n",변수);' 형식으로 변수를 바인딩하여 출력

2021.03

02 라이브러리의 개념과 구성에 대한 설명 중 틀린 것은?

① 라이브러리란 필요할 때 찾아서 쓸 수 있도록 모듈화된 상태로 제공되는 프로그램을 말한다.

② 프로그래밍 언어에 따라 일반적으로 도움말, 설치 파일, 샘플코드 등을 제공한다.

③ 외부 라이브러리는 프로그래밍 언어가 기본적으로 가지고 있는 라이브러리를 의미하며, 표준 라이브러리는 별도의 파일 설치를 필요로 하는 라이브러리를 의미한다.

④ 라이브러리는 모듈과 패키지를 총칭하며, 모듈이 개별 파일이라면 패키지는 파일들을 모아 놓은 폴더라고 볼 수 있다.

해설
표준 라이브러리는 프로그래밍 언어가 기본적으로 가지고 있는 라이브러리를 의미하며, 외부 라이브러리는 별도의 파일 설치를 필요로 하는 라이브러리를 의미한다.

2021.06

03 C언어 라이브러리 중 stdlib.h에 대한 설명으로 옳은 것은?

① 문자열을 수치 데이터로 바꾸는 문자 변환 함수와 수치를 문자열로 바꿔주는 변환 함수 등이 있다.

② 문자열 처리 함수로 strlen()이 포함되어 있다.

③ 표준 입출력 라이브러리이다.

④ 삼각 함수, 제곱근, 지수 등 수학적인 함수를 내장하고 있다.

해설
stdlib.h 라이브러리는 자료형 변환, 난수 발생, 메모리 할당에 사용되는 기능을 제공한다.

2021.08

04 다음 파이썬(Python) 프로그램이 실행되었을 때의 결과는?

```
def cs(n):
    s=0
    for num in range(n+1):
        s+=num
    return s
print(cs(11))
```

① 45

② 55

③ 66

④ 78

해설
11번 반복되어 아래와 같이 진행된다.
1+2+3+4+5+6+7+8+9+10+11 = 66

2022.03

05 Java의 예외(Exception)와 관련한 설명으로 틀린 것은?

① 문법 오류로 인해 발생한 것

② 오동작이나 결과에 악영향을 미칠 수 있는 실행 시간 동안에 발생한 오류

③ 배열의 인덱스가 그 범위를 넘어서는 경우 발생하는 오류

④ 존재하지 않는 파일을 읽으려고 하는 경우에 발생하는 오류

해설 문법 오류로 인해 발생하는 것은 예외가 아닌 에러(Error)이다.

2022.03

06 다음 Python 프로그램이 실행되었을 때, 실행 결과는?

```
a = 100
list_data = ['a', 'b', 'c']
dict_data = {'a' : 90, 'b' : 95}

print (list_data[0])
print(dict_data['a'])
```

①
```
a
90
```

②
```
100
90
```

③
```
100
100
```

④
```
a
a
```

해설 list_data[0]은 list_data 배열에서 첫 번째 값을 불러오게 된다. dict_data['a']는 배열에서 'a'에 해당하는 값을 불러오게 된다. 따라서 a, 90을 출력한다.

2022.04

07 C언어에서 문자열 처리 함수의 서식과 그 기능의 연결로 틀린 것은?

① strlen(s) - s의 길이를 구한다.

② strcpy(s1, s2) - s2를 s1으로 복사한다.

③ strcmp(s1, s2) - s1과 s2를 연결한다.

④ strrev(s) - s를 거꾸로 변환한다.

해설 strcmp()는 두 문자열이 같으면 0을, 같지 않으면 0이 아닌 값을 반환하는 함수이다.

2022.05

08 Python 데이터 타입 중 시퀀스(Sequence) 데이터 타입에 해당하며 다양한 데이터 타입들을 주어진 순서에 따라 저장할 수 있으나 저장된 내용을 변경할 수 없는 것은?

① 복소수(complex) 타입

② 리스트(list) 타입

③ 사전(dict) 타입

④ 튜플(tuple) 타입

해설 튜플 타입은 연속된 값을 가지므로 배열과 비슷하지만 값이 변경되지 않는(Immutable) 특징을 가지고 있다. 튜플 타입은 값 변경이 안되고, 배열처럼 연속된 값을 가진다.

09 다음 중 C언어의 핵심 라이브러리 설명 중 틀린 것은?

① stdio.h : 데이터의 입출력에 사용되는 기능 제공

② stdlib.h : 자주 참조하는 라이브러리 저장

③ math.h : 수학 함수 제공

④ string.h : 문자열 처리에 사용되는 기능 제공

해설 stdlib.h는 자료형 변환, 난수 발생, 메모리 할당에 사용되는 함수 등이 있는 라이브러리다.

10 다음 보기에서 설명하는 것은 무엇인가?

프로그램을 참조하여 효율적으로 개발할 수 있도록 모아 놓은 집합체

① 라이브러리

② 프레임워크

③ API

④ 모듈

해설 라이브러리에 대한 설명이다. 라이브러리는 재사용 측면에서 활용될 수 있도록 구성된 비휘발성 자원의 모임이다.

11 다음 보기에서 설명하는 파이썬의 모듈은 무엇인가?

행렬이나 일반적으로 대규모 다차원 배열을 쉽게 처리할 수 있도록 하는 라이브러리

① NumPy

② Pandas

③ Pilow

④ Tensorflow

해설 Pandas는 데이터 분석, Pilow는 이미지 편집, Tensorflow는 머신러닝과 딥러닝을 위한 라이브러리이다.

12 다음 보기에서 설명하는 기법은 무엇인가?

프로그램이 처리되는 동안 특정한 문제가 발생했을 때 중단하고 다른 처리를 하는 방법

① 예외 처리

② 이벤트 처리

③ 블록재킹

④ 인터셉트

해설 예외(Exception)는 에러의 일종으로, 프로그램 수행 시 처리가 불가능할 경우 로직을 추가하여 처리할 수 있는 기법이다.

13 다음 중 Java의 입출력 함수에 속하는 것은 어느 것인가?

① Scanf

② Printf

③ Scanner

④ Write

해설 Scanner는 Java의 입력 함수이다.

장

응용 SW 기초 기술 활용

✓ 소프트웨어를 개발하기 위한 기본 환경 요소를 이해한다.
✓ 운영체제의 구성 요소와 동작 원리를 이해한다.
✓ 네트워크 통신의 원리와 유형에 대하여 이해한다.
✓ 기본 개발 환경 구축에 대하여 알아본다.

301 | 운영체제 분석

1 운영체제의 역할

알아두기

PC 운 영 체 제 에 는 Windows, MacOS X, Linux가 있다.

- 사용자와 인터페이스를 정의하고, 사용자의 편의성을 제공한다.
- 사용자들 간에 하드웨어를 공용으로 사용할 수 있도록 한다.
- 사용자들의 데이터를 공유할 수 있도록 한다.

2 운영체제의 기능

알아두기

운영체제의 궁극적인 목적은 컴퓨터 시스템 을 보다 편리하게 사용 할 수 있는 환경을 제 공하는 것이다.

운영체제는 아래와 같이 시스템 성능을 극대화할 수 있다.

기능	설명
파일 관리	시스템 내의 다양한 파일을 읽고, 쓰고, 실행할 수 있도록 처리해주는 기능
네트워킹	시스템 내외부와 통신할 수 있도록 제공하는 기능
입출력(I/O) 관리	데이터의 입력과 출력을 처리할 수 있는 기능
보호 시스템	프로세스 및 파일을 외부 및 내부로부터 보호
명령 해석	사용자의 명령을 해석하여 시스템에게 전달
메모리 관리	메모리를 효율적으로 관리하여 리소스를 관리

3 운영체제의 변화

발전 단계	종류	설명
	싱글/멀티태스킹	– 단독 또는 여러 프로세스의 실행 여부에 따라 구분 – 비선점/선점, 인터럽트, 스케줄링 사용
	단일/다중 사용자	– 단독 또는 여러 사용자가 동시에 시스템과 상호작용 – 공유, 할당, 스케줄링 분할 사용
	분산 운영체제	– 여러 컴퓨터를 하나의 컴퓨터처럼 사용 – 최근에는 가상화, 네트워크 기술로 발단된 운영체제
	임베디드	작은 기계에서 동작할 수 있도록 극히 효율적으로 설계
	실시간 운영체제	짧은 시간 내에 이벤트나 데이터 처리를 보증함

알아두기

운영체제는 최초의 직 접 커맨드 명령어를 입 력하는 방식에서 사용 자 UI를 변경해주는 방 식으로 발전했다.

4 운영체제 계열별 유형

유형	설명
Windows	- 마이크로소프트사가 개발한 운영체제이다. - GUI를 지원한다. - 선점형 멀티태스킹 방식이다. - FAT32 파일 시스템을 사용한다. - OLE(Object Linking and Embeddig)*를 사용한다.
Unix	- 분할 시스템(Time Sharing System)을 위해 설계된 대화식 운영체제로, 소스가 공개된 개방형 시스템이다. - 대부분 C언어로 작성되어 있어 이식성이 높으며 장치, 프로세스 간의 호환성이 높다. - 다중 사용자(Multi-User), 다중 작업(Multi-Tasking)을 지원한다. - 트리 구조의 파일 시스템을 가지고 있다.
Linux	- Unix와 호환이 가능한 커널이다. - 다중 사용자 및 다중 처리 시스템이다. - 소스가 공개되어 있고, 유연성과 확장성을 제공한다.
MacOS	- 애플사가 제작한 Unix 기반의 운영체제이다. - 레지스트리가 없다. - Windows에 비해 권한 체계가 더 엄격하며, 일관적인 유저 인터페이스를 제공한다.
안드로이드	- 구글사가 개발한 임베디드용 운영체제이다. - 운영체제 커널이 Linux로 되어 있다. - 오픈 소스 지향으로 많은 정보가 공개되어 있고, 적용하기 쉽다.

★ OLE(Object Linking and Embeddig)

다른 여러 응용 프로그램에서 작성된 문자나 그림 등의 개체(Object)를 현재 작성 중인 문서에 자유롭게 연결(Linking)하거나 삽입(Embedding)하여 편집할 수 있게 하는 기능이다.

5 운영체제의 구성

- 운영체제는 제어 프로그램과 처리 프로그램으로 구성된다.
- 제어 프로그램은 운영체제가 관리하는 모든 자원을 효율적으로 제공하기 위해 시스템 전체의 움직임을 감시하고 감독 관리 및 지원하는 프로그램이고, 처리 프로그램은 운영체제 사용자에게 편의성을 제공하고 데이터를 처리하는 프로그램이다.

종류	기능	설명
제어 프로그램	감시 프로그램 (Supervisor)	- 각종 처리 프로그램의 실행과 기억 장소, 데이터 제어 또는 연속 처리 작업의 스케줄을 감시하는 프로그램
	작업 제어 프로그램 (Job Control Program)	- 어떤 업무를 처리한 후 다른 업무로의 이행을 자동적으로 수행하기 위한 준비 및 처리 완료를 담당하는 프로그램
	데이터 관리 프로그램	- 주기억장치와 보조기억장치 사이의 자료 전송, 파일을 조작하는 프로그램

📚 **알아두기**

커널과 사용자 2가지 모드로 운용하는 방법을 이중 동작 모드(Dual Mode Operation)라고 한다.

	서비스 프로그램 (Service Program)	– 사용자가 컴퓨터를 더 쉽게 사용할 수 있도록 작성된 사용 빈도수가 높은 프로그램
처리 프로그램	문제 프로그램 (Problem Program)	– 특정 업무 해결을 위해 사용자가 작성한 프로그램
	언어 번역 프로그램 (Language Translator Program)	– 어셈블러, 컴파일러, 인터프리터 같은 번역 프로그램

6 운영체제의 커널(Kernel)

- 커널(Kernel)은 운영체제의 핵심을 이루는 요소로서, 컴퓨터 내의 자원을 사용자 프로그램이 사용할 수 있도록 관리하는 프로그램이다.
- 커널은 프로세스, 파일 시스템, 메모리, 네트워크의 관리를 담당한다.
- 커널의 루틴은 여러 가지 방법이 있는데, 커널을 사용하는 직접적인 방법은 시스템 호출(System Call)을 사용하는 것이다.

7 운영체제의 모드 유형

사용자와 운영체제는 시스템 자원을 공유하기 때문에 자원을 보호하기 위해 커널 모드(Kernel Mode)와 사용자 모드(User Mode)로 운용한다.

★ 모드 비트(Mode Bit)
커널 모드와 사용자 모드를 구분 짓기 위한 비트로 커널 모드는 0, 사용자 모드는 1로 나타낸다.

✎ 알아두기
사용자 애플리케이션(응용 프로그램)은 사용자 모드에서 실행되지만 리소스 접근 등 필요한 순간 커널 모드로 전환되어 실행된다.

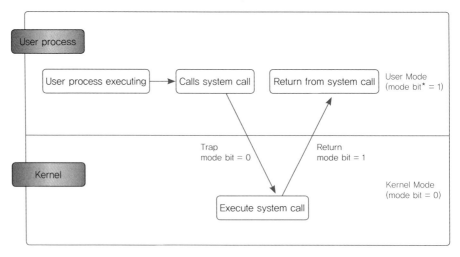

모드	설명
사용자 모드	- 사용자 애플리케이션 코드가 실행된다. - 시스템 데이터에 제한된 접근만이 허용되며 하드웨어에 직접 접근할 수 없다. - 유저 애플리케이션은 시스템 서비스 호출을 하면 유저 모드에서 커널 모드로 전환된다. - CPU는 유저 모드 특권 수준으로 코드를 실행한다. - 유저 모드에서 실행하는 스레드는 자신만의 유저 모드 스택을 가진다.
커널 모드	- 사용자가 접근할 수 없는 모드이다. - 시스템의 모든 메모리에 접근할 수 있고 모든 CPU 명령을 실행할 수 있다. - 운영체제 코드나 디바이스 드라이버 같은 커널 모드 코드를 실행한다. - CPU는 커널 모드 특권 수준에서 코드를 실행한다.

알아두기

커널 모드는 수퍼바이저 모드(Supervisor Mode), 시스템 모드(System Mode) 혹은 특권 모드(Privileged Mode)라고도 불린다.

실력 점검 문제

기출 유형 문제

2022.04, 2019.08

01 Unix 운영체제에 관한 특징으로 옳지 않은 것은?

① 하나 이상의 작업에 대하여 백그라운드에서 수행 가능하다.

② Multi-User는 지원하지만 Multi-Tasking은 지원하지 않는다.

③ 트리 구조의 파일 시스템을 갖는다.

④ 이식성이 높으며 장치 간의 호환성이 높다.

해설 Unix 운영체제는 Multi-User, Multi-Tasking을 모두 지원한다.

2020.08

02 운영체제에 대한 설명으로 거리가 먼 것은?

① 다중 사용자와 다중 응용 프로그램 환경에서 자원의 현재 상태를 파악하고 자원 분배를 위한 스케줄링을 담당한다.

② CPU, 메모리 공간, 기억장치, 입출력 장치 등의 자원을 관리한다.

③ 운영체제의 종류로는 매크로 프로세서, 어셈블러, 컴파일러 등이 있다.

④ 입출력 장치와 사용자 프로그램을 제어한다.

해설 매크로 프로세서, 어셈블러, 컴파일러는 컴퓨터의 구성 요소로 볼 수 있다. 운영체제의 종류로는 Windows, Unix, Linux, MacOS, 안드로이드 등이 있다.

2020.09

03 운영체제에서 커널의 기능이 아닌 것은?

① 프로세스 생성, 종료

② 사용자 인터페이스

③ 기억장치 할당, 회수

④ 파일 시스템 관리

해설 커널은 운영체제의 가장 중심에서 처리를 하고, 사용자 인터페이스는 운영체제의 외부에 위치하여 처리한다.

2021.03

04 운영체제를 기능에 따라 분류할 때 제어 프로그램이 아닌 것은?

① 데이터 관리 프로그램

② 서비스 프로그램

③ 작업 제어 프로그램

④ 감시 프로그램

> 해설 제어 프로그램은 시스템 전체의 작동 상태 감시, 작업의 순서 지정, 작업에 사용되는 데이터 관리 등의 역할을 수행하는 프로그램이다. 서비스 프로그램은 제어 프로그램의 지시를 받아 사용자가 요구한 문제를 해결하기 위한 처리 프로그램으로 분류된다.

출제 예상 문제

05 다음 중 운영체제의 커널 모드(Kernel Mode)의 설명 중 틀린 것은?

① 시스템의 메모리에 접근할 수 있고 CPU 명령을 실행할 수 있다.

② 커널 모드는 Mode Bit가 1이다.

③ 사용자 모드에서 커널 모드로 진입할 때 System Call 작업을 하게 된다.

④ CPU는 커널 모드 특권 수준에서 코드를 실행한다.

> 해설 커널 모드는 Mode Bit가 0이다.

06 다음 중 운영체제 계열별 유형 설명이 잘못된 것은?

① Windows : 마이크로소프트사가 개발한 운영체제

② Unix : 구글사가 개발한 임베디드용 운영체제

③ MacOS : 애플사가 제작한 Unix 기반의 운영체제

④ Linux : Unix와 호환이 가능한 커널

> 해설 Unix는 AT&T 벨 연구소, MIT, General Eletric이 공동 개발한 운영체제이다. ②는 안드로이드에 대한 설명이다.

07 다음 중 운영체제의 기본 기능이 아닌 것은?

① 파일 관리

② 전원 관리

③ 입출력 관리

④ 메모리 관리

> 해설 운영체제에서 전원 관리는 기본 기능이 아니다.

1 메모리 관리의 필요성

메모리 관리는 컴퓨터 메모리를 관리하는 방법이다.

필요성	설명
멀티 프로그래밍	주기억장치의 크기에 제한을 받지 않으므로 효율적으로 프로그래밍 가능
동적 공유	다수의 사용자에 의한 주기억장치의 동적 공유
분할 관리	프로그램의 부분 적재를 통한 실행 환경 제공
공간 확보	주기억장치 용량보다 더 넓은 공간 확보

> **알아두기**
>
> 물리적 메모리의 한계를 극복하기 위해 등장한 가상기억장치(Virtual Memory)는 서로 경쟁하며 메모리를 필요로 하는 프로세스 사이에 메모리를 공유하여 시스템이 가진 것보다 더 많은 메모리를 가지도록 하는 기법이다.

2 메모리 관리 전략

프로그램이 요구하는 처리 속도는 높으나, 메모리 용량은 한계가 있어 메모리는 언제나 부족하다. 이에 따라 제한된 물리 메모리의 효율적인 사용을 위한 전략으로 할당(Allocation), 반입(Fetch), 배치(Placement), 교체(Replacement) 기법이 있다.

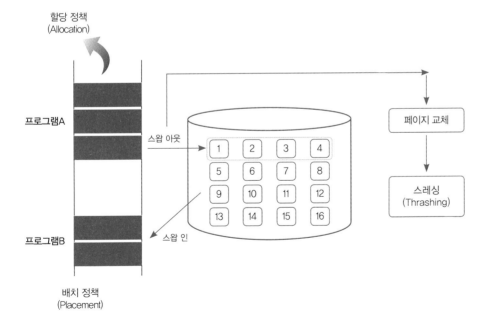

> **알아두기**
>
> 부족한 메모리 공간을 좀 더 효율적으로 관리하기 위해 스와핑 기법을 이용한다. 스와핑 기법에는 스왑아웃, 스왑인 기법이 있다.

기법	설명	종류
할당 기법 (How Much)	각 프로세스에게 주기억장치를 얼마나 할당할 것인지, 각 프로세스의 실행 중 주기억장치 할당량을 어떻게 변화시킬 것인지 결정하는 기법	– 고정(정적) 할당 기법 – 가변(동적) 할당 기법
반입 기법 (When)	프로그램의 한 블록을 언제 주기억장치에 적재시킬 것인지 정하는 기법	– 요구 반입(Demand Fetch) – 예상 반입(Anticipatory Fetch)
배치 기법 (Where)	프로그램의 한 블록을 주기억장치의 어디에 적재시킬 것인지 정하는 기법	– 최초 적합(First Fit) – 최적 접합(Best Fit) – 최악 적합(Worst Fit)
교체 기법 (Who)	주기억장치에 적재할 공간이 없을 경우 어느 블록을 교체할 것인지 정하는 기법	FIFO, OPT, LRU, LFU, NUR

■ 할당 정책

알아두기

가변 할당 방법에서는 프로세스를 어느 메모리 부분에 적재해야 할지 고민해야 하는데, 이때 배치 정책이 필요하다.

종류	설명
고정 할당	사용자가 사용할 수 있는 메모리의 범위 내에서 특정 크기로 나누어 분할하는 방식
가변 할당	고정된 경계를 없애고 각 프로세스가 필요한 만큼의 메모리를 할당하는 방식

■ 호출 정책

종류	설명
요구 호출	실행 프로그램이 요구할 때 참조된 페이지나 세그먼트만을 주기억장치로 옮기는 기법
예상 호출	실행 프로그램에 의해 참조될 것을 예상하여 미리 주기억장치로 옮기는 기법

★ 단편화
기억장치의 빈 공간 또는 자료가 여러 개의 조각으로 나뉘는 현상을 말한다.

■ 배치 정책

구분	First Fit	Best Fit	Worst Fit
예시	메모리 공간 : ■□□□□■□□■□□□□□■ 적재 : ■■		
	■■■□■□■□■□■□■	■□□□■■■□■□□□■	■□□□■□■□■■■□■
설명	가장 처음에 남는 공간에 할당하는 방법	스캔을 하여 최적의 공간에 할당하는 방법	가장 맞지 않는 공간에 할당하는 방법
장점	효율성이 높음	최적의 공간 할당	없음
단점	단편화* 발생	단편화 발생	비효율적

■ 교체 정책

종류	설명
FIFO	– First In First Out – 가장 먼저 들어온 페이지를 먼저 내보내는 정책
LFU	– Least Frequently Used – 참조 횟수가 가장 적은 페이지를 교체하는 정책 – 참조 횟수가 동일하다면 LRU 기법에 따라 수행
LRU	– Least Recently Used – 참조된 시간 기준으로 가장 오래된 페이지를 교체하는 정책
OPT	– OPTimal Replacement(최적 교체) – 가장 오랫동안 사용하지 않을 페이지를 교체하는 정책 – 호출 순서와 참조 상황 예측이 필요해서 구현이 어려움
NUR	– Not Used Recently – 최근에 사용하지 않은 페이지를 교체하는 방법 – 참조 비트와 변형 비트에 따라 순서를 결정하는 방법
SCR	– Second Chance Replacement – FIFO 기법의 단점을 보완한 방법 – 페이지별 참조 비트가 1일 때 0으로 변경하고, 0일 때 페이지를 교체하는 방법 – FIFO 방법보다 한 번의 기회를 더 부여하는 방법

3 페이징 기법과 세그먼테이션 기법

■ 페이징(Paging) 기법

- 가상기억장치를 모두 같은 크기의 페이지로 편성하여 운용하는 기법이다.
- 주소 공간을 페이지로 나누고 실제 기억 공간은 프레임으로 나누어 사용한다.
- 내부 단편화(Internal Fragmentation) 같은 문제점이 존재한다.

> **알아두기**
>
> 페이징 기법은 논리 주소의 고정된 페이지라고 불리는 블록들로 분할 관리하는 기법이다.

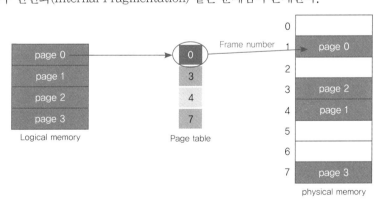

■ 세그먼테이션(Segmentation) 기법

- 가상기억장치를 서로 크기가 다른 논리적 단위인 세그먼트로 분할하는 기법이다.

- 메모리에 적재될 때 빈 공간을 찾아 할당하는 사용자 관점 기법이다.
- 블록의 크기가 가변적이어서 외부 단편화가 빈번하게 발생할 가능성이 존재한다.

알아두기

세그먼테이션은 물리적인 크기의 단위가 아닌 논리적 내용의 단위로 자르기 때문에 세그먼트들의 크기는 일반적으로 같지 않다.

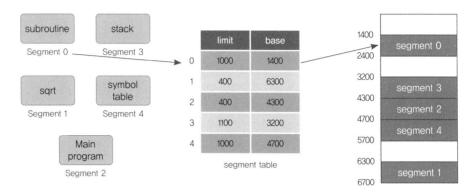

4 사상(Mapping) 기법

- 메모리에서 주기억장치로 정보를 옮기는 과정을 사상이라고 한다.
- 사상에는 직접 사상, 연관 사상, 집합 연관 사상이 있다.

■ 직접 사상(Direct Mapping)

- 순서대로 블록 하나, 캐시 하나를 매치하는 방법을 직접 사상이라고 한다.
- 캐시 0라인에는 블록 0을, 캐시 1라인에는 블록 1을,⋯ 캐시 4라인에는 블록 0이 매핑되는 방식이다.
- 메모리 참조 요청 시 CPU 번지의 태그 필드와 캐시의 태그 필드를 비교한다.
- 메모리의 각 블록이 캐시의 특정 라인으로 적재(캐시 메모리와 1:1 대응)한다.
- 주기억장치의 블록이 캐시기억장치의 특정 라인에만 적재될 수 있기 때문에 캐시기억장치의 적중 여부는 그 블록이 적재될 수 있는 라인만 검사한다.
- 회로 구현이 용이하고, 간단하며 처리 속도가 빠르다는 장점은 있지만, Cache Hit★율이 떨어질 수 있으며 Cache Miss율이 크다는 단점이 있다.

★ Cache Hit
CPU가 참조하고자 하는 메모리가 캐시에 존재하고 있을 경우 Cache Hit라고 한다.

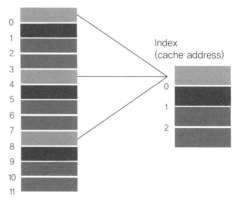

■ 연관 사상(Associative Mapping)

- 직접 사상의 단점을 보완하여 메모리의 각 블록이 캐시의 어느 라인에나 적재 가능하도록 하는 기법이다.
- Cache Hit율은 높아지나 회로가 복잡해지고 처리 속도가 느린 단점이 있다.

멘토 코멘트

각 블록에는 2bit의 태그(Tag)를 가지고 있는데 같은 라인을 공유하는 블록들은 서로 다른 태그를 가지고 있다.

태그	단어	데이터
0000	00	'abcd'
0001	00	'take'
0010	00	
0011	00	'info'
0100	00	'fell'
0101	00	
0111	00	'down'

태그	데이터	슬롯 번호
0000	'abcd'	0
0001	'info'	1
0010	'take'	2
0011	'down'	3
0100	'fell'	4

■ 집합 연관 사상(Set Associative Mapping)

- 직접 사상과 연관 사상의 장점을 결합한 기법으로 캐시 메모리를 세트로 구성하고, 주기억장치가 세트에 대응되어 세트 내 자유롭게 매핑이 가능한 캐시 사상 기법이다.
- 캐시 메모리와 대응이 N:1(N-waw Set Associative)로 된다.
- 메모리 블록은 특정 세트 내 어느 곳이나 적재 가능하나, 회로 구현이 복잡하고, 비용이 많이 든다.

집합	필드	데이터	필드	데이터
000	00	1220	01	5678
001	01	2340	00	7213
110	00	6512	01	2187
111	01	4580	00	1234
	슬롯 1		슬롯 2	

기출 유형 문제

2020.09

01 다음과 같은 세그먼트 테이블을 가지는 시스템에서 논리 주소(2, 176)에 대한 물리 주소는?

세그먼트 번호	시작 주소	길이(바이트)
0	670	248
1	1752	422
2	222	198
3	996	604

① 398
② 400
③ 1928
④ 1930

 세그먼트 테이블은 시작주소가 각각 들어있으며, 각 세그먼트 번호 2의 시작주소에서 제시된 주소 176을 더하면 물리주소는 398이 된다.

2020.08

02 메모리 관리 기법 중 Worst fit 방법을 사용할 경우 10K 크기의 프로그램 실행을 위해서는 어느 부분에 할당되는가?

영역 번호	메모리 크기	사용 여부
NO. 1	8K	FREE
NO. 2	12K	FREE
NO. 3	10K	IN USE
NO. 4	20K	IN USE
NO. 5	16K	FREE

① NO.2
② NO.3
③ NO.4
④ NO.5

 Worst fit은 크기가 가장 많이 차이가 나는 공간에 할당되는 기법이다. 따라서 사용 가능하면서 가장 큰 메모리 영역을 사용하는 NO. 5가 해당된다.

2021.03

03 기억 공간에 15K, 23K, 22K, 21K 순으로 빈 공간이 있을 때 기억장치 배치 전략으로 'First Fit'을 사용하여 17K의 프로그램을 적재할 경우 내부 단편화의 크기는 얼마인가?

① 5K
② 6K
③ 7K
④ 8K

 First Fit 전략은 가용할 수 있는 처음 메모리 공간에 배치하는 전략이다. 따라서 17K는 23K에 적재되면서 이 공간에서는 6K(23-17=6)의 내부 단편화가 발생한다.

2021.03

04 다음 설명의 ㉠과 ㉡에 들어갈 내용으로 옳은 것은?

> 가상기억장치의 일반적인 구현 방법에는 프로그램을 고정된 크기의 일정한 블록으로 나누는 (㉠) 기법과 가변적인 크기의 블록으로 나누는 (㉡) 기법이 있다.

① ㉠: Paging, ㉡: Segmentation
② ㉠: Segmentation, ㉡: Allocation
③ ㉠: Segmentation, ㉡: Compaction
④ ㉠: Paging, ㉡: Linking

해설 페이징 기법(Paging)은 가상기억장치를 모두 같은 크기의 블록으로 편성하여 운용하는 기법이고, 세그멘테이션(Segmentation) 기법은 서로 크기가 다른 논리적 블록 단위로 나누는 기법이다.

2021.06

05 페이징 기법에서 페이지 크기가 작아질수록 발생하는 현상이 아닌 것은?

① 기억장소 이용 효율이 증가한다.

② 입출력 시간이 늘어난다.

③ 내부 단편화가 감소한다.

④ 페이지 맵 테이블의 크기가 감소한다.

> **해설** 페이지의 크기가 작아지면 내부 여유공간이 작아지면서 페이지를 연결해야 할 더 많은 매핑 테이블 공간을 필요로 하게 된다. 따라서 내부에서 발생하는 단편화는 감소하지만, 더 많은 페이지 매핑 테이블 공간이 필요하게 된다.

2022.03

06 빈 기억 공간의 크기가 20KB, 16KB, 8KB, 40KB 일 때 기억장치 배치 전략으로 'Best Fit'을 사용하여 17KB의 프로그램을 적재할 경우 내부 단편화의 크기는 얼마인가?

① 3KB

② 23KB

③ 64KB

④ 67KB

> **해설** Best Fit 배치 전략은 적재할 수 있는 가장 최적의 기억 공간에 적재하는 방법이다. 17KB를 담을 수 있는 기억 공간은 20KB이다. 따라서 20KB에 17KB를 적재하고 3KB의 내부 단편화가 발생할 수 있다.

2022.04

07 4개의 페이지를 수용할 수 있는 주기억장치가 있으며, 초기에는 모두 비어 있다고 가정한다. 다음의 순서로 페이지 참조가 발생할 때, LRU 페이지 교체 알고리즘을 사용할 경우 몇 번의 페이지 결함이 발생하는가?

> 페이지 참조 순서 1, 2, 3, 1, 2, 4, 1, 2, 5

① 5회

② 6회

③ 7회

④ 8회

> **해설** LRU 페이지 교체 알고리즘은 가장 오랫동안 사용하지 않은 페이지를 교체하는 알고리즘이다.
>
> 최초 : 1, 2, 3 순서대로 프레임에 저장하고,
>
> ① 최초 입력될 때 3번의 페이지 결함 발생
>
> | 1 | 2 | 3 | |
> |---|---|---|---|
>
> ② 그다음 순서대로 1, 2가 들어왔을 때 모두 있기 때문에 페이지 결함 발생하지 않음
>
> | 1 | 2 | 3 | |
> |---|---|---|---|
>
> ③ 4가 들어왔을 때 페이지 결함 발생
>
> | 1 | 2 | 3 | 4 |
> |---|---|---|---|
>
> ④ 1이 들어왔을 때 페이지에 있기 때문에 페이지 결함 발생하지 않음
>
> | 1 | 2 | 3 | 4 |
> |---|---|---|---|
>
> ⑤ 2가 들어왔을 때 페이지에 있기 때문에 페이지 결함 발생하지 않음
>
> | 1 | 2 | 3 | 4 |
> |---|---|---|---|
>
> ⑥ 5가 들어왔을 때 가장 오래 사용되지 않은 3이 삭제되면서 페이지 결합 발생
>
> | 1 | 2 | 5 | 4 |
> |---|---|---|---|
>
> 총 5번의 페이지 결함이 발생한다.

08 3개의 페이지 프레임을 갖는 시스템에서 페이지 참조 순서가 1, 2, 1, 0, 4, 1, 3일 때 FIFO 알고리즘에 의한 페이지 교체의 경우 프레임의 최종 상태는?

① 1, 2, 0

② 2, 4, 3

③ 1, 4, 2

④ 4, 1, 3

> **해설** FIFO 알고리즘은 페이지 프레임에서 먼저 들어온 값을 먼저 적재하고, 프레임을 비울 때는 먼저 들어 온 참조를 나가게 하는 알고리즘이다. 따라서 순서대로 적재하게 되면 마지막에 들어온 값들만 최종 페이지 프레임에 적재된다.

출제 예상 문제

09 다음 중 메모리 관리 기법이 아닌 것은?

① 할당 기법

② 반입 기법

③ 배치 기법

④ 순차 기법

> **해설** 메모리 관리 기법에 할당, 반입, 배치, 교체 기법이 있다.

10 다음 중 메모리 관리의 필요성이 아닌 것은?

① 멀티 프로그래밍

② 동적 공유

③ 공간 확보

④ 주소 관리

> **해설** 메모리 관리의 필요성에는 멀티 프로그래밍, 동적 공유, 분할 관리, 공간 확보가 있다. 주소 관리는 메모리 관리의 주요 필요성이 아니다.

11 다음 중 메모리 관리 기법에 대한 설명으로 틀린 것은?

① 배치 정책으로는 First Fit, Best Fit, Worst Fit 기법이 있다.

② 세그먼테이션 기법은 내부 단편화만 발생한다.

③ 직접 사상과 연관 사상의 장점을 결합한 것이 집합 연관 사항이다.

④ 호출 정책에는 요구 호출 정책과 예상 호출 정책이 있다.

> **해설** 세그먼테이션 기법은 외부 단편화가 발생한다. 내부 단편화가 발생하는 것은 페이징(Paging) 기법이다.

303 | 프로세스 스케줄링

1 프로세스의 개념

CPU에 의해 처리되는 프로그램으로써, 컴퓨터에서 연속적으로 실행되고 있는 컴퓨터 프로그램이다.

알아두기

프로그램은 자체에 생명주기가 없고, 기억장치에 존재하며 실행되기를 기다리는 명령어와 데이터의 묶음이다. 이 프로그램의 명령어와 정적 데이터가 메모리에 적재되면 생명주기가 있는 프로세스가 된다.

2 프로세스의 상태

상태	설명
생성 상태	사용자에 의해 프로세스가 생성된 상태
준비 상태	CPU를 할당 받을 수 있는 상태
실행 상태	프로세스가 CPU를 할당 받아 동작 중인 상태
대기 상태	프로세스 실행 중 입출력 처리 등으로 인해 CPU를 양도하고 입출력 처리가 완료될 때까지 기다리는 상태
완료 상태	프로세스가 CPU를 할당 받아 주어진 시간 내에 수행을 종료한 상태

3 프로세스의 구성 요소

프로세스에 대한 정보는 프로세스 제어 블록(PCB) 또는 프로세스 기술자(Process Descriptor)라고 부르는 자료 구조에 저장된다.

구성 요소	설명
PID	운영체제가 각 프로세스를 식별하기 위해 부여된 식별 번호이다.
프로세스 상태	CPU는 프로세스를 빠르게 교체하면서 실행하기 때문에 실행 중인 프로세스도 있고 대기 중인 프로세스도 있다. 이러한 프로세스의 상태를 저장한다.

프로세스 카운터	– CPU가 다음으로 실행할 명령어를 가리키는 값이다. – CPU는 기계어를 한 단위씩 읽어서 처리하는데, 프로세스를 실행하기 위해 다음으 로 실행할 기계어가 저장된 메모리 주소를 가리키는 값이다.

4 문맥 교환(Context Switching)

- 멀티 프로세스 환경에서 실행 중인 프로세스의 상태를 보관하고 새로운 프로세스
의 상태를 CPU에 적재하는 과정을 문맥 교환이라고 한다.
- 문맥 교환 절차 중 Dispatch, Timeout 등 실행 상태가 전이되는 과정에서 문맥 교
환이 발생한다.

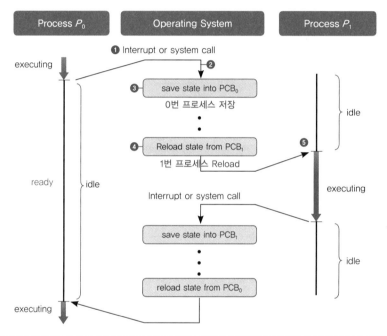

단계	절차	설명
1	인터럽트/시스템 호출	운영체제에서 프로세스 스케줄러에 의해 인터럽트 발생
2	커널 모드 전환	프로세스가 실행되는 사용자 모드에서 커널 모드로 전환
3	현재 프로세스 상태 PCB 저장	기존 실행되는 프로세스 정보를 PCB에 저장
4	다음 실행 프로세스 로드	PCB에 있는 다음 실행 프로세스 상태 정보 복구
5	사용자 모드 전환	커널 모드에서 사용자 모드로 전환하여 프로세스 실행

5 프로세스 스케줄링 기법

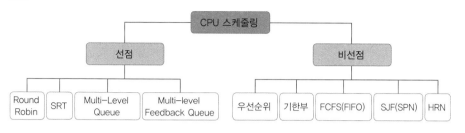

알아두기

프로세스 스케줄링과 CPU 스케줄링은 같은 의미로 혼용해서 사용한다.

구분	선점 스케줄링	비선점 스케줄링
개념	한 프로세스가 CPU를 점유하고 있을 때 우선순위가 높은 다른 프로세스가 현재 프로세스를 중지시키고 자신이 CPU 점유 가능	한 프로세스가 CPU를 점유하면 프로세스가 종료되거나 CPU 반환 시까지 다른 프로세스는 CPU 점유 불가
특징	- 특수 하드웨어(Timer) 필요 - 공유 데이터에 대한 프로세스 동기화 필요	- 특수 하드웨어(Timer) 필요 없음 - 종료 시까지 계속 CPU 점유
알고리즘	RR(Round Robin), SRT, Multi Level Queue, Multi Level Feedback Queue, RM, EDF	우선순위 스케줄링, 기한부 스케줄링, FCFS(FIFO), SJF(SPN), HRN

■ 선점 스케줄링

(1) 라운드 로빈(RR; Round Robin)

- 시분할 시스템을 위해 설계된 선점형 스케줄링의 하나로서, 프로세스들 사이에 우선순위를 두지 않고, 순서대로 시간 단위의 CPU를 할당하는 방식의 스케줄링이다.
- 시간 할당량 기법이면서 Time Slicing 기법이다.
- 할당 시간이 크면 FCFS와 같게 되고, 작으면 문맥 교환이 자주 발생한다.
- 준비 큐(FCFS)에 의해 보내진 프로세스가 할당된 CPU 시간 내에 처리 완료를 못하면 준비 큐(FCFS) 리스트의 가장 뒤로 보내지고 대기 중인 다음 프로세스로 넘어간다.

| 동작 방식 |

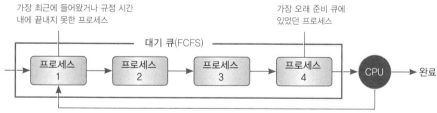

| 사례 |

시간 간격 : 4ms

도착 시간	0	1	2	3
작업	A	B	C	D
CPU 사이클	8	4	9	5

0	4	8	12	16	20	24	25	26

작업 A	작업 B	작업 C	작업 D	작업 A	작업 C	작업 D	작업 C

- **평균 대기 시간** : (12 + 3 + 15 + 17) / 4 = 11.75
- **평균 반환 시간** : (20 + 7 + 24 + 22) / 4 = 18.25

(2) SRT(Shortest Remaining Time)

- 가장 짧은 시간이 소요될 것으로 판단되는 프로세스를 먼저 수행하는 스케줄링이다.
- 남은 처리 시간이 더 짧다고 판단되는 프로세스가 준비 큐에 생기면 언제라도 프로세스가 선점된다.

| 사례 |

작업	도착 시간	실행 시간
A	0	15
B	1	6
C	2	3

➡️

A	B	C	B	A
1초	1초	3초	5초	14초

★ **정적 스케줄링**
(Static Scheduling)
프로세스에 부여된 우선순위가 바뀌지 않는 기법으로 고정 우선순위 스케줄링이라고도 한다.

(3) 다단계 큐(Multi Level Queue)

- 작업을 여러 종류의 그룹으로 나누어 여러 개의 큐를 이용하는 정적 스케줄링★이다.
- 각 그룹의 특성에 따라 서로 다른 스케줄링 기법을 사용한다.
- 특정 그룹의 준비 큐에 들어간 프로세스는 다른 그룹의 준비 큐로 이동할 수 없다.

| 동작 방식 |

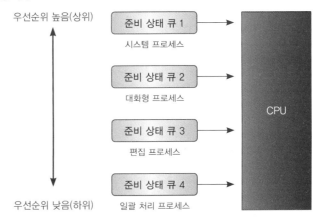

(4) 다단계 피드백 큐(Multi Level Feedback Queue)

- 각 단계별 준비 큐마다 시간 할당량을 부여하고 그 시간 동안 완료하지 못한 프로세스는 다음 단계의 준비 큐로 이동하는 동적 스케줄링*이다.
- 우선순위 개수만큼 여러 단계의 큐가 존재하며 각 단계마다 서로 다른 CPU 시간 할당량을 가진다.

→ 상위 단계의 준비 큐일수록 우선순위는 높고, 시간 할당량은 낮다.

★ 동적 스케줄링 (Dynamic Scheduling)

스케줄링 과정에서 프로세스의 우선순위를 변동시키는 기법으로. 유동 우선순위 스케줄링이라고도 한다.

| 동작 방식 |

① 새로운 프로세스는 최상위 단계의 준비 큐에 들어간 후 FCFS의 순서로 CPU 를 할당 받아 실행되다가 그 큐의 시간 할당량이 끝나면 한 단계 아래의 준비 큐로 들어가게 하여 우선순위가 한 단계 낮아진다.

② 각 단계에서도 그 단계 큐의 시간 할당량을 다 사용할 때까지 계속 실행된다 면 다음 단계의 큐로 들어가게 된다. 어느 단계이든 시간 할당량이 끝나기 전 에 입출력으로 CPU를 내려놓게 되면 다시 준비 상태가 되었을 때 한 단계 위의 큐에 들어가게 하여 우선순위를 높인다.

③ 마지막 단계에서는 더 내려갈 단계가 없으므로 라운드 로빈 방식으로 실행 한다.

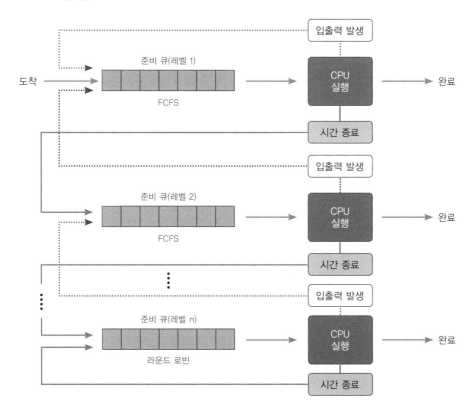

■ 비선점 스케줄링

(1) 우선순위 스케줄링

- 각 프로세스에 우선순위를 정하고 우선순위에 따라 CPU에 할당하는 스케줄링이다.
- 우선순위 결정 요소는 관리자, 자원 요구량, CPU 처리 시간, 시스템에서 보낸 시간 등이다.
- 우선순위가 높은 프로세스가 계속 들어오면 우선순위가 낮은 프로세스에 기아 상태★가 발생하는데 이는 에이징★ 기법으로 해결이 가능하다.

★ **기아 상태(Starvation)**
자신보다 우선순위 높은 프로세스 때문에 오랫동안 CPU 할당을 받지 못하는 현상이다.

★ **에이징(Aging)**
오랫동안 Ready 상태인 프로세스의 우선순위를 주기적으로 올려주는 것을 의미한다.

(2) FCFS(선입 선출, First Come First Serve) = FIFO(First In First Out)

- 프로세스가 준비 큐에 도착한 순서에 따라 CPU를 할당하는 스케줄링이다.
- 가장 단순한 형태의 스케줄링 정책으로 FIFO라고도 한다.
- 단독적 사용이 거의 없으며, 다른 스케줄링 알고리즘에 보조적으로 사용(우선순위 스케줄링, 라운드 로빈 스케줄링 등)한다.

| 사례 |

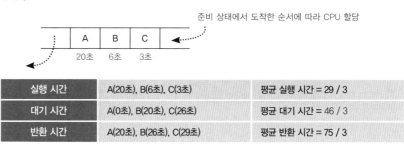

준비 상태에서 도착한 순서에 따라 CPU 할당

A(20초) B(6초) C(3초)

실행 시간	A(20초), B(6초), C(3초)	평균 실행 시간 = 29 / 3
대기 시간	A(0초), B(20초), C(26초)	평균 대기 시간 = 46 / 3
반환 시간	A(20초), B(26초), C(29초)	평균 반환 시간 = 75 / 3

🖊 **알아두기**
평균 반환 시간 = 평균 실행 시간 + 평균 대기 시간

(3) SJF(Shortest Job First)

- 준비 큐에서 수행 시간이 가장 짧은 작업을 먼저 수행함으로써 평균 대기 시간을 최소화하는 스케줄링이다.
- 작업이 끝나기까지의 실행 시간 추정치가 가장 작은 작업을 먼저 실행한다.
- FIFO보다 평균 대기 시간이 짧지만, 긴 작업의 경우 FIFO 기법보다 더 길고 예측이 더욱 어렵다.

| 사례 |

실행 시간 : A(20초), B(6초), C(3초) ⟶   3초   6초   20초
                                       C   B   A

실행 시간	C(3초), B(6초), A(20초)	평균 실행 시간 = 29 / 3
대기 시간	C(0초), B(3초), A(9초)	평균 대기 시간 = 12 / 3
반환 시간	C(3초), B(9초), A(29초)	평균 반환 시간 = 41 / 3

제출(도착) 시간이 주어졌을 경우 : A(0초), B(1초), C(2초) →

	20초	3초	6초	
	A	C	B	

실행 시간	A(20초), C(3초), B(6초)	평균 실행 시간 = 29 / 3
대기 시간	A(0초), C(20−2초), B(23−1초)	평균 대기 시간 = 40 / 3
반환 시간	A(20+0초), C(3+20−2초), B(6+23−1초)	평균 반환 시간 = 69 / 3

(4) HRN(Highest Response Ratio Next)

- CPU 처리 기간과 해당 프로세스의 대기 시간을 동시에 고려하여 각 작업의 우선순위를 산정하고 진행하는 스케줄링이다.

> 우선순위 = (대기 시간 + 서비스 처리 시간) / 서비스 처리 시간

- SJF의 단점을 보완한 기법으로, 긴 작업과 짧은 작업 간의 불평등을 완화시킨다.

| 사례 |

작업	대기 시간	서비스 시간
A	5	5
B	10	6
C	15	7
D	20	8

- A : (5+5)/5 = 2
- B : (10+6)/6 = 2.67
- C : (15+7)/7 = 3.14
- D : (20+8)/8 = 3.5

→ 우선순위 : D, C, B, A 순으로 CPU 점유

6 스레드

■ 스레드(Thread)의 개념

프로세스보다 가볍게 독립적으로 수행되는 순차적인 제어 흐름의 기본 단위이다.

■ 스레드의 특징

특징	설명
자원 공유	부모 프로세스의 데이터 영역 공유
동기화	한 프로세스 내의 다른 스레드들과의 동기화
병렬성	각 스레드들은 상호 간섭 없이 독립 수행이 가능한 병렬 처리 가능
독립적 스케줄링	독립적 스케줄링의 최소 단위로 프로세스의 기능과 역할을 담당
분할과 정복	프로세스에서 실행의 역할만을 분리
다중 스레드	한 개의 프로세스에 여러 개의 스레드가 존재 가능

■ 스레드의 유형

스레드 하나를 이용하는 단일 스레드 시스템과 다중 스레드를 이용하는 멀티 스레드
시스템으로 구분할 수 있다.

 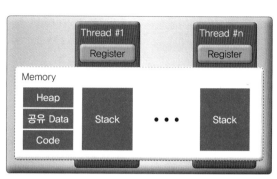

▲ 단일 스레드 시스템　　　　　　　　　▲ 멀티 스레드 시스템

7 인터럽트의 개념

컴퓨터 시스템 외부, 내부, 소프트웨어적인 원인으로 CPU가 처리하던 프로그램을 중
단하고 시스템 내 특수 사건이나 환경을 처리할 수 있도록 보내는 제어 신호다.

■ 인터럽트의 종류

분류	종류	설명
하드웨어 인터럽트(외부)	전원 이상 인터럽트	정전 또는 전원 이상에 의해 발생하는 인터럽트
	기계 착오 인터럽트	CPU의 기능적인 오류 동작으로 발생하는 인터럽트
	외부 신호 인터럽트	타이머에 의해 규정된 시간을 알리는 경우나 키보드로 인터럽트를 발생시킨 경우 등에 발생하는 인터럽트
	입출력 인터럽트	입출력 데이터의 오류나 이상 현상이 발생한 경우 발생하는 인터럽트
하드웨어 인터럽트(내부)	프로그램 검사 인터럽트	0으로 나누기가 발생한 경우나 오버플로, 언더플로가 발생한 경우 같이 부당한 기억 장소의 참조와 같은 프로그램상의 오류 때 발생하는 인터럽트
소프트웨어 인터럽트	SVC 인터럽트	사용자가 SVC 명령을 써서 의도적으로 인터럽트를 발생시키거나 기억장치 할당 및 오퍼레이터와의 통신이 필요한 경우 발생하는 인터럽트

■ 인터럽트의 동작 절차 및 구성 요소

인터럽트 발생 시 인터럽트 벡터 테이블 조회/분기, 처리 루틴 수행, 복귀 3단계 절차로 동작한다.

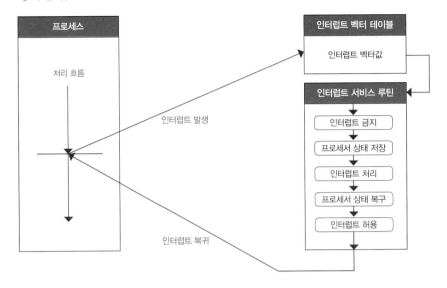

구성 요소	상태	설명
인터럽트 벡터 테이블 (IVT)	인터럽트 발생	요청 신호 모니터링 및 검출
	인터럽트 벡터 조회	− IVT에 인터럽트 ID 조회 − 인터럽트 ID에 대응하는 인터럽트 서비스 루틴으로 분기
인터럽트 서비스 루틴 (ISR)	인터럽트 금지	인터럽트 처리 루틴 진입 후 상호 배제(Lock)
	프로세스 상태 저장	이전 프로세스 정보 저장(문맥 교환, Context Switching)
	인터럽트 처리	인터럽트 요청 작업 수행
	프로세스 상태 복구	이전 프로세스 정보 복구(문맥 교환, Context Switching)
	인터럽트 허용	상호 배제 자원 반납(Unlock), 인터럽트 루틴 종료

2020.06

01 프로세스 상태의 종류가 아닌 것은?

① Ready

② Running

③ Request

④ Exit

> **해설** 프로세스 상태는 생성(Created), 준비(Ready), 대기(Waiting), 실행(Running, Block), 완료(Terminated, Exit)가 있다. 요청(Request)는 프로세스 상태의 종류가 아니다.

2020.06

02 스레드(Thread)에 대한 설명으로 옳지 않은 것은?

① 한 개의 프로세스는 여러 개의 스레드를 가질 수 없다.

② 커널 스레드는 운영체제에 의해 스레드를 운용한다.

③ 사용자 스레드는 사용자가 만든 라이브러리를 사용하여 스레드를 운용한다.

④ 하드웨어, 운영체제의 성능과 응용 프로그램의 처리 효율을 향상할 수 있다.

> **해설** 한 개의 프로세스는 여러 개의 스레드를 가질 수 있다.

2020.06

03 HRN(Highest Response-Ratio Next) 스케줄링 방식에 대한 설명으로 옳지 않은 것은?

① 대기 시간이 긴 프로세스일 경우 우선순위가 높아진다.

② SJF 기법을 보완하기 위한 방식이다.

③ 긴 작업과 짧은 작업 간의 지나친 불평등을 해소할 수 있다.

④ 우선순위를 계산하여 그 수치가 가장 낮은 것부터 높은 순으로 우선순위가 부여된다.

> **해설** 우선순위를 계산하여 그 수치가 가장 높은 것부터 낮은순으로 우선순위가 부여된다.

2020.09

04 다음과 같은 프로세스가 차례로 큐에 도착했을 때, SJF(Shortest Job First) 정책을 사용할 경우 가장 먼저 처리되는 작업은?

프로세스 번호	실행 시간
P1	6
P2	8
P3	4
P4	3

① P1

② P2

③ P3

④ P4

> **해설** SJF 알고리즘은 실행 시간이 가장 짧은 프로세스부터 시작하는 알고리즘이다.

05 4개의 페이지를 수용할 수 있는 주기억장치가 있으며, 초기에는 모두 비어 있다고 가정한다. 다음의 순서로 페이지 참조가 발생할 때, FIFO 페이지 교체 알고리즘을 사용할 경우 페이지 결합의 발생 횟수는?

> 페이지 참조 순서 : 1, 2, 3, 1, 2, 4, 5, 1

① 6회

② 7회

③ 8회

④ 9회

> **해설** 1, 2, 3, 4, 5, 1 순으로 Page Fault가 발생한다.

참조 페이지	1	2	3	1	2	4	5	1
페이지 프레임	1	1	1	1	1	1	5	5
		2	2	2	2	2	2	1
			3	3	3	3	3	3
						4	4	4
Page fault	V	V	V			V	V	V

06 HRN 방식으로 스케줄링할 경우, 입력된 작업이 다음과 같을 때 처리되는 작업 순서로 옳은 것은?

작업	작업 시간	서비스(실행) 시간
A	5	20
B	40	20
C	15	45
D	20	2

① A → B → C → D

② A → C → B → D

③ D → B → C → A

④ D → A → B → C

> **해설** HRN 방식은 '(작업 시간 + 처리 시간) / 처리 시간'으로 우선순위를 산정하여 작업 순서를 결정한다.
> A 작업은 (5 + 20) / 20 = 1.25
> B 작업은 (40 + 20) / 20 = 3
> C 작업은 (15 + 45) / 45 = 1.33
> D 작업은 (20 + 2) / 2 = 11
> → D → B → C → A 순으로 수행된다.

07 다음의 페이지 참조 열(Page Reference String)에 대해 페이지 교체 기법으로 선입선출 알고리즘을 사용할 경우 페이지 부재(Page Fault) 횟수는? (단, 할당된 페이지 프레임 수는 3이고, 처음에는 모든 프레임이 비어 있다.)

> 7, 0, 1, 2, 0, 3, 0, 4, 2, 3, 0, 3, 2, 1, 2, 0, 1, 7, 0

① 13

② 14

③ 15

④ 20

> **해설** Page Fault는 순서대로 7, 0, 1, 2, 3, 0, 4, 2, 3, 0, 1, 2, 7, 0 이 Page Fault가 발생하여 총 14번 발생한다.

08 프로세스와 관련한 설명으로 틀린 것은?

① 프로세스가 준비 상태에서 프로세서가 배당되어 실행 상태로 변화하는 것을 디스패치(Dispatch)라고 한다.

② 프로세스 제어 블록(PCB; Process Control Block)은 프로세스 식별자, 프로세스 상태 등의 정보로 구성된다.

③ 이전 프로세스의 상태 레지스터 내용을 보관하고 다른 프로세스의 레지스터를 적재하는 과정을 문맥 교환(Context Switching)이라고 한다.

④ 프로세스는 스레드(Thread) 내에서 실행되는 흐름의 단위이며, 스레드와 달리 주소 공간에 실행 스택(Stack)이 없다.

> **해설** 스레드(Thread)는 어떠한 프로그램 내에서, 특히 프로세스 내에서 실행되는 흐름의 단위를 말한다. 일반적으로 한 프로그램은 하나의 스레드를 가지고 있지만, 프로그램 환경에 따라 둘 이상의 스레드를 동시에 실행할 수 있다.

09 사용자 수준에서 지원되는 스레드(Thread)가 커널에서 지원되는 스레드에 비해 가지는 장점으로 옳은 것은?

① 한 프로세스가 운영체제를 호출할 때 전체 프로세스가 대기할 필요가 없으므로 시스템 성능을 높일 수 있다.

② 여러 스레드가 동시에 커널에 접근할 수 있으므로 여러 스레드가 동시에 시스템 호출을 사용할 수 있다.

③ 각 스레드를 개별적으로 관리할 수 있으므로 스레드의 독립적인 스케줄링이 가능하다.

④ 커널 모드로 전환 없이 스레드 교환이 가능하므로 오버헤드가 줄어든다.

> **해설** 사용자 수준의 스레드(Thread)는 스레드를 관리하는 라이브러리로 인해 사용자 단에서 생성 및 관리되는 스레드이다. 커널은 이 스레드에 대해서 알지 못해 따로 관리하지 않는다. 따라서 오버헤드가 최소화될 수 있다.

출제 예상 문제

10 다음 중 프로세스 상태가 아닌 것은?

① 생성

② 준비

③ 전달

④ 실행

> **해설** 프로세스 상태는 생성, 준비, 실행, 대기, 완료 상태로 구성된다.

11 다음 중 선점 프로세스 스케줄링 기법이 아닌 것은?

① Round Robin

② SRT

③ Multi Level Queue

④ FCFS

> **해설** 한 프로세스가 CPU를 할당받아 실행하고 있을 때 다른 프로세스가 CPU 사용을 중지하고 CPU를 차지하는 스케줄링 기법이 선점 스케줄링 기법이다. 선점 스케줄링 기법에는 Round Robin, SRT, Multi Level Queue 기법 등이 있다.

12 다음에서 설명하는 알고리즘은 무엇인가?

> - 가장 짧은 시간이 소요된다고 판단되는 프로세스를 먼저 수행
> - 남은 처리 시간이 더 짧다고 판단되는 프로세스가 준비 큐에 생기면 언제라도 프로세스가 선점됨

① 라운드 로빈

② SRT

③ Multi Level Queue

④ FCFS

> **해설** SRT 알고리즘은 가장 짧은 시간이 소요된다고 판단되는 프로세스를 먼저 수행하는 알고리즘으로, SJF 스케줄링과 라운드 로빈 스케줄링을 혼합한 방식이다.

13 다음에서 설명하는 것은 무엇인가?

컴퓨터 시스템 외부, 내부, 소프트웨어적인 원인으로 CPU가 처리하던 프로그램을 중단하고 컴퓨터 제어를 특수 사건이나 환경을 처리할 수 있도록 보내는 제어 신호

① 이벤트   ② 타이머

③ 인터럽트   ④ 어보이드

> 해설 인터럽트는 CPU가 프로그램을 실행하고 있을 때, 예외 상황이 발생하여 처리가 필요할 경우에 CPU에게 알려주어 처리할 수 있도록 하는 작업을 말한다.

14 다음 중 인터럽트의 종류가 아닌 것은?

① 전원 이상 인터럽트

② 기계 착오 인터럽트

③ 프로그램 검사 인터럽트

④ 문맥 교환 인터럽트

> 해설 인터럽트 종류에는 전원 이상 인터럽트, 기계 착오 인터럽트, 외부 신호 인터럽트, 프로그램 검사 인터럽트 등이 있다. 문맥 교환은 자원의 교체가 발생하는 현상이다.

15 다음 중 인터럽트 서비스 루틴(ISR)의 액션이 아닌 것은?

① 인터럽트 금지

② 프로세스 상태 저장

③ 인터럽트 처리

④ 인터럽트 벡터 조회

> 해설 인터럽트 벡터 조회는 인터럽트 벡터 테이블에 속한다.

16 다음에서 설명하는 프로세스 스케줄링은?

최소 작업 우선(SJF) 기법의 약점을 보완한 비선점 스케줄링 기법으로 다음과 같은 식을 이용해 우선순위를 판별한다.

$$우선순위 = \frac{대기한\ 시간 + 서비스를\ 받을\ 시간}{서비스를\ 받을\ 시간}$$

① FIFO 스케줄링

② RR 스케줄링

③ HRN 스케줄링

④ MQ 스케줄링

> 해설 – HRN 스케줄링은 운영체제가 여러 프로세스 입력이 들어왔을 때 프로세스 실행 우선순위를 정하기 위한 기법이다.
> – HRN의 우선순위 선정 방법은 아래와 같다.
> – 우선순위: (대기 시간 + 서비스(실행) 시간) / 서비스(실행)시간 = 시스템 응답 시간

304 | 환경 변수와 셸 스크립트

1 환경 변수의 개념

프로그램에서 동적으로 선언하여 다양한 환경에서 작동할 수 있는 변수이다.

■ 환경 변수의 설정

| Dos/Windows에서의 환경 변수 설정 |

```
echo %PATH%
```

★ Shell(셸)
커널과 사용자 간의 명령을 전달하는 도구이다.

| Unix/Linux 셸*에서의 환경 변수 설정 |

```
echo $PATH
```

■ 운영체제별 환경 변수

구분	변수	설명
Windows	%HOMEDRIVE%	로그인한 계정의 정보가 들어있는 드라이브 환경 변수
	%COMSPEC%	기본 명령 프롬프트 프로그램 환경 변수
	%PATH%	실행 프로그램 참조 환경 변수
	%PROGRAMFILES%	기본 프로그램 설치 환경 변수
	%USERNAME%	로그인한 계정 이름 환경 변수
Linux	$PATH	콜론으로 구분된 디렉터리 목록을 포함하며 파일의 위치를 알려주는 환경 변수
	$HOME	사용자의 홈 디렉터리의 위치를 포함하는 환경 변수
	$PWD	현재 디렉터리의 변수 지점을 보는 환경 변수

2 셀 스크립트(Shell Script)의 개념

알아두기

Shell(셸)의 종류로는 Bourne 셸 계열의 sh, ksh, bash 셸이 있으며, C계열의 셸로는 csh, tcsh 등이 있다.

- 셸이나 명령 줄 인터프리터를 통해서 실행될 수 있도록 하는 스크립트(Script)이다.
- 셸은 사용자의 요청을 기다려서 요청 즉시 결과값을 출력해주는 대화형 구조를 가진다.
- 복합적인 작업을 수행할 수 있도록 일련의 명령어들을 묶어서 사용할 수 있다.
- 운영체제의 환경을 원하는 환경으로 변경할 수 있다.

■ Windows 운영체제 명령어

명령어	설명
CALL	한 일괄 프로그램에서 다른 일괄 프로그램을 호출하는 명령어
CD	현재 디렉터리 이름을 보여주거나 바꾸는 명령어
CHKDSK	디스크를 검사하고 상태 보고서를 표시하는 명령어
CLS	화면을 지우는 명령어
CMD	Windows 명령 인터프리터의 새 인스턴스를 시작하는 명령어

■ Unix/Linux 운영체제 명령어

명령어	설명
cat	파일 내용을 화면에 표시하는 명령어
uptime	시스템의 가동 시간과 현재 사용자 수, 평균 부하량 등을 확인하는 명령어
id	사용자의 로그인명, id, 그룹 id 등을 출력하는 명령어
last	시스템의 부팅부터 현재까지 모든 사용자의 로그인과 로그아웃 정보를 표시하는 명령어
who	현재 접속한 사용자 정보를 표시하는 명령어
chmod	파일의 보호 모드를 설정하여 파일의 사용 허가를 지정하는 명령어
chown	소유자를 변경하는 명령어
cp	파일을 복사하는 명령어
find	파일을 찾는 명령어
fork	새로운 프로세스를 생성하는 명령어
ls	현재 디렉터리 내의 파일 목록을 확인하는 명령어
env	환경 변수를 보여주거나 설정 혹은 삭제하는 명령어
set	Bash의 셸 변수를 관리하는 명령어
export	셸 변수를 환경 변수로 변경해주는 명령어
declare	셸 변수의 타입을 지정하는 명령어

2020.06

01 Unix의 셀(Shell)에 관한 설명으로 옳지 않은 것은?

① 명령어 해석기이다.

② 시스템과 사용자 간의 인터페이스를 담당한다.

③ 여러 종류의 셀이 있다.

④ 프로세스, 기억장치, 입출력 관리를 수행한다.

> **해설** 직접적으로 프로세스, 기억장치, 입출력 관리를 수행하는 것은 아니다.

2020.08

02 다음 중 Bash 셀 스크립트에서 사용할 수 있는 제어문이 아닌 것은?

① if

② for

③ repeat_do

④ while

> **해설** Bash 셀 스크립트의 제어문에는 for문, while문, if문이 있으며, repeat_do라는 명령문은 없다.

2020.08

03 Unix에서 새로운 프로세스를 생성하는 명령어는?

① ls

② cat

③ fork

④ chmod

> **해설** ls는 파일 목록 확인, cat는 화면에 파일 내용 표시, chmod는 파일의 보호 모드 설정을 하는 명령어이다.

2020.09

04 Unix Shell 환경 변수를 출력하는 명령어가 아닌 것은?

① configenv

② printenv

③ env

④ setenv

> **해설** printenv, env, setenv는 Unix 환경 변수를 출력하는 명령어이다.

2020.09

05 다음 셀 스크립트의 의미로 옳은 것은?

```
until who | grew wow
do
sleep 5
done
```

① wow 사용자가 로그인한 경우에만 반복문을 수행한다.

② wow 사용자가 로그인할 때까지 반복문을 수행한다.

③ wow 문자열을 복사한다.

④ wow 사용자에 대한 정보를 무한 반복하여 출력한다.

> **해설** - until 명령어는 조건이 참이 될 때까지 반복한다.
> - who 명령어는 현재 접속한 사용자 정보를 가져온다.

2021.06

06 Linux Bash 셸(Shell)에서 export와 관련한 설명으로 틀린 것은?

① 변수를 출력하고자 할 때는 export를 사용해야 한다.

② export가 매개변수 없이 쓰일 경우 현재 설정된 환경 변수들이 출력된다.

③ 사용자가 생성하는 변수는 export 명령어를 표시하지 않는 한 현재 셸에 국한된다.

④ 변수를 export시키면 전역 변수처럼 되어 끝까지 기억된다.

해설 변수를 화면에 출력하고자 할 때는 echo를 사용한다.
예시)
```
#!/bin/bash
str1="Hello"
str2="Bash"
echo "str1=${str1}, str2=${str2}"
```

2022.03

07 Unix 시스템의 셸(Shell)의 주요 기능에 대한 설명이 아닌 것은?

① 사용자 명령을 해석하고 커널로 전달하는 기능을 제공한다.

② 반복적인 명령 프로그램을 만드는 프로그래밍 기능을 제공한다.

③ 셸 프로그램 실행을 위해 프로세스와 메모리를 관리한다.

④ 초기화 파일을 이용해 사용자 환경을 설정하는 기능을 제공한다.

해설 셸 스크립트는 셸이나 Command Line 인터프리터에서의 작동이 목적인 스크립트이다. 셸 스크립트는 프로세스와 메모리를 관리하기 위해 셸 프로그램을 실행할 수 있다.

출제 예상 문제

08 다음에서 설명하는 내용은 무엇인가?

> 프로그램에서 동적으로 선언하여 다양한 환경에서 작동할 수 있는 변수

① 환경 변수

② 지역 변수

③ 전역 변수

④ 참조 변수

해설 환경 변수는 프로세스가 컴퓨터에서 동작하는 방식에 영향을 미치는 동적인 값들의 모임으로, 셸에서 정의되고 실행하는 동안에 필요한 변수를 나타낸다.

09 환경 변수에 관한 설명으로 잘못된 것은?

① $PATH : 프로세스를 실행시킬 때 실행 경로를 찾을 수 있도록 해주는 변수

② $HOME : 사용자의 홈 디렉터리의 위치를 포함

③ $PWD : 계정의 비밀번호를 보는 변수

④ $DISPLAY : X1 프로그램이 기본적으로 사용할 디스플레이 식별자를 포함하는 변수

해설 $PWD는 현재 디렉터리의 변수 지점을 보는 변수이다.

10 Linux 명령어에 관한 설명으로 잘못된 것은?

① cat : 파일 내용을 화면에 표시

② uptime : 시스템의 가동 시간과 현재 사용자 수, 평균 부하량 등을 확인하는 명령어

③ id : 현재 접속한 사용자 정보를 표시하는 명령어

④ cp : 파일을 복사하는 명령어

해설 현재 접속한 사용자 정보를 보는 명령어는 who이다. id는 사용자의 로그인명, id, 그룹 id 등을 출력하는 명령어이다.

메모리의 성능

1 지역성(Locality)의 개념

멘토 코멘트

운영체제에서 지역성은 가장 중요한 개념이다. 유형에 대해 정확히 암기해야 한다.

프로세스는 지역적(Local) 부분을 집중 참조한다는 개념으로, 작은 용량의 고속 메모리에서 데이터 적중률(Hit Rate)을 높이기 위한 원리이다.

지역성의 유형

유형	설명
공간적 지역성	주기억장치에서 CPU가 요청한 주소 지점에 인접한 데이터들이 앞으로 참조될 가능성이 높은 현상
시간적 지역성	최근 사용된 데이터가 참조될 가능성이 높은 현상
순차적 지역성	분기가 없는 한 데이터가 기억장치에 저장된 순서대로 순차적으로 인출되고 실행될 가능성이 높은 현상

알아두기

순차적 지역성은 공간적 지역성에 포함시키기도 한다.

지역성의 적용 사례

사례	설명	유형
Cache Memory	페이지 재배치 알고리즘 구현에 이용	시간적 지역성
	배치 알고리즘 구현에 이용	
Virtual Memory	스레싱 해결	공간적 지역성
	페이지 교체 알고리즘	
CDN	공간적 지역성 원리를 이용하여 콘텐츠를 신속하게 전달	

2 스레싱(Thrashing)의 개념

과다한 페이지 부재로 인한 프로세스 처리 시간보다 페이지 교체 시간이 더 많이 소요되는 현상이다.

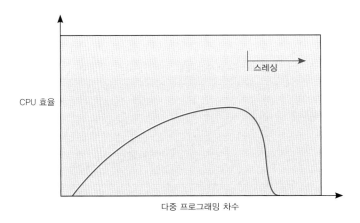

■ 스레싱의 발생 원인

CPU 사용 체크 → 프로세스 추가 → 전역 페이지 교체 알고리즘 이행 → 페이지 부재율 상승/ CPU 사용률 하락 → 새로운 프로세스 추가 → 스레싱 발생 순으로 발생한다.

원인	설명
부적절한 페이지 교체	– 지역성 및 페이지 빈도 고려하지 않음 – 메모리 사이즈가 너무 작음
과다한 다중 처리	프로세스 교환 시마다 페이지 부재 처리 발생

■ 스레싱의 해결 방안

방법	설명
Working Set	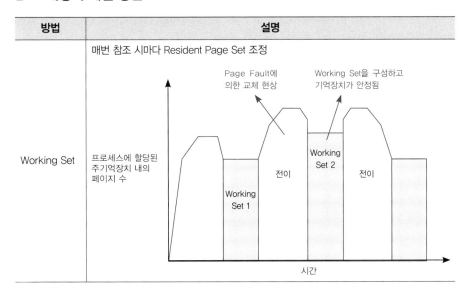

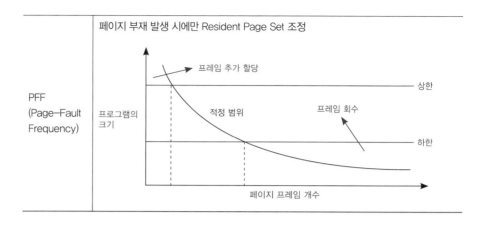

페이지 부재 발생 시에만 Resident Page Set 조정

PFF
(Page-Fault
Frequency)

프레임 추가 할당

상한

적정 범위

프레임 회수

하한

프로그램의 크기

페이지 프레임 개수

3 교착 상태(Deadlock)의 개념

멀티 프로세스 환경에서 2개 이상의 프로세스가 아무리 기다려도 자원을 사용할 수 없는 무한 대기 상태이다.

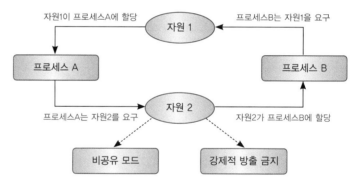

자원1이 프로세스A에 할당 — 자원 1 — 프로세스B는 자원1을 요구

프로세스 A — 프로세스 B

프로세스A는 자원2를 요구 — 자원 2 — 자원2가 프로세스B에 할당

비공유 모드 — 강제적 방출 금지

■ 교착 상태의 발생 원인

유형	설명
상호 배제(Mutual Exclusion)	자원 배타 점유, 타 프로세스 사용 차단
점유와 대기(Hold & Wait)	특정 자원 할당 점유 후 다른 자원을 요구
비선점(Non-Preemption)	할당된 자원의 사용이 끝날 때까지 회수 불가
환형 대기(Circular Wait)	프로세스 간 자원 요구가 하나의 원형 구성

■ 교착 상태의 예방

유형	설명
상호 배제 부정	공유할 수 없는 자원을 사용할 때 성립
점유와 대기 부정	프로세스가 자원을 요청할 때는 다른 자원들을 점유하지 않을 것을 보장함
비선점 부정	어떤 자원을 가진 프로세스가 더 이상 자원 할당 요구가 받아지지 않으면 점유 자원을 반납
환형 대기 부정	모든 프로세스에게 각 자원의 유형별로 할당 순서를 부여하는 방법

■ 교착 상태의 회피

교착 상태를 확인하기 위해 자원 할당 그래프를 이용할 수 있고, 은행가 알고리즘을 통해 자원의 상태를 감시하여 교착 상태를 회피할 수 있다.

유형	설명	
자원 할당 그래프 (Resource Allocation Graph)	– 프로세스와 자원 간의 관계를 나타내는 그래프 – 간선의 형태	
	요청선(Request Edge)	프로세스 정점에서 자원 정점으로 연결된 선
	할당선(Assignment Edge)	자원 정점에서 프로세스 정점으로 연결된 선
Banker's(은행가) 알고리즘	– 운영체제가 자원의 상태를 감시하고 프로세스가 사전에 필요한 자원의 수를 제시, 관리하는 교착 상태 회피 알고리즘 – 종류별 자원이 여러 개인 경우 프로세스의 최대 자원 요구량, 현재 할당된 자원의 수 등을 이용하여 프로세스의 자원 할당이 안전한지 여부를 확인한 후 할당하는 방식 – 자료 구조	
	Available	사용 가능한 자원의 수
	Max	각 프로세스의 최대 요구
	Need	프로세스를 마치기 위해 남은 요구
	Allocation	각 프로세스에 할당된 자원의 수

■ 교착 상태의 해결 방안

해결 방안	설명
예방(Prevention)	상호 배제 조건, 점유와 대기 조건, 비선점 조건 및 환형 대기 조건의 부정
회피(Avoidance)	교착 상태의 발생 조건을 없애기보다는 발생하지 않도록 적용하는 방법 예 Banker's 알고리즘, Wait–die, Wound–Wait 알고리즘
발견(Detection)	시스템의 상태를 감시 알고리즘을 통해 교착 상태를 검사하는 방법
회복(Recovery)	교착 상태가 없어질 때까지 프로세스를 순차적으로 종료하여 제거하는 방법

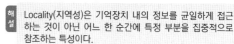
실력 점검 문제

기출 유형 문제

2020.06

01 은행가 알고리즘(Banker's Algorithm)은 교착 상태의 해결 방법 중 어떤 기법에 해당하는가?

① Avoidance

② Detection

③ Prevention

④ Recovery

해설 은행가 알고리즘은 교착 상태 해결 방법 중 회피(Avoidance)에 해당한다.

2020.06

02 교착 상태 발생의 필요 충분 조건이 아닌 것은?

① 상호 배제(Mutual Exclusion)

② 점유와 대기(Hold and Wait)

③ 환영 대기(Circular Wait)

④ 선점(Preemption)

해설 교착 상태 발생의 필요 충분 조건에는 상호 배제, 점유와 대기, 환영 대기, 비선점의 요건이 있다.

2021.03

03 교착 상태가 발생할 수 있는 조건이 아닌 것은?

① Mutual Exclusion

② Hold and Wait

③ Non-Preemption

④ Linear Wait

해설 교착 상태가 발생할 수 있는 조건에는 Mutual Exclusion, Hold and Wait, Non- Preemption, Circular Wait가 있다.

2021.03

04 운영체제의 가상기억장치 관리에서 프로세스가 일정 시간 동안 자주 참조하는 페이지들의 집합을 의미하는 것은?

① Locality

② Deadlock

③ Thrashing

④ Working Set

해설 Locality(지역성)은 기억장치 내의 정보를 균일하게 접근하는 것이 아닌 어느 한 순간에 특정 부분을 집중적으로 참조하는 특성이다.

2021.06

05 교착 상태의 해결 방법 중 은행원 알고리즘(Banker's Algorithm)이 해당되는 기법은?

① Detection

② Avoidance

③ Recovery

④ Prevention

해설
- Detection(탐지) : 교착 상태 발생을 허용하고 발생 시 원인을 규명하여 해결
  예 자원 할당 그래프
- Avoidance(회피) : 교착 상태 가능성을 배제하지 않고 적절하게 피해 나가는 방법
  예 은행원 알고리즘
- Recovery(복구) : 교착 상태 발견 후 현황 대기를 배제시키거나 자원을 중단하는 메모리 할당 기법
- Prevention(예방) : 교착 상태의 필요조건을 부정함으로써 교착 상태가 발생하지 않도록 미리 예방하는 방법

06 프로세스 적재 정책과 관련한 설명으로 틀린 것은?

① 반복, 스택, 부프로그램은 시간 지역성(Temporal Locality)과 관련이 있다.

② 공간 지역성(Spatial Locality)은 프로세스가 어떤 페이지를 참조했다면 이후 가상주소 공간상 그 페이지와 인접한 페이지들을 참조할 가능성이 높음을 의미한다.

③ 일반적으로 페이지 교환에 보내는 시간보다 프로세스 수행에 보내는 시간이 더 크면 스레싱(Thrashing)이 발생한다.

④ 스레싱(Thrashing) 현상을 방지하기 위해서는 각 프로세스가 필요로 하는 프레임을 제공할 수 있어야 한다.

> **해설** 스레싱은 수행 시기보다 교환 시간이 더 클 때 발생한다.

07 다음과 같은 형태로 임계 구역의 접근을 제어하는 상호 배제 기법은?

> P(S) : while S<=0 do skip;
> S := S−1;
> V(S) : S := S+1;

① Dekker Algorithm

② Lamport Algorithm

③ Peterson Algorithm

④ Semaphore

> **해설** 세마포어(Semaphore)는 운영체제 또는 프로그램 내에서 공유 자원에 대한 접속을 제어하기 위해 사용되는 신호이다. 세마포어는 P연산, V연산으로 이루어져 있으며, P연산은 S를 1 감소하고, V연산은 S를 1 증가한다.

08 다음에서 설명하는 것은 무엇인가?

> – 프로세스는 국지적(Local) 부분을 집중 참조한다는 개념
> – 작은 용량의 고속 메모리에서 데이터 적중률(Hit Rate)을 높이기 위한 원리

① Locality

② Reference

③ Thrashing

④ Caching

> **해설** Locality는 기억장치 내의 정보를 균일하게 접근하는 것이 아닌 어느 한 순간에 특정 부분을 집중적으로 참조하는 특성이다.

09 다음 중 공간적 지역성이 아닌 것은?

① Fetch 알고리즘 구현에 이용

② Trashing 해결

③ 페이지 교체 알고리즘

④ 페이지 재배치 알고리즘 구현에 이용되는 알고리즘

> **해설** 페이지 재배치 알고리즘은 시간적 지역성이다.

10 다음 중 Thrashing의 해결 방법은?

① Working Set

② Multi Processing

③ Cache Memory

④ Locality

> **해설** Thrashing의 해결 방법으로는 Working Set과 PFF(Page-Fault Frequency) 방식이 있다.

306 | 인터넷 구성

1 인터넷의 개념

- 인터넷은 컴퓨터로 연결하여 TCP/IP(Transmission Control Protocol)라는 통신 프로토콜을 이용해 정보를 주고받는 컴퓨터 네트워크이다.
- 인터넷이란 이름은 '네트워크의 네트워크'를 구현하여 모든 컴퓨터를 하나의 통신망 안에 연결하고자 하는 의도에서 시작했다.

■ 인터넷 구성 요소

구성 요소	설명
종단 시스템	통신 링크 + 패킷 스위치의 네트워크로 연결
통신 링크	동축 케이블, 구리선, 광케이블과 같은 다양한 물리 매체로 구성되며 다양한 전송을 이용하여 데이터를 전송
IP 주소	인터넷에 연결된 모든 컴퓨터 자원을 공유하는 것이 목적인 고유한 주소

2 네트워크 7계층(OSI 7Layer)의 개념

국제 표준화 기구인 ISO에서 개발한 네트워크 계층을 표현하는 모델이다. 각 계층은 서로 독립적으로 구성되어 있고, 각 계층은 하위 계층의 기능을 이용하여 상위 계층에 기능을 제공한다.

멘토 코멘트

네트워크 7계층은 네트워크 영역에서 가장 기본이 되면서도 중요한 영역이다. 7가지 계층의 구성 요소와 장비에 대해서 정확하게 이해해야 한다.

■ 네트워크 7계층별 기능

계층	설명	주요 프로토콜	단위
Application (응용 계층)	– 응용 서비스를 제공하는 역할을 한다. – 사용자와 네트워크 간의 응용 서비스 연결, 데이터 생성의 역할을 한다.	HTTP, SSH, SIP, FTP, TELNET, MODBUS	Data
Presentation (표현 계층)	– 데이터의 형식 설정과 부호 교환, 암호화, 해독 등의 포맷으로 변환한다. – 번역을 수행하여 두 장치가 일관되게 이해할 수 있도록 하는 단계이다.	MIME, SMTP, IMAP, SSL	Data
Session (세션 계층)	응용 프로세스 간의 연결 접속 및 동기 제어 등 응용 간 질서를 제어하는 단계이다.	NetBIOS, RPC, Winsock	Data
Transport (전송 계층)	– 프로세스 간 논리적 통신 서비스를 제공(Segment)하는 단계이다. – 패킷들의 전송 유효 확인, 실패한 패킷은 재전송하여 신뢰성 있는 통신을 보장하는 단계이다.	TCP(3–Way Handshaking), UDP, SCTP, RTP	Segment
Network (네트워크 계층)	– 단말 간의 시스템끼리 데이터를 전송하기 위한 최선의 통신 경로 선택을 제공하는 라우터 역할을 한다. – 라우터(Router) 네트워크 장비가 작동하는 계층이다. – 다중 네트워크 링크에서 패킷을 목적지로 전달하는 역할을 한다.	IP, ARP, ICMP, IGMP, IPsec	Packet
Data Link (데이터 링크 계층)	– 인접 시스템 간의 데이터 전송, 전송 오류 제어(Frame)를 하는 역할을 한다. – 데이터가 통신로를 통과하는 동안에 오류를 검사한다.	Ethernet, ATM, PPP	Frame
Physical (물리 계층)	– 통신 회선으로 '0'과 '1' 비트의 정보를 회선에 내보내기 위한 전기적 변환이나 기계적 작업을 담당하는 역할을 한다. – 각 장치 간의 물리적인 인터페이스로 데이터를 다른 시스템에 전송하기 위한 역할이다.	RS–485, RS–232, X25/21	Bit

> **알아두기**
>
> IPSec은 네트워크에서의 안전한 연결을 설정하기 위한 통신 규칙 또는 프로토콜 세트이다. IPSec은 암호화와 인증을 추가하여 프로토콜을 더욱 안전하게 만든다. IPSec은 데이터를 소스에서 암호화한 다음 대상에서 복호화하고, 데이터의 소스를 인증한다.

3 네트워크 TCP/IP Protocol 4계층

TCP/IP 프로토콜을 사용하는 데 초점을 맞추고 있으며, 네트워크 액세스 계층(1계층), 인터넷 계층(2계층), 전송 계층(3계층), 응용 계층(4계층)으로 나뉜다.

계층	설명	주요 프로토콜
Application (응용 계층)	OSI 7 Layer의 세션 계층, 프레젠테이션 계층, 애플리케이션 계층에 해당	HTTP, FTP, TELNET, DNS
Transport (전송 계층)	네트워크 양단의 송수신 호스트 사이에서 신뢰성 있는 전송 기능을 제공	TCP, UDP
Internet (인터넷 계층)	상위 전송 계층으로부터 받은 데이터에 IP 패킷 헤더를 붙여 전송	IP, ARP, RARP, ICMP, OSPF
Network Access (네트워크 액세스 계층)	물리적 장치들을 연결하기 위한 기계적, 전기적, 물리적 계층 연결	CSMA/CD, MAC, LAN

2020.08

01 OSI 7계층에서 링크의 설정과 유지 및 종료를 담당하며, 노드 간의 오류 제어와 흐름 제어 기능을 수행하는 계층은?

① 데이터 링크 계층

② 세션 계층

③ 표현 계층

④ 응용 계층

> **해설** 데이터 링크 계층은 노드 간 데이터 전송을 제공하며 물리 계층의 오류 수정도 처리한다.

2020.09

02 OSI 7계층에서 단말기 사이에 오류 수정과 흐름 제어를 수행하여 신뢰성 있고 명확한 데이터를 전달하는 계층은?

① 전송 계층

② 응용 계층

③ 세션 계층

④ 표현 계층

> **해설** 전송 계층은 프로세스 간 논리적 통신 서비스를 제공하는 OSI 7계층의 4번째 단계로, 오류 검출과 복구, 흐름 제어를 수행해 신뢰성 있는 통신을 보장한다.

2020.06

03 TCP/IP 프로토콜 중 전송 계층 프로토콜은?

① HTTP

② SMTP

③ FTP

④ TCP

> **해설** TCP/IP 전송 계층에 속하는 프로토콜은 TCP이다.

2021.03

04 OSI 7계층에서 물리적 연결을 이용해 신뢰성 있는 정보를 전송하려고 동기화, 오류 제어, 흐름 제어 등의 전송 에러를 제어하는 계층은?

① 데이터 링크 계층

② 물리 계층

③ 응용 계층

④ 표현 계층

> **해설** 데이터 링크 계층은 장치 간 신호를 전달하는 물리 계층을 이용하여 네트워크 상의 주변 장치들 간 데이터를 전송하며, 전송 에러를 제어하는 계층이다.

2021.08

05 TCP 헤더와 관련한 설명으로 틀린 것은?

① 순서번호(Sequence Number)는 전달하는 바이트마다 번호가 부여된다.

② 수신번호확인(Acknowledgement Number)은 상대편 호스트에서 받으려는 바이트의 번호를 정의한다.

③ 체크섬(Checksum)은 데이터를 포함한 세그먼트의 오류를 검사한다.

④ 윈도우 크기는 송수신 측의 버퍼 크기로 최대 크기는 32767bit이다.

> **해설** 윈도우 크기는 수신측 TCP의 수신 가능한 버퍼 크기를 의미한다. TCP 헤더 크기는 16bit로 이는 64kbyte와 같다.

2021.03

06 TCP/IP 프로토콜에서 TCP가 해당하는 계층은?

① 데이터 링크 계층

② 네트워크 계층

③ 트랜스포트 계층

④ 세션 계층

> **해설** TCP는 신뢰성 있는 연결지향적 프로토콜로 프로세스 간의 신뢰성 있는 데이터 전송을 담당하는 트랜스포트 계층에 속한다.

2022.03

07 OSI 7계층 중 데이터 링크 계층에 해당되는 프로토콜은?

① HTTP

② HDLC

③ PPP

④ LLC

> **해설** PPP(Point-to-Point Protocol)는 OSI 7계층 중에서 2계층인 데이터 링크 계층(Data Link Layer)에서 사용되는 특정 프로토콜들의 집합이다.

2022.04

08 IP 프로토콜의 주요 특징에 해당하지 않는 것은?

① 체크섬(Checksum) 기능으로 데이터 체크섬(Data Checksum)만 제공한다.

② 패킷을 분할, 병합하는 기능을 수행하기도 한다.

③ 비연결형 서비스를 제공한다.

④ Best Effort 원칙에 따른 전송 기능을 제공한다.

> **해설** IP, UDP, TCP의 헤더는 체크섬을 위한 공간이 존재한다. 이 부분은 패킷의 헤더가 전송되는 도중 데이터가 변조되거나 깨지는 경우를 확인하기 위해 사용된다. IP는 데이터 체크섬은 제공하지 않고, 헤더 체크섬만 제공한다.

09 다음 중 네트워크 7계층에 속하지 않는 계층은?

① Application

② Presentation

③ Transition

④ Physical

> **해설** 네트워크 7계층에는 Application(응용 계층), Presentation(표현 계층), Session(세션 계층), Transport(전송 계층), Network(네트워크 계층), Data(데이터 링크 계층), Physical(물리 계층)이 있다. Transition이라는 단계는 없다.

10 다음 중 인터넷 필수 구성 요소가 아닌 것은?

① 종단 시스템

② 통신 링크

③ IP 주소

④ 보안

> **해설** 보안은 인터넷의 필수 구성 요소로 볼 수 없다.

11 다음 중 네트워크 계층에 속하지 않는 것은?

① IP

② ARP

③ IPsec

④ ATM

> **해설** ATM은 데이터 링크 계층에 속한다.

307 | IP / TCP / UDP

1 IP 주소(Internet Protocol Address)의 개념

인터넷에 연결된 모든 컴퓨터 자원을 구분하기 위한 고유한 주소를 말한다.

■ IP의 유형

(1) IPv4

IPv4는 인터넷에서 사용되는 패킷 교환 네트워크상에서 데이터를 교환하기 위한 32비트 주소 체계를 갖는 네트워크 계층의 프로토콜이다.

(2) IPv6

- 현재 IPv4가 가지고 있는 주소 고갈, 보안성, 이동성 지원 등의 문제점을 해결하기 위해서 개발된 128bit 주소 체계를 갖는 차세대 인터넷 주소 체계다.
- IPv4의 패킷 크기는 64kbyte로 제한되어 있지만, IPv6의 옵션을 사용하여 임의로 큰 크기의 패킷을 주고 받을 수 있다.

| IPv6 헤더 구성 |

Version(4)	Traffic Class(8)	Flow Label(20)	
Payload Length(16)		Next Header(8)	Hop Limit(8)
Source Address(128 bits)			
Destination Address(128 bits)			

IPv6 기본 헤더	IPv6 확장 헤더	상위 계층 데이터

40바이트 ←→ Payload : $\sim 2^{16}$ (65,536바이트)

구분	필드	크기	설명
기본 헤더	버전(Version)	4bit	IP Version 표시(Version 4 또는 6)
	트래픽 클래스(Traffic Class)	8bit	송신 장치에 송신 우선순위를 요청하는 기능
	플로 레이블(Flow Label)	20bit	QoS를 위한 서비스별 구분 표시
	페이로드 길이(Payload Length)	16bit	데이터의 길이 표시
	다음 헤더(Next Header)	8bit	IP 헤더 다음에 나타나는 헤더의 유형 정의

	홉 제한(Hop Limit)	8bit	패킷 전송 시 포워딩 제한 표시
	송신지 주소(Source Address)	128bit	송신지 주소를 표시
	수신지 주소 (Destination Address)	128bit	수신지 주소를 표시
확장 헤더	추가적인 전송 기능이 필요할 때 사용되며, 기본 헤더 뒤에 선택적으로 추가		
데이터	IP 상위 프로토콜에서 사용하는 부분으로, TCP 세그먼트나 UDP 데이터그램 등이 될 수 있음		

| IPv6의 주소 종류 |

종류	설명
유니캐스트 (Unicast)	단일 인터페이스를 지정하고, 유니캐스트로 보내진 패킷을 해당 패킷으로 전달 하는 방식
멀티캐스트 (Muticast)	인터페이스의 집합을 지정하며, 이 주소로 보내진 패킷은 해당되는 모든 인터페 이스에 전달하는 방식
애니캐스트 (Anycast)	복수의 인터페이스에 배정되며, 서로 다른 링크에 속한 인터페이스에 집합을 지 정하는 방식

(3) IPv4와 IPv6 비교

0	4	8		16	
Version	Header Length	Type of Service		Total Length	
Identification				Flags	Fragment Offset
Time to Live(TTL)		Protocol Type		Header Checksum	
Source Address					
Destination Address					
Option					
Data					

▲ iPv4(복잡)

0	4	12	16	
Version	Traffic Class		Flow Label	
Payload length			Next Header	Hop Limit
Source Address				
Destination Address				
Extension Header (Optional)				
Data				

▲ iPv6 기본 헤더(단순)

구분	IPv4	IPv6
주소 체계	32bit	128bit
표시 방법	8비트씩 4부분으로 나눠 10진수로 표시 예 192.168.10.120	16비트씩 8부분으로 나눠 16진수로 표시 예 2001:0:4137:9e76:1086:3ee3:2274:e11c
헤더 크기	고정	가변
주소 개수	약 43억 개 주소	43억*43억*43억*43억 = 3.4 * 10^{38}개 주소
주소 할당	A, B, C, D 등 클래스 단위의 비순차적 할당	네트워크 규모 및 단말기 수에 따른 순차적 할당
보안 기능	필요 시 IPSec 프로토콜 별도 설치	확장 기능에서 IPSec 기본 제공

📝 **알아두기**

IPv6는 128비트를 16비트(2바이트씩 8개의 필드)로 나누어 콜론(:)으로 구분한다.

2 TCP(Transmission Control Protocol)의 개념

📝 **알아두기**

TCP 프로토콜의 기본 헤더 크기는 20byte이다. 순서 제어, 오류 제어, 흐름 제어 기능을 제공한다.

- 양종단 호스트 내 프로세스 상호 간에 신뢰적인 연결 지향성 서비스를 제공하는 프로토콜이다.
- TCP 프로토콜은 3way-Handshaking을 사용한다.

❶ SYN

❷ SYN/ACK

❸ ACK

SYN = SYNCHRONIZATION　　　　　　　　　**ACK** = ACKNOWLEDGEMENT

핸드셰이크	설명
SYN	클라이언트가 서버에게 SYN 메시지를 보낸다.
SYN-ACK	서버가 클라이언트에게 SYN-ACK 메시지로 응답한다.
ACK	클라이언트가 서버에게 ACK 메시지를 보낸다.

■ TCP의 특징

특징	설명
신뢰성	패킷 손실, 중복, 순서 바뀜 등이 없도록 보장함
연결 지향적	양단 간 애플리케이션/프로세스는 TCP가 제공하는 연결성 회선을 통하여 상호 통신
Full-Duplex	종단 간 양 프로세스가 서로 동시에 세그먼트를 전달할 수 있음
혼잡 제어	데이터의 흐름이나 혼잡 제어를 제공함
세그먼트 단위	바이트를 세그먼트화하고 이에 TCP 헤더를 붙이고, 이들의 순서를 제어함

■ TCP의 흐름 제어

- 송신 측과 수신 측의 데이터 처리 속도 차이를 해결하기 위한 기법이다.
- 데이터를 수신하는 노드가 전송하는 노드에게 현재 자신의 상태에 대한 정보를 보내주는 방식이다.

유형	설명
Stop and wait	데이터를 한 개 보내고 ACK가 오면 다음 데이터를 보내는 간단한 방식이다. 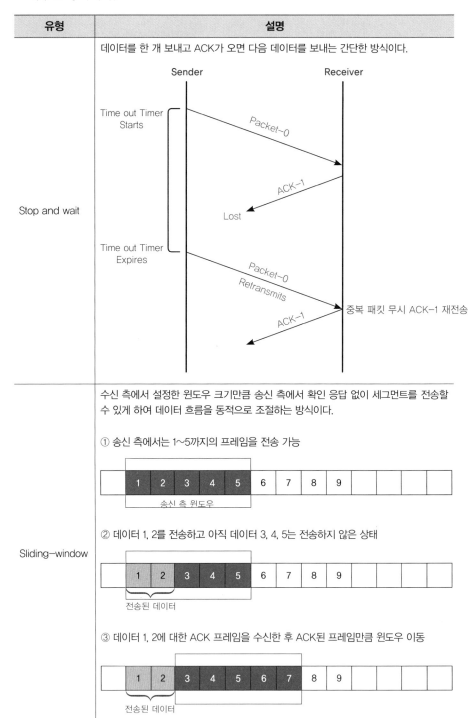
Sliding-window	수신 측에서 설정한 윈도우 크기만큼 송신 측에서 확인 응답 없이 세그먼트를 전송할 수 있게 하여 데이터 흐름을 동적으로 조절하는 방식이다. ① 송신 측에서는 1~5까지의 프레임을 전송 가능 ② 데이터 1, 2를 전송하고 아직 데이터 3, 4, 5는 전송하지 않은 상태 ③ 데이터 1, 2에 대한 ACK 프레임을 수신한 후 ACK된 프레임만큼 윈도우 이동

■ TCP의 혼잡 제어

- 송신 측의 데이터 전달과 네트워크의 데이터 처리 속도 차이를 해결하기 위한 기법이다.
- 네트워크의 혼잡 상태를 파악하고 그 상태를 해결하기 위해 데이터 전송을 제어하는 방식이다.

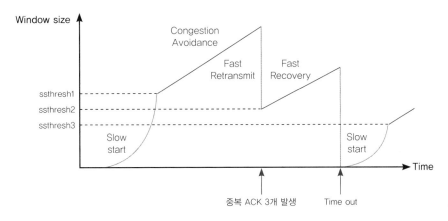

유형	설명
Slow Start	지수적(Exponential)으로 윈도우의 크기를 증가시키는 방식이다.
Congestion Avoidance	혼잡이 감지되면 지수적이 아닌 가산적인 증가 방식을 채택하는 방식이다.
Fast Retransmit	정상적인 재전송 큐 과정을 따르지 않고, 중간 누락된 세그먼트를 빠르게 재전송하는 방식이다.
Fast Recovery	혼잡 상태가 되면 윈도우의 크기를 1로 줄이지 않고 반으로 줄이고 선형으로 증가시키는 방식이다.

■ TCP의 오류 제어

TCP의 오류 제어 전송 도중에 발생한 부호 오류를 검출하고, 정확한 정보를 재현하는 방식이다.

유형	설명
Stop and Wait ARQ	송신 측에서 한 번에 한 개의 프레임을 송신한 후, 수신 측에서 프레임을 검사하고 ACK 혹은 NAK를 전송하는 방식이다.
Go-back N ARQ	송신 측에서 데이터 프레임을 연속 송신하고, 수신 측에서 순서대로 수신을 검사하는 방식이다.
Selective Repeat ARQ	동시에 여러 패킷을 전송하고, 한 번의 ACK로 전체 패킷을 수신하는 방식이다.

3 UDP(User Datagram Protocol)의 개념

- TCP의 다양한 기능을 축소하여 빠른 데이터 전송을 보장하기 위한 프로토콜이다.
- UDP의 전송 방식은 단순하고, 신뢰성은 떨어지나 속도가 빠르다.

■ UDP의 특징

알아두기

UDP를 이용하여 TFTP, SNMP, DHCP, NFS, DNS, RIP, RTP 등 다양한 프로토콜에 사용한다.

특징	설명
비연결성	논리적인 가상 회선을 연결하고 있지 않음
비신뢰성	데이터가 정확히 도달했는지 확인하는 절차가 없음
단순 헤더	헤더는 고정 크기의 8바이트만 사용
멀티캐스팅	1:N의 여러 다수 지점에 전송 가능

기출 유형 문제

2020.06

01 IPv6에 대한 설명으로 틀린 것은?

① 128비트의 주소 공간을 제공한다.

② 인증 및 보안 기능을 포함하고 있다.

③ 패킷 크기가 64Kbyte로 고정되어 있다.

④ IPv6 확장 헤더를 통해 네트워크 기능 확장이 용이하다.

> **해설** IPv4의 패킷 크기는 64Kbyte로 제한되어 있지만, IPv6의 점보그램 옵션을 사용하면 임의로 큰 크기의 패킷을 주고받을 수 있다.

2020.06

02 IPv6의 주소 체계로 거리가 먼 것은?

① Unicast

② Anycast

③ Broadcast

④ Multicast

> **해설** IPv6에서는 브로드캐스트가 멀티캐스트로 대체되었기 때문에 IPv4와는 달리 IPv6에는 브로드캐스트 주소가 없다.

2019.08

03 IPv6의 헤더 항목이 아닌 것은?

① Flow Label

② Payload Length

③ HOP Limit

④ Section

> **해설** IPv6 헤더에는 Version, Traffic Class, Flow Label, Payload Length, Next Header, Hop Limit 등이 포함되어 있다.

2020.08

04 IPv6에 대한 설명으로 틀린 것은?

① 32비트의 주소 체계를 사용한다.

② 멀티미디어의 실시간 처리가 가능하다.

③ IPv4보다 보안성이 강화되었다.

④ 자동으로 네트워크 환경 구성이 가능하다.

> **해설** IPv6는 128비트의 주소 체계를 사용한다.

2020.08

05 TCP 프로토콜에 대한 설명으로 거리가 먼 것은?

① 신뢰성 있는 연결 지향형 전달 서비스이다.

② 기본 헤더 크기는 100byte이고, 160byte까지 확장 가능하다.

③ 스트림 전송 기능을 제공한다.

④ 순서 제어, 오류 제어, 흐름 제어 기능을 제공한다.

> **해설** TCP 기본 헤더 크기는 20byte이다.

2020.09

06 TCP 흐름 제어 기법 중 프레임이 손실되었을 때, 손실된 프레임 한 개를 전송하고 수신자의 응답을 기다리는 방식으로 한 번에 프레임 한 개만 전송할 수 있는 기법은?

① Slow Start

② Sliding Window

③ Stop and Wait

④ Congestion Avoidance

> **해설** Stop and Wait 방식은 송수신 측 모두 크기가 1인 슬라이딩 윈도우를 사용한다. 송신 측은 한 번에 하나의 패킷을 전송하고 확인 응답이 들어오기 전까지는 다음 패킷을 전송하지 않는다.

07 UDP 특성에 해당되는 것은?

① 데이터 전송 후, ACK를 받는다.

② 송신 중에 링크를 유지 관리하므로 신뢰성이 높다.

③ 흐름 제어나 순서 제어가 없어 전송 속도가 빠르다.

④ 제어를 위한 오버헤드가 크다.

> **해설** UDP는 TCP와 달리 흐름 제어나 순서 제어가 없어 전송 속도가 빠르다.

2021.03

08 IPv6에 대한 설명으로 틀린 것은?

① 멀티캐스트(Multicast) 대신 브로드캐스트(Broadcast)를 사용한다.

② 보안과 인증 확장 헤더를 사용함으로써 인터넷 계층의 보안 기능을 강화하였다.

③ 애니캐스트(Anycast)는 하나의 호스트에서 그룹 내의 가장 가까운 곳에 있는 수신자에게 전달하는 방식이다.

④ 128비트 주소체계를 사용한다.

> **해설** IPv6에서는 여러 개의 인터페이스를 식별하기 위해 멀티캐스트를 사용한다.

2021.03

09 UDP 특성에 해당되는 것은?

① 양방향 연결형 서비스를 제공한다.

② 송신 중에 링크를 유지 관리하므로 신뢰성이 높다.

③ 순서 제어, 오류 제어, 흐름 제어 기능을 한다.

④ 흐름 제어나 순서 제어가 없어 전송 속도가 빠르다.

> **해설** UDP는 단방향 서비스로, 연결을 유지하지 않아 신뢰성이 높지 않고, 각종 제어 기능이 따로 없어 전송 속도가 빠르다.

2021.06

10 TCP 프로토콜과 관련한 설명으로 틀린 것은?

① 인접한 노드 사이의 프레임 전송 및 오류를 제어한다.

② 흐름 제어(Flow Control)의 기능을 수행한다.

③ 전이중(Full Duplex) 방식의 양방향 가상 회선을 제공한다.

④ 전송 데이터와 응답 데이터를 함께 전송할 수 있다.

> **해설** 인접한 노드 사이의 프레임 전송 및 오류를 제어하는 것은 2계층인 데이터 링크 계층에서 일어난다. TCP는 4계층에서 일어난다.

2021.08

11 오류 제어에 사용되는 자동반복 요청방식(ARQ)이 아닌 것은?

① Stop-and-Wait ARQ

② Go-Back-N ARQ

③ Selective-Repeat ARQ

④ Non-Acknowledge ARQ

> **해설** 자동반복 요청방식(ARQ; Automatic Repeat Request)에는 Stop-and-Wait ARQ, Go-Back-N ARQ, Selective-Repeat ARQ, Adaptive ARQ 방식이 있다.

2022.03

12 IP 주소체계와 관련한 설명으로 틀린 것은?

① IPv6의 패킷 헤더는 32Octet의 고정된 길이를 가진다.

② IPv6는 주소 자동설정(Auto Configuration) 기능을 통해 손쉽게 이용자의 단말을 네트워크에 접속시킬 수 있다.

③ IPv4는 호스트 주소를 자동으로 설정하며 유니캐스트(Unicast)를 지원한다.

④ IPv4는 클래스 별로 네트워크와 호스트 주소의 길이가 다르다.

> **해설** IPv6의 패킷 헤더의 길이는 40Octet이다.

13 다음 중 IP에 대한 설명 중 틀린 것은?

① 인터넷에 연결된 모든 컴퓨터 자원을 구분하기 위한 고유한 주소이다.

② IPv4 주소 체계를 주로 사용하고 있으나 주소가 부족해짐에 따라 IPv6 주소 체계를 사용하는 추세이다.

③ IPv4는 32bit로 되어 있고, IPv6은 256bit로 되어 있다.

④ IPv4는 약 43억 개의 주소를 생성할 수 있다.

> **해설** IPv6는 128bit로 구성되어 있다.

14 다음 중 TCP의 특징이 아닌 것은?

① 신뢰성

② 연결 지향적

③ 혼잡 제어

④ 도메인

> **해설** TCP는 연결형 서비스로 가상 회선 방식을 제공하고, 흐름 제어, 혼잡 제어, 높은 신뢰성을 보장한다.

15 다음 중 TCP의 혼잡 제어 유형이 아닌 것은?

① Slow Start

② Congestion Avoidance

③ Fast Recovery

④ Retransmission Time Out

> **해설** 주요 TCP 혼잡 제어 유형은 Slow Start, Congestion Avoidance, Fast Retransmit, Fast Recovery이다.

308 | 기타 프로토콜

멘토 코멘트

FTP의 2가지 유형에 대해 혼동되지 않도록 유의해 암기해야 한다.

1 FTP(File Transfer Protocol)의 개념

TCP/IP 프로토콜을 기반으로 서버, 클라이언트 사이에서 파일 송수신을 하기 위한 프로토콜이다.

■ FTP의 유형

Active 모드	Passive 모드
행동 주체 : 사용자	행동 주체 : 서버
- 서버에서 클라이언트의 특정 포트 접속 후 데이터 전송 - 서버는 명령 21, 데이터 20 포트 - 클라이언트는 명령 1024 이상 임의 포트, 데이터 명령 포트+1 포트	- 클라이언트에서 서버의 특정 포트 접속 후 데이터 전송 - 서버는 명령 21, 데이터 1024 이상 포트 - 클라이언트는 명령 1024 이상 임의 포트, 데이터 1024 이상 임의 포트

■ 보안 FTP 비교

구분	FTP	FTPS	SFTP
전송 프로토콜	TCP	TCP over SSL	TCP + Secure Shell
사용 포트	21	21 또는 990	22
데이터 형식	Readable	Readable	2진 형식
기밀성	평문	암호화	암호화
암호화 부분	평문	- 인증과 관련된 부분 - 데이터 패킷까지 암호화	- 인증과 관련된 부분 - 데이터 패킷까지 암호화하지 않음
기능	파일 전송	FTP 기능 + 분할, 압축, 무결성, 인증, 암호화	FTP 기능 + 인증, 암호화, 무결성, 압축, 터널링

2 TELNET과 SSH(Secure Shell)의 개념

■ TELNET

인터넷이나 로컬 영역의 네트워크 연결을 위해 23번 포트를 이용하는 네트워크 프로토콜이다.

■ SSH(Secure Shell)

- 원격 접속 시 포트 번호 22번을 사용하여 강력한 보안 인증을 제공하는 프로토콜이다.
- 기존 rsh, rlogin, TELNET을 대체하기 위해 설계되어 강력한 인증 방법 제공 및 안전성이 우수하다.

알아두기

TELNET 서비스는 보통 보안 문제로 SSH를 적용해서 사용한다.

3 ARP(Address Resolution Protocol)의 개념

- 네트워크상에서 IP 주소를 물리적 네트워크 주소로 대응(Bind)시키기 위해 사용되는 프로토콜이다.
- 논리적인 IP 주소(네트워크 계층)를 물리적인 MAC 주소(데이터 링크 계층)로 바꾸어 주는 역할을 하는 주소 해석 프로토콜이다.

멘토 코멘트

ARP 프로토콜은 IP 주소는 알지만 Mac 주소를 모를 때, 목적지 Mac 주소 부분을 00:00:00:00:00:00으로 채우고 패킷의 목적지를 브로드캐스트(ff:ff:ff:ff:ff:ff)로 하여 네트워크상의 모든 노드에게 뿌려 목적지 Mac 주소를 얻어낸다.

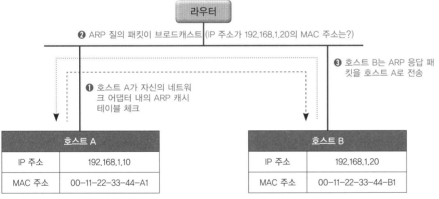

❶ 호스트 A가 자신의 네트워크 어댑터 내의 ARP 캐시 테이블 체크
❷ ARP 질의 패킷이 브로드캐스트(IP 주소가 192.168.1.20의 MAC 주소는?)
❸ 호스트 B는 ARP 응답 패킷을 호스트 A로 전송

호스트 A	
IP 주소	192.168.1.10
MAC 주소	00-11-22-33-44-A1

호스트 B	
IP 주소	192.168.1.20
MAC 주소	00-11-22-33-44-B1

❹ 호스트 A는 ARP 응답 패킷 주소를 ARP 캐시 테이블에 갱신

■ ARP의 동작 원리

동작	설명
MAC 주소 요청	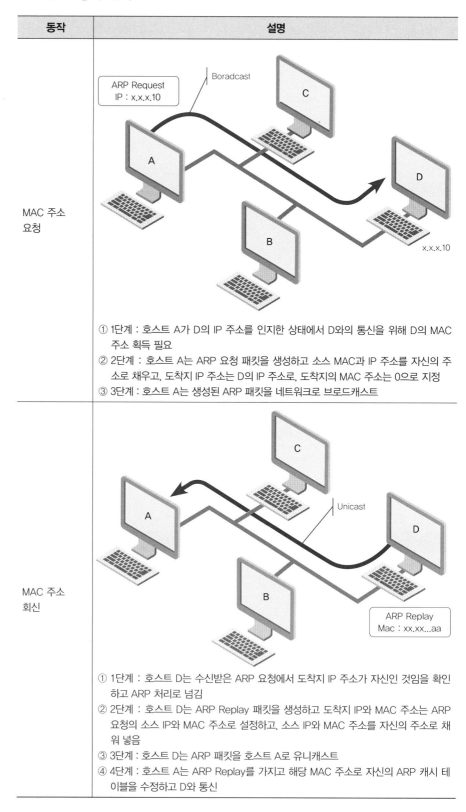① 1단계 : 호스트 A가 D의 IP 주소를 인지한 상태에서 D와의 통신을 위해 D의 MAC 주소 획득 필요 ② 2단계 : 호스트 A는 ARP 요청 패킷을 생성하고 소스 MAC과 IP 주소를 자신의 주소로 채우고, 도착지 IP 주소는 D의 IP 주소로, 도착지의 MAC 주소는 0으로 지정 ③ 3단계 : 호스트 A는 생성된 ARP 패킷을 네트워크로 브로드캐스트
MAC 주소 회신	① 1단계 : 호스트 D는 수신받은 ARP 요청에서 도착지 IP 주소가 자신인 것임을 확인하고 ARP 처리로 넘김 ② 2단계 : 호스트 D는 ARP Replay 패킷을 생성하고 도착지 IP와 MAC 주소는 ARP 요청의 소스 IP와 MAC 주소로 설정하고, 소스 IP와 MAC 주소를 자신의 주소로 채워 넣음 ③ 3단계 : 호스트 D는 ARP 패킷을 호스트 A로 유니캐스트 ④ 4단계 : 호스트 A는 ARP Replay를 가지고 해당 MAC 주소로 자신의 ARP 캐시 테이블을 수정하고 D와 통신

■ ARP, RARP 프로토콜의 비교

프로토콜	설명
ARP	IP 네트워크상에서 IP 주소를 MAC 주소로 대응시키기 위해 사용되는 프로토콜
RARP	ARP 프로토콜의 반대 개념으로, MAC 주소로 IP 주소를 가져오는 방식의 프로토콜

기출 유형 문제

2019.08

01 ARP(Address Resolution Protocol)에 대한 설명으로 틀린 것은?

① 네트워크에서 두 호스트가 성공적으로 통신하기 위하여 각 하드웨어의 물리적인 주소 문제를 해결해 줄 수 있다.

② 목적지 호스트의 IP 주소를 MAC 주소로 바꾸는 역할을 한다.

③ ARP 캐시를 사용하므로 캐시에서 대상이 되는 IP 주소의 MAX 주소를 발견하면 이 MAX 주소가 통신을 위해 사용된다.

④ ARP 캐시를 유지하기 위해서는 TTL 값이 0이 되면 이 주소는 ARP 캐시에서 영구히 보존된다.

해설 새로 들어온 주소는 생존 시간(TTL) 값이 존재하며, 라우터를 지날 때마다 1 감소, TTL 값이 0이 되면 이 주소는 ARP 캐시에서 삭제한다.

2020.06

02 TCP/IP 네트워크에서 IP 주소를 MAC 주소로 변환하는 프로토콜은?

① UDP

② ARP

③ TCP

④ ICMP

해설 동일한 세그먼트(Segment)상에서 다른 시스템과 통신을 하는 경우에 프로토콜 주소(IP)를 이용한 통신이 아닌 MAC 주소를 이용해 통신을 하게 된다. 이때 ARP를 이용한다.

2020.09

03 TCP/IP에서 사용되는 논리 주소를 물리 주소로 변환시켜 주는 프로토콜은?

① TCP

② ARP

③ FTP

④ IP

해설 ARP는 네트워크상에서 IP 주소를 물리적 네트워크 주소로 대응(Bind)시키기 위해 사용되는 프로토콜이다.

출제 예상 문제

04 다음이 설명하는 것은 무엇인가?

> TCP/IP 프로토콜을 기반으로 서버, 클라이언트 사이에서 파일 송수신을 하기 위한 프로토콜

① FTP

② TELNET

③ SSH

④ HTTP

해설 FTP는 2개의 채널을 이용하여 연결을 설정하는 프로토콜이다. 한 채널은 명령과 응답용으로, 다른 하나는 데이터와 데이터 간의 파일 전송용 채널을 생성하여 파일을 송수신할 수 있도록 해준다.

05 다음 FTP에 대한 설명 중 틀린 것은?

① FTP는 21번을 기본 포트로 사용한다.

② FTPS와 SFTP는 FTP 보안을 강화하여 나온 프로토콜이다.

③ SFTP는 기본적으로 23번 포트를 이용한다.

④ FTPS는 인증과 관련된 부분까지 암호화를 한다.

> **해설** SFTP는 기본적으로 22번 포트를 이용한다.

06 다음 보기에서 설명하는 것은 무엇인가?

> IP 호스트가 자신의 물리 네트워크 주소(MAC)를 알고 있는 상태에서 서버에게 IP 주소를 받기 위해 사용되는 프로토콜

① TCP

② MAC

③ ARP

④ RARP

> **해설** ARP 프로토콜은 해당 IP를 그 IP 주소에 맞는 물리적인 주소, 즉 MAC 주소를 가지고 오는 프로토콜이다. RARP는 반대로 MAC 주소에 해당하는 IP 주소를 알아오는 프로토콜이다.

309 | 유/무선 네트워크

1 LAN(Local Area Network)의 개념

- 다수의 독립적인 컴퓨터 기기들이 상호 간 통신이 가능하도록 하는 통신 방법이다.
- 기존의 공중망과는 달리 점대점 링크로 연결하지 않고, 근거리 지역 내에서 모든 노드가 동일한 전송 매체를 공유하고, 사전 동의 없이도 연결할 수 있는 방법이다.

멘토 코멘트

LAN의 관련 표준에 대해 정확히 숙지해야 한다.

■ LAN 관련 표준

- **논리 링크 제어(LLC; Logical Link Control) 부계층** : 각 매체 액세스법에 공통으로 적용되는 데이터 링크 제어 서비스로써 데이터를 전송한다.
- **매체 액세스 제어(MAC; Media Access Control) 부계층** : 논리 링크 제어 계층과 물리 계층 사이의 인터페이스 역할을 수행하며, 논리적인 기능과 물리적인 기능을 연결한다.

802.2 Logical Link Control (LLC) IEEE 802.2 (ISO 8802-2-1989)											OSI Layer 2
802.1 MAC Bridging IEEE 802.1d-1990											
802.3 CSMA/CD	802.4 Token Bus	802.5 Token Ring	802.6 DQDB	802.9 ISO-LAN	802.11 WLAN	802.12 DPAP	802.14 CATV	802.15 WPAN	802.16 BWA	802.17 RPR	OSI Layer 1

전송매체

■ LAN 표준

★ 이더넷

CSMA/CD방식의 LAN 을 지칭하는 용어이다.

알아두기

무선 통신 접근 방식 중에 CSMA/CA가 있다. 이 방식은 충돌 회피 방식으로, 다른 호스트가 데이터 송신 중인지를 판단한 후 다른 단말이 송신 중이라면 랜덤한 시간 동안 대기하는 방식의 기법이다.

표준	설명
802.3	- 이더넷*을 기초로 하는 LAN 표준들을 총칭한다. - 10Mbps에서 10Gbps에 이르는 모든 이더넷 표준들을 포괄한다.
802.11	- 802.11은 최고 속도가 2Mbps인 무선 네트워크 기술로, 적외선 신호나 ISM 대역인 2.4GHz 대역 전파를 사용해 데이터를 주고 받으며 여러 기기가 함께 네트워크에 참여할 수 있도록 CSMA/CA 기술을 사용한다. - 규격이 엄격하게 정해지지 않아서 서로 다른 회사에서 만들어진 802.11 제품 사이에 호환성이 부족했고 속도가 느려서 널리 사용되지 않았다.
802.11b	- 802.11b는 802.11 규격을 더욱 발전시킨 기술로, 최고 전송 속도는 11Mbps이나 실제로는 CSMA/CA 기술의 구현 과정에서 6~7Mbps 정도의 효율을 나타내는 것으로 알려져 있다. - 표준이 확정되자마자 시장에 다양한 관련 제품이 등장했고, 이전 규격에 비해 현실적인 속도를 지원해 기업이나 가정 등에 유선 네트워크를 대체하기 위한 목적으로 폭넓게 보급되었으며, 공공장소 등에서 유무상 서비스를 제공하는 업체도 생겨났다.

802.11a	– 5GHz 대역의 전파를 사용하는 규격이다. – OFDM 기술을 사용해 최고 54Mbps까지의 전송 속도를 지원한다.
802.11g	– 802.11a 규격과 전송 속도가 같지만 2.4GHz 대역 전파를 사용한다는 점이 다르다. – 널리 사용되고 있는 802.11b 규격과 쉽게 호환되어 현재 널리 쓰이고 있다.
802.11n	– 2.4GHz 대역과 5GHz 대역을 사용하며 최고 600Mbps까지의 속도를 지원하고 있다. – 처음 Draft 1.0이 확정되었을 때, 대한민국의 경우 기술 규격 내 주파수 점유 대역폭의 문제 (2개의 채널 점유)로 최대 150Mbps 이하로 속도를 제한한다.
802.11ac	무선 주파수 대역폭(최대 160MHz), MIMO 공간적 스트림(최대 8개), 다중 사용자 MIMO, 그리고 높은 밀도의 변조(최대 256QAM) 등 802.11n에서 받아들인 무선 인터페이스 개념을 확장한다.
802.11e	802.11 표준의 향상된 추가 개정판이다. 이 표준은 무선 랜에서의 QoS 기능 지원에 관한 내용을 담고 있다. 이를 위해서 무선 랜의 매체 접근 제어(MAC) 계층에 해당하는 부분을 수정한다.

2 WAN(Wide Area Network)의 개념

도시와 도시 사이, 국가와 국가 등 원격지 사이를 연결하는 통신망, 일반적으로 범위가 10km 이상이 되는 네트워크 서비스이다.

■ WAN의 유형

유형	설명
전용선	가입자의 송수신 양단간에 통신회사의 장비를 거쳐 통신
회선 교환 방식	송수신 단말 장치 간에 데이터를 전송할 때마다 물리적인 통신 경로를 설정하는 방식
메시지 교환 방식	Store and Forward 방식으로 데이터 흐름의 논리적 단위인 메시지를 교환하는 방식
패킷 교환 방식* (데이터그램 방식)	연결 설정 과정 없이 각각의 패킷을 독립적으로 취급하여 전송하는 방식
패킷 교환 방식* (가상 회선 방식)	패킷이 전송되기 전에 송수신 단말기에 논리적인 통신 경로를 먼저 설정하고 패킷을 경로에 따라 보내는 방식

★ 패킷 교환 방식
축적 전송(Store and Forward) 방식을 사용한다. 축적 전송이란 패킷 교환 시 각 중계 교환기들이 패킷을 저장하였다가 패킷이 전송된 것을 확인하고 폐기하는 작업을 말한다.

기출 유형 문제

2020.06

01 IEEE 802.11 워킹 그룹의 무선 LAN 표준화 현황 중 QoS 강화를 위해 MAC 지원 기능을 채택한 것은?

① 802.11a

② 802.11b

③ 802.11g

④ 802.11e

> **해설** IEEE 802.11e는 IEEE 802.11 표준의 향상된 추가 개정판이다. 이 표준은 무선 랜에서의 QoS 기능 지원에 관한 내용을 담고 있다. 이를 위해서 무선 랜의 매체 접근 제어(MAC) 계층에 해당하는 부분을 수정하였다. 이 표준은 VoWLAN(Voice over Wireless LAN)이나 스트리밍 멀티미디어와 같은 전송 지연에 민감한 애플리케이션을 위해 만들어졌다. 이 개정판은 IEEE 802.11-2007 표준에 통합되었다.

2015.08

02 무선 LAN에서 사용되는 매체 접근 방식(MAC)은?

① ALOHA

② Tokec Passing

③ CSMA/CD

④ CSMA/CA

> **해설** CSMA/CA는 무선 랜에서의 QoS 기능 지원에 관한 내용을 담고 있다.

2021.03

03 IEEE 802.3 LAN에서 사용되는 전송매체 접속 제어(MAC) 방식은?

① CSMA/CD

② Token Bus

③ Token Ring

④ Slotted Ring

> **해설** IEEE 802.3은 연결된 이더넷에서 물리 계층, 데이터 링크 계층의 매체 접근 제어를 정의하는 워킹 그룹이 제작한 워킹 그룹이자 IEEE 표준 집합이다. CSMA/CD는 LAN의 통신 프로토콜 종류 중 하나이며, 이더넷 환경에서 사용한다.

2021.06

04 다음 설명에 해당하는 방식은?

> – 무선 랜에서 데이터 전송 시, 매체가 비어있음을 확인한 뒤 충돌을 회피하기 위해 임의의 시간을 기다린 후 데이터를 전송하는 방법이다.
> – 네트워크에 데이터의 전송이 없는 경우라도 동시 전송에 의한 충돌을 대비하여 확인 신호를 전송한다.

① STA

② Collision Domain

③ CSMA/CA

④ CSMA/CD

> **해설** STA는 내부 단말기이고, Collision Domain은 충돌한 프레임이 전파되어 영향을 받게 되는 영역이다. CSMA/CD는 LAN의 통신 프로토콜 종류 중 하나이며, 이더넷 환경에서 사용한다.

05 LAN 표준 중 5GHz 대역의 전파를 사용하고, OFDM 기술을 사용해 최고 54Mbps까지의 전송 속도를 지원하는 표준은 어느 것인가?

① 802.11e

② 802.11b

③ 802.11a

④ 802.11n

> **해설** 표준 중 3번째로 등장한 전송 방식인 802.11a에 대한 설명이다.

06 다음 중 LAN에 대한 설명으로 틀린 것은?

① 다수의 독립적인 컴퓨터 기기들이 상호 간 통신이 가능하도록 하는 기술이다.

② 기존 공중망과는 달리 점대점 링크로 연결되지 않는다.

③ 근거리 지역 내에서 모든 노드가 동일한 전송 매체를 공유한다.

④ 사전 동의하에 연결하는 접속 유형의 서비스이다.

> **해설** LAN은 사전 동의하에 연결되는 서비스가 아니다.

07 다음에서 설명하는 WAN의 유형은 무엇인가?

> 연결을 설정하는 과정 없이 각각의 패킷을 독립적으로 취급하여 전송하는 방식

① 전용선

② 회선 교환 방식

③ 패킷 교환 방식

④ 메시지 교환 방식

> **해설** 패킷 교환 방식은 패킷이 중계 교환기를 거치면서 최종 목적지까지 전송되며, 축적 전송 방법을 이용한다.

310 | 네트워크 구성

1 서브넷팅(Subnetting)의 개념

알아두기

서브넷팅을 실시하여 분리된 네트워크 단위를 서브넷이라고 한다.

한 네트워크에 수많은 호스트가 있는 경우 원활한 통신이 불가능한데, 이를 해결하기 위해 브로드캐스트(네트워크) 영역을 나누는 기법이다.

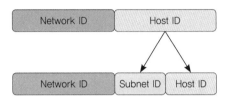

- **Network ID** : 전체의 네트워크에서 각각의 네트워크를 구분하기 위해 사용하는 주소
- **Host ID** : 하나의 네트워크에서 각각의 호스트를 구분하기 위해서 사용하는 주소

★ 서브넷 마스크 (Subnet mask)

서브넷팅(Subnetting)을 통해서 생성된 IP가 속한 네트워크 ID를 구분하기 위한 기준값으로, 서브넷 마스크의 값을 IP 주소와 '&' 연산하여 네트워크 ID를 추출한다.

■ 서브넷 마스크★

- 서브넷 마스크는 32비트의 값으로 네트워크 ID와 호스트 ID를 AND 연산하여 IP 주소를 효율적으로 구분하는 역할로 사용된다.
- 네트워크 ID 부분의 비트를 1로 치환한다.

| 사례 |

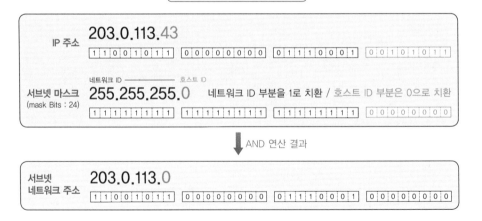

■ 서브넷팅(Subnetting)을 이용하여 필요한 네트워크 ID 산정

① 서브넷별 호스트 ID의 범위를 계산하다.

② 네트워크 ID에 해당하는 모든 비트는 1로 설정하고, 호스트 ID에 해당하는 모든 비트는 0으로 설정한다.

③ 서브넷 마스크(User Defined Subnet Mask)를 계산한다.

④ 필요로 하는 네트워크의 수를 산정한다.

→ 필요 네트워크의 수와 향후 1년 이내 확장 가능한 네트워크 수를 고려한다.

⑤ 필요한 네트워크 ID를 만들기 위해 전환할 비트 수를 결정한다.

■ FLSM(Fixed–Length Subnet Masking)

알아두기

FLSM(Fixed–Length Subnet Masking)는 고정적으로 사용하고, VLSM 가변적으로 길이를 사용하는 차이가 있다.

• 고정된 길이의 서브넷 마스크를 사용하는 방법이다.

• 한 대역을 동일한 크기로 나누는 방식으로 같은 네트워크(Major Network)에서 같은 크기로 나뉘어진 경우에만 라우팅 업데이트를 해주는 방식이다.

■ VLSM(Variable Length Subnet Mask)

• 각 서브넷마다 가변 길이의 서브넷 마스크를 적용하는 기법으로, 서브넷이 각기 다른 크기를 가질 수 있다.

• 호스트 수가 적은 네트워크에는 긴 마스크, 그 반대에는 짧은 마스크 적용 등 동일 네트워크 주소 공간에서 다른 크기의 서브넷 사용을 허용한다.

2 슈퍼넷팅(Supernetting)

• 여러 네트워크에 할당된 주소 범위를 그룹화시켜 하나로 묶어 표현하는 방법이다.

• 여러 네트워크 주소들을 마치 하나의 큰 주소(Supernet)처럼 크게 그룹화한다.

| 사례 |

> 192.168.4.0~192.168.7.0/24 IP 대역을 슈퍼넷팅하여 NW ID, Subnet Mask, 유효 IP 호스트 수를 산출하시오.

1. 네트워크 ID 도출

① 할당 받은 IP(192.168.4.0~192.168.7.0/24)를 2진수로 변환

```
192.168.4.0 : 11000000 . 10101000 . 00000100 . 00000000
192.168.5.0 : 11000000 . 10101000 . 00000101 . 00000000
192.168.6.0 : 11000000 . 10101000 . 00000110 . 00000000
192.168.7.0 : 11000000 . 10101000 . 00000111 . 00000000
```

② 공통 비트 도출(22bit)

> 11000000 . 10101000 . 00000100 . 00000000 ➜ 192.168.4.0/22 (Network ID)

2. 서브넷 마스크 도출

변환된 2진수에서 공통적인 부분 자리까지 1로 채운 후 서브넷 마스크 생성

> 11111111 . 11111111 . 11111100 . 00000000 ➜ 255.255.252.0 (Subnet Mask)

3. 유효 IP 호스트 수 도출

① 슈퍼넷팅 전 호스트 수 : 8bit → 2^8 = 256

> 192.168.4.0~255(256)
> 192.168.5.0~255(256)
> 192.168.6.0~255(256)
> 192.168.7.0~255(256)

② 슈퍼넷팅 후 호스트 bit 수 : 10bit → 2^{10} = 1024개

③ 최종 유효 IP 수 : 256 * 4 − 2 = 1024 − 2 = 1022개

(네트워크 주소(0), 브로드캐스트(255) 주소 제외)

알아두기

ip subnet-zero
서브넷팅할 때 첫 번째 서브넷과 마지막 서브넷을 사용할 수 있게 해주는 명령어이다.

실력 점검 문제

기출 유형 문제

2020.08

01 200.1.1.0/24 네트워크를 FLSM 방식을 이용하여 10개의 서브넷으로 나누고 IP Subnet-Zero를 적용했다. 이때 서브넷팅된 네트워크 중 10번째 네트워크의 Broadcast IP 주소는?

① 200.1.1.159

② 201.1.5.175

③ 202.1.11.254

④ 203.1.255.245

해설 '200.1.1.0/24' 네트워크는 마스크 비트 수가 '/24'로 1의 개수가 24개라고 명시(/24)하고 있다. 즉, 서브넷 마스크는 11111111 11111111 11111111 00000000이다.
이 네트워크를 10개의 서브넷으로 나누어야 하는데 FLSM 방식을 이용하라고 했기 때문에 고정된 길이를 이용한다. 2^3은 8이고 10개를 나눌 수 없으므로, 2^4 = 16을 사용한다. 그래서 마지막 4개의 비트를 이용하여 호스트를 구성한다. Host ID를 4개의 비트로 구성하면 아래와 같이 구성할 수 있다.

네트워크 ID			Host ID	
8bit	8bit	8bit	8bit	
			4bit	4bit
200	1	1	서브넷 ID	호스트 ID

(1) Host ID 1번째의 서브넷 ID : 0000
(2) Host ID 2번째의 서브넷 ID : 0001
(3) Host ID 3번째의 서브넷 ID : 0010
(4) Host ID 4번째의 서브넷 ID : 0011
(5) Host ID 5번째의 서브넷 ID : 0100
(6) Host ID 6번째의 서브넷 ID : 0101
(7) Host ID 7번째의 서브넷 ID : 0110
(8) Host ID 8번째의 서브넷 ID : 0111
(9) Host ID 9번째의 서브넷 ID : 1000
(10) Host ID 10번째의 서브넷 ID : 1001

ip subnet-zero를 적용했으므로 맨 처음(0000)과 마지막 호스트 ID(1111)도 사용할 수 있다. 따라서 10번째 대역대는 1001 0000 (144번) ~ 1001 1111 (159번)로, 144~159까지가 해당된다. 마지막 ID 200.1.1.159는 Broadcast IP가 된다.

2021.06

02 CIDR(Classless Inter-Domain Routing) 표기로 203.241.132.82/27과 같이 사용되었다면, 해당 주소의 서브넷 마스크(Subnet Mask)는?

① 255.255.255.0

② 255.255.255.224

③ 255.255.255.240

④ 255.255.255.248

해설 계산법 2^(32-CIDR 개수) = 2^(32-27) = 2^5 = 네트워크 호스트 자리의 5자리가 0이다.

11111111 11111111 11111111 11100000
255 255 255 224이므로 128 64 32 16 8 4 2 1 = 128+64+32 = 224가 된다.

출제 예상 문제

03 다음 중 서브넷 마스크에 대한 설명 중 잘못된 것은?

① 목적지 호스트가 로컬 서브넷에 있는지 원격 네트워크에 있는지 확인할 때 사용한다.

② 서브넷 마스크와 IP를 OR 연산 이후 같은 값이면 같은 네트워크이다.

③ 서브넷 마스크는 사용되지 않는 0으로 된 자릿수 부분의 IP를 나눠쓴다는 개념이다.

④ 서브넷팅(Subnetting)을 통해서 생성된 IP가 속한 네트워크 ID를 구분하기 위한 기준값이다.

해설 서브넷 마스크는 서브넷 마스크와 IP를 AND 연산을 적용하여 값이 같으면 같은 네트워크로 적용된다.

311 | 네트워크 서비스

1 CDN(Contents Delivery Network)의 개념

콘텐츠를 효율적으로 전달하기 위해 여러 노드(웹 캐시)를 가진 네트워크에 데이터를 저장하여 제공하는 시스템이다.

개념도	방식
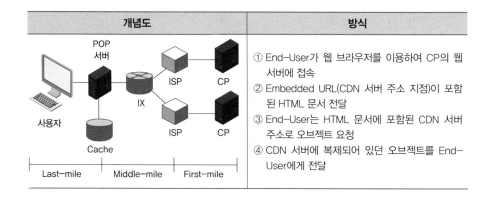	① End-User가 웹 브라우저를 이용하여 CP의 웹 서버에 접속 ② Embedded URL(CDN 서버 주소 지정)이 포함된 HTML 문서 전달 ③ End-User는 HTML 문서에 포함된 CDN 서버 주소로 오브젝트 요청 ④ CDN 서버에 복제되어 있던 오브젝트를 End-User에게 전달

■ CDN의 기술 요소

기술 요소	설명
캐싱 (Cashing)	자주 찾는 페이지를 컴퓨터에 복사해 저장한 후 사용자가 찾으면 저장된 정보를 전송하는 기술
GSLB (Global Server Load Balancing)	CDN 서비스를 제공하기 위해 많은 캐시 서버 중에 이용자에게 최상의 서비스를 제공할 수 있는 캐시 서버를 선정하여 연결하는 기술
로드 밸런싱 (Load Balancing)	서버별로 트래픽 분산을 통해 웹 고객에 대한 서비스 성능을 향상시키는 기술
스트리밍 (Streaming)	대용량의 멀티미디어 데이터를 다운받지 않고 즉시 재생함

2 SON(Self Organization Network)의 개념

주변 환경의 변화에 민감한 전파의 특성을 보완하고 보다 효율적이고 안정적인 기지국 운용을 위해 인공지능 기술을 통신 장비에 접목한 기술이다.

■ SON의 기술

기술	설명
자가 설정 (Self Configuration)	기지국과 자동 연결 및 자동 설정
자가 최적화 (Self Optimization)	해당 기지국의 출력 및 출력 특성, 네트워크 측정치 등을 자동 설정
자가 치유 (Self Healing)	문제 발생 부분을 자동 감지하여 망에서 제거
자가 계획 (Self Planning)	용량 증가, 트래픽 측정 결과, 최적화 결과 등에 따라 네트워크 운영 계획을 능동적으로 수립

알아두기

가상화 기반의 SDN 분야가 네트워크 관리 기법으로 연구가 많이 되고 있다.

3 SDN(Software Defined Network)의 개념

- 개방형 API인 오픈플로(OpenFlow)*를 통해 네트워크의 트래픽 전달 동작을 프로그래밍하듯 소프트웨어 기반으로 컨트롤러에서 제어하는 네트워크 인프라이다.
- 네트워크 제어 기능(Control Plane)과 데이터 전송 기능(Data Plane)을 분리하고 개방형 프로토콜을 이용하여 소프트웨어 기반의 다양한 네트워크 구성 및 제어를 수행하는 네트워크 기술이다.

■ SDN의 구성 요소

구성 요소	설명
Data Plane	오픈플로만을 지원하는 스위치 또는 기존 Layer2(스위칭), Layer3(라우팅) 기능을 지원하는 스위치에 오픈플로 기능을 추가한 스위치로 구성하는 방식
Control Plane	기존 네트워크 제어 기능(ACL, 라우팅 프로토콜, 인증 등)에 대한 중앙 집중화를 구현하는 방식
Interface	데이터 전송 기능과 네트워크 제어 기능 사이를 연계하는 기술
Application	네트워크 운영체제의 상위에서 사용자 서비스를 지원하는 프로그램

★ 오픈플로(OpenFlow)

네트워크 컨트롤러가 스위치망을 통해 네트워크 패킷의 경로를 정의하는 프로토콜로써, ONF(Open Networking Foundation, 비영리 국제기구)에서 관리한다.

4 DHCP(Dynamic Host Configuration Protocol)의 개념

네트워크 관리자가 조직의 중앙에서 일정한 시간 동안만 유효하도록 하는 임대 개념의 IP 주소를 할당하고 관리할 수 있도록 해 주는 프로토콜이다.

■ DHCP의 동작 원리

순서	동작 원리	설명
1	Discover	DHCP 클라이언트는 부팅이 시작되는 동안 IP 주소를 가지고 있지 않은 상태이기 때문에 TCP/IP를 초기화하기 위하여 DHCP 서버를 찾는 요청을 브로드캐스트하는 과정
2	Offer	Discover 메시지를 받은 DHCP 서버가 사용 가능한 IP 주소 하나를 담아 패킷을 만든 후 브로드캐스트하는 과정
3	Request	DHCP 클라이언트는 서버로부터 할당 받은 IP 주소와 임대해 준 서버의 IP를 담은 패킷을 만들어 네트워크 내 DHCP 서버로 승인 요청을 보내는 과정
4	Ack	Request 메시지를 받은 DHCP 서버는 자신이 보낸 IP 주소가 채택되지 않았을 경우 IP 데이터베이스에 유지하고, 채택되었을 경우에는 IP 임대기간, DNS, Default Gateway 등의 DHCP 옵션값을 담은 확인(Acknowledgement) 패킷을 만들어서 브로드캐스트하는 과정

01 다음에서 설명하는 것을 무엇이라고 하는가?

> 콘텐츠를 효율적으로 전달하기 위해 여러 노드(웹 캐시)를 가진 네트워크에 데이터를 저장하여 제공하는 시스템

① CDN
② SDN
③ DNS
④ Gateway

해설 CDN은 인터넷 서비스 제공자에 직접 연결되어 데이터를 전송하므로 콘텐츠 병목을 피할 수 있는 장점이 있는 시스템이다.

02 다음 중 CDN의 기술 요소가 아닌 것은?

① Cashing 기술
② Load Balancing 기술
③ Scale Out 기술
④ Streaming 기술

해설 CDN의 기술 요소에는 캐싱(Cashing), GSLB(Global Server Load Balancing), 로드 밸런싱(Load Balancing), 스트리밍(Streaming) 기술이 있다. 스케일 아웃(Scale Out)은 CDN의 기술 요소가 아니다.

03 DHCP의 절차가 맞게 기술된 것은?

① Discovery → Request → Offer → Ack
② Offer → Discovery → Request → Ack
③ Request → Ack → Offer → Discovery
④ Discovery → Offer → Request → Ack

해설 DHCP 절차는 Discovery → Offer → Request → Ack 순으로 진행된다.

04 다음 중 SDN(Software Defined Network)의 구성 요소가 아닌 것은?

① Data Plane
② Control Plane
③ Interface
④ Self Healing

해설 SDN의 구성 요소로는 Data Plane, Control Plane, Interface가 있으며, Self Healing은 SON의 주요 기술이다.

멘토 코멘트

웹 서버와 WAS의 기능을 혼동하지 않도록 이해해야 한다.

1 웹 서버(Web Server)의 개념

웹 브라우저와 같은 클라이언트로부터 HTTP 요청을 받아들이고, HTML 문서와 같은 웹 페이지를 반환하는 프로그램이다.

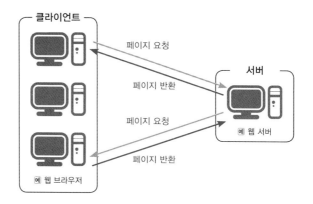

■ 웹 서버의 기능

기능	설명
HTTP	HTTP의 요청와 응답 처리를 수행하는 기술
HTTPS 지원	HTTP의 보안이 강화된 버전으로, 주로 전자상거래에서 사용하는 기술
통신 기록	처리 기능을 로그화 시켜 추적성을 보장하는 기술
인증	허용된 사용자나 관리자만을 위한 인증을 제공하는 기술
정적 콘텐츠 관리	동적 콘텐츠보다 빠른 동작과 캐시에 사용되어 신속한 서비스에 활용

알아두기

한국에서는 WAS 서버로 통칭하지만 영어권에서는 Application Server로 불린다.

2 웹 애플리케이션 서버(WAS; Web Application Server)

- HTTP를 통해 컴퓨터나 장치에 애플리케이션을 수행해주는 미들웨어(소프트웨어 엔진)이다.
- 동적 서버 콘텐츠를 수행한다는 것으로 일반 웹 서버와 구별되며, 주로 데이터베이스 서버와 같이 수행된다.
- 웹 서버의 기능들을 구조적으로 분리하여 처리하고자 하는 목적으로 제시된 것이다. 크게 웹 서버의 기능과 컨테이너의 기능으로 구성한다.

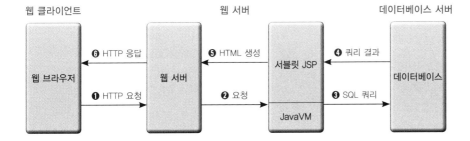

3 데이터베이스 서버

■ 데이터베이스 서버의 개념

저장의 중복을 피하고 정보를 효율적으로 처리하기 위해 저장할 수 있는 데이터의 집합 서버이다.

■ 데이터베이스 서버의 유형

유형	설명
RDBMS	관계형 데이터베이스 관리 시스템
NoSQL	빅데이터 처리를 위한 비관계형 데이터베이스 관리 시스템

4 패키지의 개념

패키지 방식 개발은 여러 성공 사례의 노하우를 기반으로 만들어진 개발된 제품을 이용하여 시스템을 구축하는 방식이다.

■ 패키지 개발의 특징

특징	설명
표준화	전반적 공통 소스를 통한 표준화 가능
신속성	신속한 목적 제품을 개발할 수 있음
업그레이드	패키지의 신속한 수정 및 버전 관리
관리 용이	관리 전문가를 통한 관리가 용이

2021.03

01 WAS(Web Application Server)가 아닌 것은?

① JEUS

② JVM

③ Tomcat

④ WebSphere

> 해설 JVM은 Java Virtual Machine으로 자바 바이트 코드를 실행시킬 수 있는 가상 환경이다.

02 다음 중 패키지 개발의 특징이 아닌 것은?

① 표준화

② 신속성

③ 업그레이드

④ 보안성

> 해설 패키지 개발의 특징에는 표준화, 신속성, 업그레이드, 관리 용이성이 있다. 보안성은 패키지 개발의 특징이 아니다.

03 다음 중 웹 서버 기능이 아닌 것은?

① HTTP

② 통신 인증

③ 통신 기록

④ 속도 향상

> 해설 웹 서버는 웹 프로토콜 응답을 위해 존재한다. 웹 서버가 있다고 해서 반드시 속도가 향상되는 것은 아니며, 웹 서버를 별도로 구성할 경우 오히려 속도 저하가 있을 수 있다.

04 다음 보기에서 설명하는 것은 무엇인가?

> 웹 브라우저와 같은 클라이언트로부터 HTTP 요청을 받아들이고, HTML 문서와 같은 웹 페이지를 반환하는 프로그램

① 웹 서버

② Proxy 서버

③ WAS

④ CDN

> 해설 웹 서버의 주된 기능은 웹 페이지를 클라이언트로 전달하는 것이다. 주로 그림, CSS, 자바스크립트를 포함한 HTML 문서가 클라이언트로 전달된다.

과목

정보 시스템 구축 관리

소프트웨어 개발 방법론 활용

이번 장에서 다룰 내용

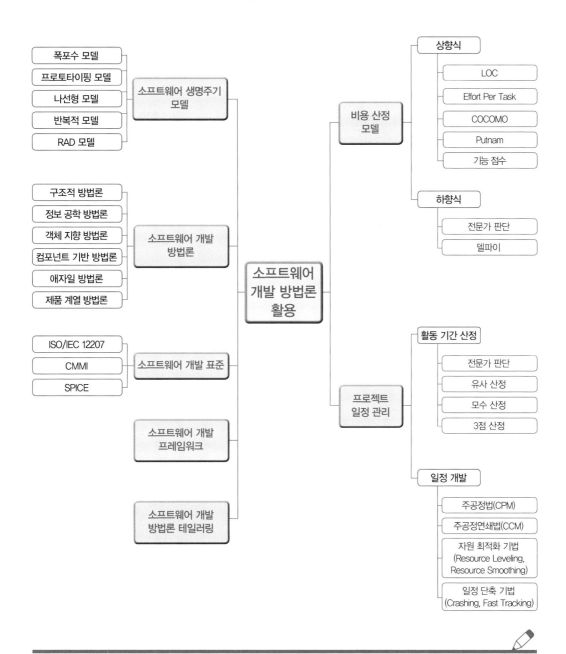

- ☑ 소프트웨어 생명주기와 각 생명주기 단계를 이해한다.
- ☑ 소프트웨어 개발 방법론을 이해하고 특징을 고려하여 개발 방법론을 선정 및 활용한다.
- ☑ 소프트웨어 개발 프로젝트 상황을 고려하여 개발 방법을 테일러링한다.
- ☑ 소프트웨어 비용 산정 기법을 이해하고 활용한다.

101 | 소프트웨어 생명주기 모델

1 소프트웨어 생명주기 모델의 개념

■ 소프트웨어 생명주기(SDLC; Software Development Life Cycle) 모델

소프트웨어 생성에서 소멸까지 과정을 단계별로 나누어 각 단계별 주요 활동과 산출물을 기반으로 프로젝트를 효과적으로 관리하기 위한 모델이다.

■ 소프트웨어 생명주기 단계

개발 방법론에 따라 단계가 달라지지만 일반적으로 다음과 같은 단계로 나누어진다.

단계	단계	주요 활동
정의 단계	타당성 검토	구축 가능성과 가치를 검토
	개발 계획	필요한 자원, 인력, 기간 등 대략적 계획 수립
	요구사항 분석	– 요구사항 수집, 분석하고 문서화 – 기능, 비기능, 제약 조건, 목표에 맞는 요구사항 결정
개발 단계	설계	– 시스템 구조 설계, 프레임워크 및 인프라 구성 – 소프트웨어 아키텍처 및 프로그램 설계, 인터페이스 설계
	개발	– 설계 기반 상세 구현 – 프로그램 작성 및 오류 처리 수행
	테스트	– 요구사항에 대한 결과물을 평가하고 검증 – 단위, 통합, 시스템, 인수, 설치 테스트 수행
유지보수 단계	유지보수	– 시스템 운영 및 장애, 문제를 해결 – 추가 개선 사항 도출
	폐기	폐기 여부의 장단점 검토하고 소프트웨어 폐기

2 소프트웨어 생명주기 모델의 종류

■ 폭포수 모델(Waterfall Model)

🎓 **멘토 코멘트**

소프트웨어 생명주기 모델 유형의 각 특징과 장점, 단점을 기억해야 한다.

구분	설명
개념도	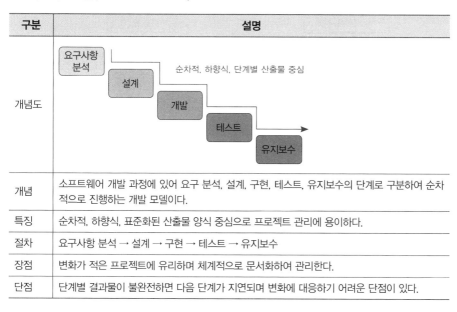
개념	소프트웨어 개발 과정에 있어 요구 분석, 설계, 구현, 테스트, 유지보수의 단계로 구분하여 순차적으로 진행하는 개발 모델이다.
특징	순차적, 하향식, 표준화된 산출물 양식 중심으로 프로젝트 관리에 용이하다.
절차	요구사항 분석 → 설계 → 구현 → 테스트 → 유지보수
장점	변화가 적은 프로젝트에 유리하며 체계적으로 문서화하여 관리한다.
단점	단계별 결과물이 불완전하면 다음 단계가 지연되며 변화에 대응하기 어려운 단점이 있다.

■ 프로토타이핑 모델(Prototyping Model)

구분	설명
개념도	
개념	단기간에 시제품을 개발하고 사용자가 요구사항을 미리 확인하여 발생될 문제의 해결 가능성을 미리 확인할 수 있도록 한 개발 모델이다.
특징	시제품으로 의사소통 및 피드백을 수행하며 개선점을 보완하는 데 유리하다.
절차	요구 분석 → 프로토타입 개발/개선 → 검토/평가 → 상세 개발 → 설치/운영
장점	유사 프로젝트 경험이 없으며 기술 위험이 높은 경우에 효과적이다.
단점	사용자가 시제품을 완제품으로 오해하게 되어 시제품을 폐기할 수 있다.

■ 나선형 모델(Spiral Model)

구분	설명
개념도	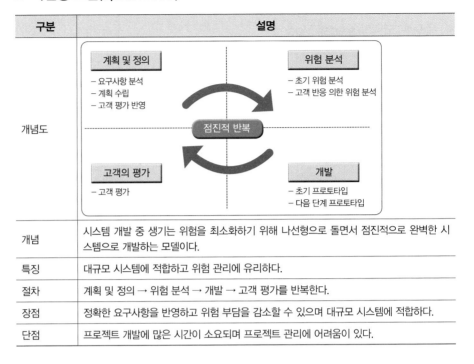
개념	시스템 개발 중 생기는 위험을 최소화하기 위해 나선형으로 돌면서 점진적으로 완벽한 시스템으로 개발하는 모델이다.
특징	대규모 시스템에 적합하고 위험 관리에 유리하다.
절차	계획 및 정의 → 위험 분석 → 개발 → 고객 평가를 반복한다.
장점	정확한 요구사항을 반영하고 위험 부담을 감소할 수 있으며 대규모 시스템에 적합하다.
단점	프로젝트 개발에 많은 시간이 소요되며 프로젝트 관리에 어려움이 있다.

■ 반복적 모델(Iteration Model)

- 사용자의 요구사항이나 개발 범위를 분해하고 점증적으로 반복 개발하며 최종 결과물을 완성하는 개발 모델이다.
- 증분형 모델(Incremental Model), 진화적 모델(Evolutional Model)이 있다.

(1) 증분형 모델(Incremental Model)

구분	설명
개념도	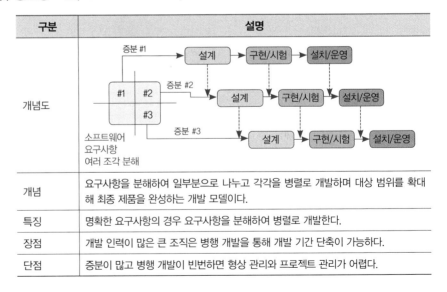
개념	요구사항을 분해하여 일부분으로 나누고 각각을 병렬로 개발하며 대상 범위를 확대해 최종 제품을 완성하는 개발 모델이다.
특징	명확한 요구사항의 경우 요구사항을 분해하여 병렬로 개발한다.
장점	개발 인력이 많은 큰 조직은 병행 개발을 통해 개발 기간 단축이 가능하다.
단점	증분이 많고 병행 개발이 빈번하면 형상 관리와 프로젝트 관리가 어렵다.

(2) 진화형 모델(Evolutional Model)

구분	설명
개념도	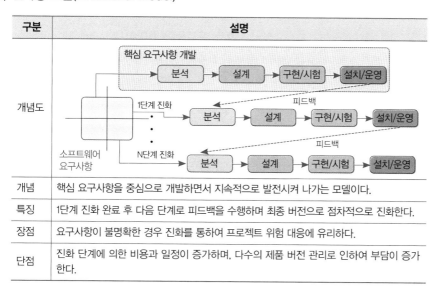
개념	핵심 요구사항을 중심으로 개발하면서 지속적으로 발전시켜 나가는 모델이다.
특징	1단계 진화 완료 후 다음 단계로 피드백을 수행하며 최종 버전으로 점차적으로 진화한다.
장점	요구사항이 불명확한 경우 진화를 통하여 프로젝트 위험 대응에 유리하다.
단점	진화 단계에 의한 비용과 일정이 증가하며, 다수의 제품 버전 관리로 인하여 부담이 증가한다.

■ RAD 모델(Rapid Application Model)

구분	설명
개념도	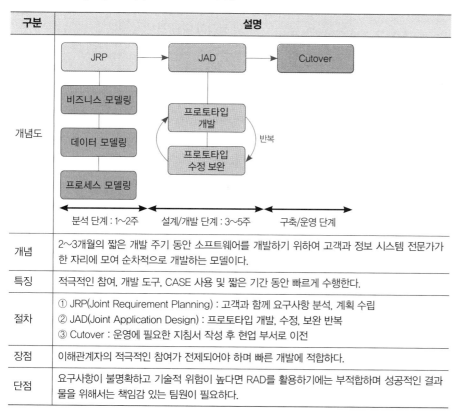
개념	2~3개월의 짧은 개발 주기 동안 소프트웨어를 개발하기 위하여 고객과 정보 시스템 전문가가 한 자리에 모여 순차적으로 개발하는 모델이다.
특징	적극적인 참여, 개발 도구, CASE 사용 및 짧은 기간 동안 빠르게 수행한다.
절차	① JRP(Joint Requirement Planning) : 고객과 함께 요구사항 분석, 계획 수립 ② JAD(Joint Application Design) : 프로토타입 개발, 수정, 보완 반복 ③ Cutover : 운영에 필요한 지침서 작성 후 현업 부서로 이전
장점	이해관계자의 적극적인 참여가 전제되어야 하며 빠른 개발에 적합하다.
단점	요구사항이 불명확하고 기술적 위험이 높다면 RAD를 활용하기에는 부적합하며 성공적인 결과물을 위해서는 책임감 있는 팀원이 필요하다.

기출 유형 문제

2022.03, 2021.08, 2019.03

01 소프트웨어 생명주기 모형 중 Spiral Model에 대한 설명으로 가장 옳지 않은 것은?

① 대규모 시스템에 적합하다.

② 개발 순서는 계획 및 정의, 위험 분석, 공학적 개발, 고객 평가 순으로 진행된다.

③ 소프트웨어를 개발하면서 발생할 수 있는 위험을 관리하고 최소화하는 것을 목적으로 한다.

④ 개발 과정의 앞 단계가 완료되어야만 다음 단계로 넘어갈 수 있는 선형 순차적 모형이다.

해설 고전적 생명주기와 선형 순차적 모형은 폭포수 모델의 대표적인 특징이다. 체계적으로 문서화하여 관리할 수 있는 장점이 있고, 단계별 결과물이 불완전하면 다음 단계가 지연되며 변화에 대응하기 어렵다.

2021.08, 2021.03, 2020.09, 2020.08, 2018.08

02 다음 내용이 설명하는 소프트웨어 개발 모형은?

소프트웨어 생명주기 모형 중 Boehm이 제시한 고전적 생명주기 모형으로서 선형 순차적 모델이라고도 하며, 타당성 검토, 계획, 요구사항 분석, 설계, 구현, 테스트, 유지보수의 단계를 통해 소프트웨어를 개발하는 모형

① 프로토타입 모형

② 나선형 모형

③ 폭포수 모형

④ RAD 모형

해설 고전적 생명주기와 선형 순차적 모형은 폭포수 모델의 대표적인 특징이다. 장점으로는 체계적으로 문서화하여 관리할 수 있고, 단점으로는 단계별 결과물이 불완전하면 다음 단계가 지연되며 변화에 대응하기 어렵다.

2013.03

03 소프트웨어 생명주기 모형에 대한 설명으로 옳은 것은?

① 프로토타입 모형은 최종 결과물이 만들어지기 전에 의뢰자가 최종 결과물의 일부 또는 모형을 볼 수 없다.

② 폭포수 모형을 점진적 모형이라고도 한다.

③ 폭포수 모형은 시제품을 만들어 최종 결과물을 예측하는 모형이다.

④ 나선형 모형은 반복적으로 개발이 진행되므로 소프트웨어의 강인성을 높일 수 있다.

해설 프로토타입 모형은 단기간에 시제품을 미리 만들어 볼 수 있고 이를 통해 최종 결과물을 예측할 수 있다. 폭포수 모형은 선형 순차적 모델이다.

2019.03

04 소프트웨어 생명주기 모형에서 프로토타입 모형의 장점이 아닌 것은?

① 단기간 제작 목적으로 인하여 비효율적인 언어나 알고리즘을 사용할 수 있다.

② 개발 과정에서 사용자의 요구를 충분히 반영한다.

③ 최종 결과물이 만들어지기 전에 의뢰자가 최종 결과물의 일부 혹은 모형을 볼 수 있다.

④ 의뢰자나 개발자 모두에게 공동의 참조 모델을 제공한다.

해설 효율적인 언어나 자동화 도구를 사용해야 단기간에 프로토타입 모형을 제작할 수 있다. 단기간에 개발된 시제품은 고객의 요구사항을 피드백받고 개선점을 보완하는 데 유리하다.

05 소프트웨어 개발 모델 중 나선형 모델의 4가지 주요 활동이 순서대로 나열된 것은?

> A. 계획 수립　　　　　B. 고객 평가
> C. 개발 및 검증　　　　D. 위험 분석

① A-B-D-C　　　　② A-D-C-B

③ A-B-C-D　　　　④ A-C-B-D

> **해설** 나선형 모델은 계획 수립 → 위험 분석 → 개발 및 검증 →
> 고객 평가 순으로 반복한다.

출제 예상 문제

06 다음이 설명하는 소프트웨어 생명주기 모델은?

> 요구사항을 분해하여 일부분으로 나누고 각각을 병렬로 개발하며 대상 범위를 확대해 최종 제품을 완성하는 개발 모델이다.

① 폭포수 모델(Waterfall Model)

② 증분형 모델(Incremental Model)

③ 진화형 모델(Evolutional Model)

④ 프로토타이핑 모델(Prototyping Model)

> **해설** 증분형 모델은 진화형 모델과 구분이 모호할 수 있다. 근본적인 차이점은 증분형 모델은 분해된 요구사항을 병렬 형태로 개발하지만, 진화형 모델은 분해된 요구사항 중 핵심 요구사항을 먼저 개발하고 완성되면 다음 단계를 개발하는 형태로 진행한다는 것이다.

07 진화형 모델(Evolutional Model)에 대한 설명 중 옳지 않은 것은?

① 핵심 요구사항을 중심으로 개발하면서 지속적으로 발전시킨다.

② 1단계 진화 완료 후 다음 단계로 피드백을 수행하며 최종 버전으로 점차적으로 진화한다.

③ 요구사항이 명확할 때 적용하면 유리한 모델이다.

④ 진화 단계로 인한 비용, 일정 및 다수 제품 버전 관리로 부담이 증가한다.

> **해설** 진화형 모델은 요구사항이 불명확한 경우 진화를 통해 프로젝트 위험 대응에 유리한 모델이다. 하지만 단계별 진화로 인하여 비용과 일정이 증가하는 단점도 존재한다.

08 JRP, JAD를 통하여 짧은 개발 주기 동안 소프트웨어를 개발하는 모델은?

① Prototyping Model

② Spiral Model

③ Evolutional Model

④ RAD(Rapid Application Model)

> **해설** 2~3개월의 짧은 개발 주기 동안 소프트웨어를 개발하기 위하여 JRP, JAD를 사용하여 개발하는 모델은 RAD 모델이다.

102 | 소프트웨어 개발 방법론

1 소프트웨어 개발 방법론의 개념

소프트웨어 개발 방법론은 소프트웨어 공학의 원리를 소프트웨어 개발 생명주기에 적용하여 정보 시스템 개발을 위한 작업 활동, 절차, 산출물, 기법 등을 체계적으로 정리한 개발 방법론이다.

2 소프트웨어 개발 방법론의 세대별 진화

멘토 코멘트

소프트웨어 개발 방법론의 발전 과정과 유형별 특징을 기억해 두어야 한다.

세대	개발 방법론	설명
1970년	구조적 방법론	추상화, 모듈화, 구조화, 단계적 상세화
1980년	정보 공학 방법론	대규모 시스템 구축을 위한 체계적 절차 수행
1990년	객체 지향 방법론	객체 지향 기법을 활용하여 시스템 구축
2000년	컴포넌트 기반(CBD) 방법론	컴포넌트 기반으로 재활용하여 프로그램을 작성
	애자일(Agile) 방법론	잦은 요구사항 변경 수용을 위한 경량의 개발 방법론
2010년	제품 계열(Product Line) 방법론	제품, 서비스별 도메인 기반 재사용성 극대화

멘토 코멘트

요구사항 분석을 위한 분석 자동화 도구에 대한 자세한 사항은 1과목의 〈110 분석 자동화 도구〉를 참조한다.

■ 구조적 방법론

구분	설명
개념	소프트웨어 모듈화의 활성화를 기반으로, 전체 시스템을 기능에 따라 분할하여 개발하고, 이를 통합하는 Top–Down으로 분할과 정복을 수행하는 개발 방법론이다.
절차	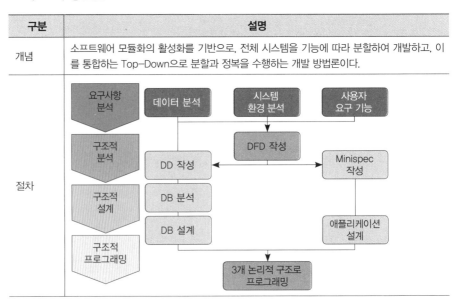

특징	– 데이터 흐름을 지향하고 프로세스 위주의 분석과 설계 방식으로 진행한다. – SDLC 폭포수 모델이 기본이며 데이터 구성에 대한 설계 방안이 부족하고 프로젝트 관리 및 조직, 역할 등 방법론적인 다른 요소들의 정의가 없다. – 분할과 정복(Divide & Conquer), 하향식 분해법(Top-Down Decomposition)
산출물	자료 흐름도(DFD; Data Flow Diagram), 자료 사전(DD; Data Dictionary), 소단위 명세서(Mini-Spec), 구조도(Structure Chart), 프로그램 사양서 등

■ 정보 공학 방법론

구분	설명
개념	정보 시스템 개발에 필요한 관리 절차와 작업 기법을 체계화하여 대형 프로젝트를 수행하는 체계적인 개발 방법론이다.
절차	정보화 전략 계획(ISP) 업무 영역 분석(BAA) 업무 시스템 설계(BSD) 시스템 구축(SC)
특징	– 구조적 방법론의 문제점을 극복하고 대규모 정보 시스템을 구축하는 데 적합하다. – 데이터 중심, 정보 전략 계획(ISP; Information Strategy Planning)을 중시한다. – Top-Down 방식이며 분할과 정복을 수행하고 CASE 도구 등 공학적 접근 방식으로 접근한다.
산출물	– 도메인 분석서, 프로젝트 계획서, E-R 다이어그램, 기능 차트, 이벤트모델 – 애플리케이션 구조도, 프로그램 사양서, 테이블정의서/목록

■ 객체 지향 방법론

구분	설명
개념	소프트웨어 요구사항 분석, 설계, 구축 시험 전체 과정에 있어서 객체 지향 기법을 활용하여 정보 시스템을 구축하는 개발 방법론이다.

요건 정의	객체 지향 분석	객체 지향 설계/구현	테스트/배포
업무 요건 정의 →	객체 모델링 ↓ 동적 모델링 ↓ 기능 모델링 →	구현 ↑ 객체 설계 ↑ 시스템 설계	→ 테스트 ↓ 패키지 ↓ 프로젝트 평가

(절차)

특징	– 재사용성, 유지보수성, 이식성을 강조한다. – Bottom-Up 방식, 실세계 객체 간 메시지를 주고받는 형태로 시스템을 구성한다.
산출물	– 비즈니스 프로세스, 개념 모델, 프로젝트 계획서 – 유스케이스 다이어그램, 시퀀스 다이어그램, 클래스 다이어그램, 컴포넌트 다이어그램, 배치 다이어그램

■ 컴포넌트 기반(CBD; Component Based Development) 방법론

구분	설명
개념	재사용이 가능한 컴포넌트의 개발 또는 사용 컴포넌트를 조합하여 애플리케이션의 개발 생산성과 품질을 극대화하는 개발 방법론이다.
절차	CD(Component Development) 도메인 분석 → 도메인 설계 → 컴포넌트 추출 → 컴포넌트 설계 → 컴포넌트 구현 컴포넌트 검색 ← Repository 형상 관리 ← 컴포넌트 인증 검색 응용 시스템 ← 컴포넌트 조립 ← 컴포넌트 기반 설계 ← 영역 분석 ← 요구사항 정의 CBD(Component Based Development)
특징	– 표준화된 산출물을 작성하며 Bottom-Up 방식으로 컴포넌트를 기반으로 설계하고 조립하여 응용 시스템을 구축한다. – 컴포넌트 제작 기법을 통한 재사용성 향상과 비용을 최소화할 수 있다.
산출물	– 비즈니스 프로세스, 개념 모델, 프로젝트 계획서 – 유스케이스 다이어그램, 유스케이스 명세서, 요구사항 추적표 등 – 인터페이스 설계서, 컴포넌트 설계서, ERD 기술서, 데이터베이스 설계서 등

멘토 코멘트

애자일의 보다 상세한 내용은 1과목의 〈108 애자일(Agile)〉을 참조한다.

알아두기

애자일 선언문(Agile Manifesto) 4가지 가치

① 공정과 도구보다 개인과의 상호작용이 중요하다.
② 포괄적인 문서보다 작동하는 소프트웨어에 가치를 둔다.
③ 계약 협상보다 고객과의 협력이 중요하다.
④ 계획보다 변화 대응에 가치를 둔다.

■ 애자일 방법론

(1) 애자일(Agile) 방법론의 개념

- 절차와 산출물보다 고객과의 협력과 동작하는 소프트웨어를 중점으로 비즈니스 시장 변화에 유연하게 대응하기 위한 경량 개발 방법론이다.
- 애자일 선언문(Agile Manifesto)은 4가지 가치와 12가지 원칙을 기반으로 한다.

(2) 애자일 방법론의 종류

| 스크럼(Scrum) |

대표적인 애자일 개발 방법론이다. 제품 책임자(Product Owner)의 요구사항 목록인 제품 기능 목록(Product Backlog)을 2~4주 정도의 스프린트(Sprint) 개발 기간 동안 점진적, 반복적으로 소프트웨어를 개발한다.

| XP(eXtreme Programming) |

- 의사소통과 TDD*를 기반으로 짧은 개발 주기를 통해 소프트웨어를 생산하는 애자일 개발 프로세스의 대표적 개발 방법론이다.
- **XP 5가지 가치** : 용기, 단순성, 의사소통(커뮤니케이션), 피드백, 존경

★ TDD(Test Driven Development)

Simple Code를 목적으로 테스트케이스를 먼저 개발하고 실제 코드를 나중에 개발하는 개발 방법론이다.

| 린(Lean) |

- 도요타 생산 시스템을 재정립한 경영 방법론을 기반으로 빠른 프로토타입과 신속한 고객 피드백을 통하여 JIT(Just in Time) 달성과 함께 낭비를 제거하는 개발 방법론이다.
- **린 7가지 원칙** : 낭비 제거, 배움 증폭, 늦은 결정, 빠른 인도, 팀에 권한 위임, 전체 최적화, 통합성 구축
- **린 7가지 낭비** : 미완성 작업, 가외 기능, 재작업, 이관, 작업 전환, 지연, 결함

📝 **알아두기**

애자일 12가지 원칙
① 고객 만족
② 요구사항 변경 수용
③ 스프린트 기간 적용
④ 개발자/기획자/현업 함께 일하기
⑤ 동기 부여된 팀 만들기
⑥ 효과적인 대면 의사 소통하기
⑦ 동작하는 소프트웨어로 작업 진도 측정
⑧ 지속 가능한 개발 유지
⑨ 기술적 탁월함과 좋은 설계에 지속적 관심
⑩ 간결함(불필요한 작성 최소화)
⑪ 자기 조직화된 팀
⑫ 정기적인 회고 및 스프린트 반영

■ 제품 계열 방법론

(1) 제품 계열(Product Line) 방법론의 개념

- 제품, 서비스별로 도메인 기반의 핵심 자산(Core Asset)을 개발하여 제품 생산 과정에 재사용성과 생산성을 극대화하는 개발 방법론이다.
- 핵심 자산(Core Asset) 기반으로 컴포넌트를 조립할 수 있도록 프레임워크를 제공하며 이를 통하여 컴포넌트 재사용성이 증가한다.

(2) 제품 계열(Product Line) 구성 요소

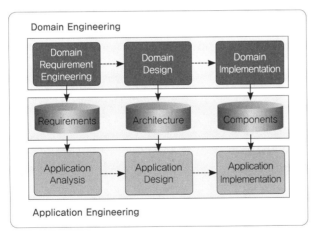

🎓 **멘토 코멘트**

XP 5가지 가치는 '용단 커피존'으로, 린의 7가지 원칙은 '낭배늦빠팀전통'으로 암기한다.

구성 요소	설명
도메인 공학 (Domain Engineering)	특정 도메인 제품들의 공통점, 차이점을 분석하여 제품 라인 자산(Product Line Asset) 생성, 아키텍처 설계, 컴포넌트 설계를 수행한다.
응용 공학 (Application Engineering)	핵심 자산(Core Asset)을 각 애플리케이션의 요구사항에 맞게 구현하여 애플리케이션을 효과적으로 개발한다.

🎓 **멘토 코멘트**

제품 계열 방법론의 구성 요소인 도메인 공학, 응용 공학을 기억해 두어야 한다.

기출 유형 문제

2020.09

01 CBD(Component Based Development)에 대한 설명으로 틀린 것은?

① 개발 기간 단축으로 인한 생산성 향상

② 새로운 기능 추가가 쉬운 확장성

③ 소프트웨어 재사용이 가능

④ 1960년대까지 가장 많이 적용되었던 소프트웨어 개발 방법

> **해설** 1970년 구조적 개발 방법론, 1980년 정보 공학 방법론, 1990년 객체 지향 방법론, 2000년 컴포넌트 기반 방법론(CBD)과 애자일(Agile) 방법론, 2010년 제품 계열 방법론으로 진화해 왔다. 1960년에는 특별한 개발 방법론이 없었다.

2020.09

02 익스트림 프로그래밍(eXtreme Programming)의 5가지 가치에 속하지 않는 것은?

① 의사 소통

② 단순성

③ 피드백

④ 고객 배제

> **해설** XP의 5가지 가치는 용기, 단순성, 의사소통(커뮤니케이션), 피드백, 존경이다.

2021.03

03 정형화된 분석 절차에 따라 사용자 요구사항을 파악, 문서화하는 체계적 분석 방법으로 자료 흐름도, 자료 사전, 소단위 명세서의 특징을 갖는 것은?

① 구조적 개발 방법론

② 객체 지향 개발 방법론

③ 정보공학 방법론

④ CBD 방법론

> **해설** 자료 흐름도(DFD; Data Flow Diagram), 자료 사전(DD; Data Dictionary), 소단위 명세서(Mini-Spec), 구조도(Structure Chart), 프로그램 사양서는 구조적 개발 방법론의 산출물이다.

2022.05

04 CBD(Component Based Development) 소프트웨어 개발 표준 산출물 중 분석 단계에 해당하는 것은?

① 클래스 설계서

② 통합시험 결과서

③ 프로그램 코드

④ 사용자 요구사항 정의서

> **해설** 분석 단계에서 사용자 요구사항 정의서와 유스케이스 명세서, 요구사항 추적표를 만들고, 설계 단계에서 클래스 설계서를 만든다. 구현 단계에서 프로그램 코드를 만들고, 시험 단계에서 통합시험 결과서를 만든다.

2022.04

05 소프트웨어 개발 방법론 중 애자일(Agile) 방법론의 특징과 가장 거리가 먼 것은?

① 각 단계의 결과가 완전히 확인된 후 다음 단계 진행

② 소프트웨어 개발에 참여하는 구성원들 간의 의사소통 중시

③ 환경 변화에 대한 즉시 대응

④ 프로젝트 상황에 따른 주기적 조정

> **해설** 애자일 방법론은 전통적 개발 방법론과 다르게 각 단계의 결과가 완전히 확인된 후 다음 단계를 진행하는 것이 아니라 핵심 기능을 개발하고 점진적으로 결과물을 완성한다. 전통적인 개발 방법론보다 요구사항 변경 수용에 유리하다.

06 다음에서 설명하는 개발 방법론은 무엇인가?

> 구조적 방법론의 문제점을 극복하고 대규모 정보 시스템을 구축하는 데 적합하며, ISP를 통하여 Top-Down 방식으로 진행하는 방법론

① 정보 공학 방법론
② 객체 지향 방법론
③ 애자일 방법론
④ 제품 계열 방법론

해설
- 객체 지향 방법론 : 객체 지향 기법을 활용하며 재사용성, 유지보수성, 이식성을 강조한 개발 방법론이다.
- 애자일 방법론 : 절차와 산출물보다 고객과의 협력과 동작하는 소프트웨어를 중점으로 비즈니스 시장 변화에 유연하게 대응하기 위한 경량 개발 방법론이다.
- 제품 계열 방법론 : 제품, 서비스군별로 도메인 기반의 핵심 자산(Core Asset)을 개발하여 제품 생산 과정에 재사용성과 생산성을 극대화하는 개발 방법론이다.

07 린(Lean)의 7가지 원칙이 아닌 것은?

① 낭비 제거　　② 배움 증폭
③ 빠른 인도　　④ 피드백

해설
린의 7가지 원칙은 낭비 제거, 배움 증폭, 늦은 결정, 빠른 인도, 팀에 권한 위임, 전체 최적화, 통합성 구축이다.

08 다음 소프트웨어 개발 방법론에 대한 설명 중 가장 옳지 않은 것은?

① 구조적 방법론은 Top-Down 프로그래밍을 수행한다.
② 정보 공학 방법론은 Bottom-Up 방식의 분할과 정복을 수행한다.
③ 객체 지향 방법론은 유스케이스 다이어그램, 시퀀스 다이어그램, 클래스 다이어그램의 산출물을 만든다.
④ 애자일 방법론은 계약 협상보다 고객과의 협력을 중요시한다.

해설
정보 공학 방법론은 공학적 접근 방식으로 분할과 정복을 통하여 문제 영역을 Top-Down으로 세분화하여 작업을 수행한다.

09 제품 계열 방법론을 가장 바르게 설명한 것은?

① 구조적 개발 방법론의 단점을 개선하기 위한 방법론이다.
② 포괄적인 문서보다 작동하는 소프트웨어에 중점을 둔다.
③ 프로토타입과 신속한 피드백을 통해 JIT(Just In Time) 달성과 함께 낭비를 제거하는 방법론이다.
④ 공통성과 가변성을 추출하여 도메인 공학(Domain Engineering)과 응용 공학(Application Engineering)으로 구성된다.

해설
①은 정보 공학 방법론, ②는 애자일 방법론에 대한 설명이고, ③은 애자일 방법론 중 린에 대한 설명이다.

10 애자일의 4가지 가치가 아닌 것은?

① 개인 간의 상호작용보다 공정과 도구가 중요하다.
② 포괄적인 문서보다 작동하는 소프트웨어에 가치를 둔다.
③ 계약 협상보다 고객과의 협력이 중요하다.
④ 계획보다 변화 대응에 가치를 둔다.

해설
애자일 선언문의 4가지 가치에서는 공정과 도구보다 개인과의 상호작용을 중요시한다.

11 Simple Code를 목적으로 테스트 케이스를 먼저 개발하고 실제 코드를 나중에 개발하는 개발 방법론은?

① 프로토타이핑
② 제품 계열 방법론
③ Test Driven Development
④ 정보 공학 방법론

해설
① 프로토타이핑 : 단기간에 시제품을 개발하고 사용자 요구사항을 미리 확인하여 발생될 문제의 해결 가능성을 미리 확인할 수 있도록 한 개발 모델이다.
② 제품 계열 방법론 : 제품, 서비스별로 도메인 기반의 핵심 자산(Core Asset)을 개발하여 제품 생산 과정에 재사용성과 생산성을 극대화하는 개발 방법론이다.
④ 정보 공학 방법론 : 정보 시스템 개발에 필요한 관리 절차와 작업 기법을 체계화하여 대형 프로젝트를 수행하는 체계적인 개발 방법론이다.

103 | 소프트웨어 개발 표준

1 소프트웨어 개발 품질 개선 및 평가

- 체계적으로 소프트웨어 생명주기 공정에 있어 표준을 제공하고, 소프트웨어 개발 및 유지보수에 있어 프로세스 관리 방법과 품질 개선을 위한 방법을 제공한다.
- 소프트웨어 품질 평가 및 개선 모델에는 ISO/IEC 12207, CMMI, SPICE 모델 등이 있다.

2 소프트웨어 개발 품질 개선 및 평가 모델

■ ISO/IEC 12207

소프트웨어의 체계적인 획득, 공급, 개발, 운영 및 유지보수에 있어 소프트웨어 생명 주기 공정 표준을 제공함으로써 실무자들이 동일한 언어로 의사소통을 할 수 있는 기본 틀을 제공하기 위한 프로세스 표준이다.

| ISO/IEC 12207 표준의 소프트웨어 생명주기 프로세스 |

프로세스	세부 프로세스
기본 생명주기 프로세스	획득 프로세스, 공급 프로세스, 개발 프로세스, 운영 프로세스, 유지보수 프로세스
지원 생명주기 프로세스	문서화, 품질 보증, 형상 관리, 검증, 확인, 문제 해결, 활동 검토, 감사 프로세스
조직 생명주기 프로세스	기반 구조 프로세스, 관리 프로세스, 개선 프로세스, 훈련 프로세스

■ CMMI(Capability Maturity Model Integration)★

- CMMI는 기존 능력 성숙도 모델(CMM)을 발전시키고 소프트웨어 품질 보증 기준으로 사용되던 SW-CMM과 시스템 엔지니어링 분야의 품질 보증 기준으로 사용되던 SE-CMM을 통합하여 개발한 후속 평가 모델이다.
- CMMI를 통하여 소프트웨어 개발 조직의 업무 능력과 조직의 성숙도를 평가한다.

★ CMMI
ISO/IEC에서 CMM이 아닌 유럽의 SPICE를 국제 표준으로 제정함에 따라 이에 대응하여 미국 카네기멜론 대학교의 소프트웨어 공학 연구소(SEI)에서 개발한 모델이다.
CMMI는 SW-CMM, SE-CMM 등을 통합하여 발전시킨 것으로, CMMI 레벨은 여러 CMM 레벨을 통합한 것이다.

(1) CMMI의 2가지 표현 모델

구분	단계적 표현 (Staged Representation)	연속적 표현 (Continuous Representation)
개념	– 가장 기초적인 관리 절차로부터 상위 수준으로 향상되기 위해 필요한 실무까지 수행되어야 할 프로세스를 단계별로 제시한다. – 조직 간 비교를 가능하게 하는 단일한 등급 체계를 제공한다.	– 조직의 비즈니스 목적을 충족시키고, 위험 요소를 완화시키는 데 중요한 개선 사항의 순서를 정하여 적용시킬 수 있다. – 역량 레벨을 이용하여 프로세스 영역(PA)별로 성숙도를 평가한다.
개념도	ML(Maturity Level) ML5 ML4 ML3 ML2 ML1	Capability (PA PA PA PA Process 막대 그래프)
레벨	성숙도 레벨 (Maturity Level)	역량 레벨 (Capability Level)
예제 모델	SW-CMM	SE-CMM

(2) CMMI 역량 성숙도 단계

Level	단계	설명
Level 0	불완전(Incomplete)	활동이 수행 안 됨
Level 1	초기(Initial)	정의된 프로세스가 없고, 작업자 능력에 따라 성과가 좌우됨
Level 2	관리(Managed)	특정 프로젝트 내의 프로세스 정의 및 수행
Level 3	정의(Defined)	조직 내 프로세스 표준화 정의 및 수행
Level 4	정량적 관리 (Quantitatively Managed)	정량적인 관리
Level 5	최적화(Optimizing)	지속적인 프로세스 개선

📝 알아두기

CMMI 2.0은 2018년에 발표되었다.
① 조직의 성과 효율성 입증 초점
② 애자일, 보안, 안전 등 트렌드 반영
③ 뷰를 도입하여 사용자 친화적 모델로 활용 가능

■ SPICE(Software Process Improvement and Capability dEtermination)

소프트웨어 프로세스 전반을 심사하고 조직의 소프트웨어 개발 프로세스를 개선하여
개발자의 능력을 향상시키고 개발 위험을 통제하는 소프트웨어 품질 평가 표준이다.

(1) SPICE 프로세스

프로세스	그룹	설명
기초 프로세스	고객 – 공급자	소프트웨어를 개발하여 고객에게 전달하는 것을 지원하고 소프트웨어의 정확한 운용과 사용을 하는 프로세스
	공학	- 시스템과 소프트웨어 제품의 명세화, 구현, 유지보수를 하는 데 사용되는 프로세스 - 개발 및 유지보수 수행
지원 프로세스	지원	- 소프트웨어 생명 주기에서 다른 프로세스에 의해 이용되는 프로세스 - 문서화, 형상 관리, 품질 보증, 감사 수행
조직 프로세스	관리	- 소프트웨어 생명주기에서 프로젝트 관리자에 의해 사용되는 프로세스 - 프로젝트 관리, 품질 관리, 위험 관리 수행
	조직	- 조직의 업무 목적 수립과 조직의 업무 목표 달성을 위한 프로세스 - 조직 배치, 개선 활동, 인력 관리 수행

(2) SPICE 수행 능력

Level	단계	설명
Lev. 0	불완전(Incomplete)	목적 미달성
Lev. 1	수행(Performed)	프로세스 수행 목적 달성
Lev. 2	관리(Managed)	프로세스 수행 계획 및 관리
Lev. 3	확립(Established)	표준 프로세스 사용
Lev. 4	예측(Predicted)	프로세스 정량적 이해 및 통계
Lev. 5	최적화(Optimizing)	프로세스 지속적 개선

기출 유형 문제

2020.09, 2020.08

01 소프트웨어 개발 표준 중 소프트웨어 품질 및 생산성 향상을 위해 소프트웨어 프로세스를 평가 및 개선하는 국제 표준은?

① SCRUM

② ISO/IEC 12509

③ SPICE

④ CASE

해설 소프트웨어 프로세스 전반을 심사하고 조직의 소프트웨어 개발 프로세스를 개선하여 개발자의 능력을 향상시키기 위하여 개발 위험을 통제하는 소프트웨어 품질 평가 표준은 SPICE이다.

2020.09

02 CMM(Capability Maturity Model) 모델의 레벨로 옳지 않은 것은?

① 최적 단계

② 관리 단계

③ 계획 단계

④ 정의 단계

해설 CMM 모델 레벨은 불완전(Incomplete), 초기(Initial), 관리(Managed), 정의(Defined), 정량적 관리(Quantitatively Managed), 최적화(Optimizing)이다. 계획 단계는 CMM 모델의 레벨이 아니다.

2021.05

03 ISO 12207 표준의 기본 생명주기의 주요 프로세스에 해당하지 않는 것은?

① 획득 프로세스

② 개발 프로세스

③ 성능평가 프로세스

④ 유지보수 프로세스

해설 기본 생명주기의 주요 프로세스는 획득, 공급, 개발, 운영, 유지보수 프로세스이다.

2021.05

04 SPICE 모델의 프로세스 수행 능력 수준의 단계별 설명이 틀린 것은?

① 수준7 - 미완성 단계

② 수준5 - 최적화 단계

③ 수준4 - 예측 단계

④ 수준3 - 확립 단계

해설 SPICE 수행 능력 수준은
수준5 - 최적화
수준4 - 예측
수준3 - 확립
수준2 - 관리
수준1 - 수행
수준0 - 불완전이다.

05 ISO/IEC 12207 기본 생명주기 프로세스가 아닌 것은?

① 획득 프로세스

② 개발 프로세스

③ 형상 관리 프로세스

④ 운영 프로세스

> 해설 ISO/IEC 12207은 기본/지원/조직 생명주기 프로세스로 구성되며, ③은 지원 생명주기 프로세스에 속한다. 지원 생명주기 프로세스에는 형상 관리, 품질 보증, 문서화, 검증 등이 있다.

06 CMMI 모델에 대한 설명으로 옳지 않은 것은?

① ISO/IEC 33020 기반으로 기존 모델을 통합하였다.

② 단계적 표현, 연속적 표현 모델로 구성되어 있다.

③ 소프트웨어 개발 능력과 성숙도를 평가하는 모델이다.

④ 레벨5 단계는 최적화 단계이다.

> 해설 ISO/IEC 33020은 A-SPICE로 자동차 소프트웨어 개발 프로세스다.

07 다음 중 소프트웨어 개발 품질 개선 및 평가 모델로 가장 거리가 먼 것은?

① ISO/IEC 12207

② CMMI

③ SPICE

④ COCOMO

> 해설 COCOMO는 비용 산정 모델이다.

08 CMMI 모델에 대한 설명 중 옳지 않은 것은?

① CMMI는 SW-CMM, SE-CMM 등을 통합하였다.

② 단계적 표현 모델은 조직 간 비교 가능한 단일 등급 체계를 제공한다.

③ 연속적 표현 모델은 중요한 개선 사항의 순서를 정하여 적용시킬 수 있다.

④ 단계적 표현 모델은 역량 레벨(Capability Level)로 이루어진다.

> 해설 단계적 표현 모델은 성숙도 레벨(Maturity Level)로 이루어진다.

104 | 소프트웨어 개발 프레임워크

1 소프트웨어 개발 프레임워크*의 개념

정보 시스템 개발에 있어 필요한 기능 및 아키텍처를 재사용이 가능한 라이브러리 및 클래스로 미리 만들어 제공하며, 이를 통하여 효율적인 애플리케이션 구축을 지원하는 반제품 형태의 소프트웨어 집합이다.

★ 소프트웨어 개발 프레임워크
직접 코드의 흐름을 제어할 수 있다. 대표적으로 스프링 프레임워크는 제어반전(IoC)을 사용하여 개발자가 직접하던 코드 흐름 제어 역할을 프레임워크에서 처리해준다.

2 소프트웨어 개발 프레임워크의 유형

프레임워크	설명
스프링 프레임워크	– EJB 기반의 복잡함과 무거움을 극복하고 개발 생산성 향상과 고품질의 시스템 개발을 위한 자바 플랫폼상의 경량화된 오픈 소스 웹 애플리케이션 프레임워크이다. – 전자정부 프레임워크의 기반 기술로 사용된다.
전자정부 프레임워크	– 공공사업에 적용되는 개발 프레임워크의 표준을 제공하며 응용 소프트웨어 표준화, 품질 및 재사용성 향상을 목표로 한다. – 자바 기반의 개발, 운영, 표준 환경을 제공한다. – 전자정부 서비스의 품질 향상 및 정보화 투자 효율성 향상을 달성하고 대기업, 중소기업이 동일한 개발 기반 위에서 공정 경쟁이 가능하도록 기반을 제공한다.
닷넷 프레임워크	– 마이크로소프트사에서 개발한 윈도우 프로그램 개발 및 실행 환경을 제공한다. – 네트워크 작업, 인터페이스 등의 많은 작업을 캡슐화하였으며 공통 언어 런타임(CLR; Common Language Runtime)이라고 하는 런타임 환경을 제공하며 코드 실행 및 개발 과정을 쉽게 해주는 서비스를 제공한다.

3 소프트웨어 개발 프레임워크의 단계와 활동

단계	활동
개발 준비	팀 구성, 테일러링 및 개발 사전 준비
분석	– 요구사항 분석, 업무, 데이터 분석, 아키텍처 분석 – 분석 단계 테스트 계획을 수립하고 분석 단계 점검 수행
설계	– 아키텍처와 애플리케이션 설계, 데이터베이스 설계 및 데이터 전환 설계 – 설계 단계 테스트 계획을 수립하고 설계 단계 점검 수행
구현	구현 준비, 개발 단위 테스트, 구현 단계 점검 수행
시험	테스트, 시험 단계 점검 수행
전개	리허설, 전개 작업 수행
인도	잔여 작업과 인수인계 및 교육을 수행

4 소프트웨어 개발 프레임워크의 적용 효과

적용 효과	설명
개발 생산성 증대와 품질 향상 효과	– 공통적으로 필요한 기능을 사전에 제공하여 개발 공수 최소화 등 생산성 증대 및 교체 손실 비용 절감 효과 – 개발자 개인별 능력, 성향에 따른 품질 편차를 최소화하고 그로 인한 애플리케이션 품질 향상
재사용성 및 상호 운용성 극대화	– 개발된 컴포넌트 재사용 가능 – 컴포넌트 공유 및 연계가 용이하여 상호 운용성 극대화
정보화 서비스 표준화율 향상	템플릿 기반의 정형화된 개발 패턴과 방법을 표준으로 제시함

5 프레임워크의 특징

항목	설명
모듈화 (Modularity)	– 프레임워크는 인터페이스에 의한 캡슐화를 통해 모듈화 강화 – 설계와 구현 변경에 따른 영향을 최소화하여 소프트웨어 품질 향상
재사용성 (Reusability)	– 반복적으로 사용할 수 있는 컴포넌트를 정의하여 재사용성 향상 – 컴포넌트를 재사용하여 개발자 생산성 향상
확장성 (Extensibility)	– 프레임워크는 다형성(Polymorphism)을 통해 애플리케이션이 프레임워크의 인터페이스를 확장할 수 있음 – 프레임워크 확장성은 애플리케이션 서비스와 특성을 변경하고 프레임워크를 애플리케이션의 가변성으로부터 분리함으로써 재사용성 향상
제어의 역흐름 (Inversion of Control)	– 프레임워크 코드가 전체 애플리케이션의 처리 흐름을 제어함 – 특정한 이벤트가 발생할 때 제어가 프레임워크로부터 애플리케이션으로 거꾸로 흐르게 함

기출 유형 문제

01 소프트웨어 개발 프레임워크를 적용할 경우 기대 효과로 거리가 먼 것은?

① 품질 보증

② 시스템 복잡도 증가

③ 개발 용이성

④ 변경 용이성

> **해설** 소프트웨어 개발 프레임워크는 정보 시스템 개발에 있어 필요한 기능 및 아키텍처를 재사용이 가능한 라이브러리와 클래스로 미리 만들어 제공한다. 이를 통하여 효율적인 애플리케이션 구축을 지원하며 시스템 복잡도를 증가시키지 않는다.

02 소프트웨어 개발 프레임워크의 적용 효과로 볼 수 없는 것은?

① 공통 컴포넌트 재사용으로 중복 예산 절감

② 기술 종속으로 인한 선행 사업자 의존도 증대

③ 표준화된 연계 모듈 활용으로 상호 운용성 향상

④ 개발 표준에 의한 모듈화로 유지보수 용이

> **해설** 소프트웨어 개발 프레임워크를 적용하여 기술 의존도를 최소화할 수 있으며, 특히 오픈 소스 프레임워크인 스프링 프레임워크와 전자정부 프레임워크를 이용하여 응용 프로그램의 표준화, 품질 및 재사용성이 향상되어 기술 의존도를 최소화할 수 있다.

03 소프트웨어 개발 방법론의 테일러링(Tailoring)과 관련한 설명으로 틀린 것은?

① 프로젝트 수행 시 예상되는 변화를 배제하고 신속히 진행하여야 한다.

② 프로젝트에 최적화된 개발 방법론을 적용하기 위해 절차, 산출물 등을 적절히 변경하는 활동이다.

③ 관리 측면에서의 목적 중 하나는 최단기간에 안정적인 프로젝트 진행을 위한 사전 위험을 식별하고 제거하는 것이다.

④ 기술적 측면에서의 목적 중 하나는 프로젝트에 최적화된 기술 요소를 도입하여 프로젝트 특성에 맞는 최적의 기법과 도구를 사용하는 것이다.

> **해설** 프로젝트 수행 시 예상되는 변화를 고려하여 테일러링을 수행하여야 한다.

04 소프트웨어 개발 프레임워크와 관련한 설명으로 가장 적절하지 않은 것은?

① 반제품 상태의 제품을 토대로 도메인별로 필요한 서비스 컴포넌트를 사용하여 재사용성 확대와 성능을 보장받을 수 있게 하는 개발 소프트웨어이다.

② 라이브러리와는 달리 사용자 코드에서 프레임워크를 호출해 사용하고, 그에 대한 제어도 사용자 코드가 가지는 방식이다.

③ 설계 관점에 개발 방식을 패턴화시키기 위한 노력의 결과물인 소프트웨어 디자인 패턴을 반제품 소프트웨어 상태로 집적화시킨 것으로 볼 수 있다.

④ 프레임워크의 동작 원리를 그 제어 흐름의 일반적인 프로그램 흐름과 반대로 동작한다고 해서 IoC(Inversion of Control)라고 설명하기도 한다.

> **해설** 소프트웨어 개발 프레임워크는 직접 코드의 흐름을 제어한다. 특히 스프링 프레임워크는 제어역전(IoC)을 사용하여 개발자가 하던 역할을 프레임워크에서 처리해준다.

05 다음에서 설명하는 소프트웨어 개발 프레임워크인 것은?

> 전자정부 프레임워크의 기반 기술로 사용되었고 EJB 기반의 복잡하고 무거운 단점을 개선하여 경량화된 오픈 소스 프레임워크

① 스프링 프레임워크

② 닷넷 프레임워크

③ 스트럿츠 프레임워크

④ 파스타(PaaS-TA)

해설 Java 기반의 경량화된 오픈 소스 프레임워크는 스프링 프레임워크이다.

06 소프트웨어 개발 프레임워크 단계의 활동으로 가장 올바르지 않은 것은?

① 개발 준비 단계에서 팀 구성 및 테일러링

② 분석 단계에서 요구사항 분석 및 비즈니스 분석

③ 설계 단계에서 테스트 계획 수립

④ 시험 단계에서 리허설, 전개 수행

해설 시험 단계에서는 테스트 및 시험 단계를 점검하고, 전개 단계에서 리허설과 전개를 수행한다.

07 공공사업에 적용되는 개발 프레임워크로서 전자정부 서비스의 품질 향상 및 정보화 투자 효율성 향상을 달성하고 대기업, 중소기업이 동일한 개발 기반 위에서 공정 경쟁이 가능하도록 지원하는 프레임워크는?

① 하둡(Hadoop)

② 전자정부 프레임워크

③ 스트럿츠 프레임워크

④ 닷넷 프레임워크

해설 전자정부 프레임워크는 전자정부 시스템 구축에 활용하며 개발, 운영, 표준 환경을 제공한다.

105 | 소프트웨어 개발 방법론 테일러링

1 테일러링의 개념

소프트웨어 개발 방법론 테일러링은 소프트웨어 개발 프로젝트의 특성과 상황 등을 고려하여 기 정의된 소프트웨어 개발 방법론의 절차, 기법, 단계별 산출물 등에 대하여 현장에 적합하도록 수정하는 기법이다.

2 테일러링의 절차

테일러링 프로세스는 크게 5단계로 구분하며, 세부적인 활동을 진행한다.

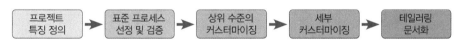

프로세스	절차	설명
프로젝트 특징 정의	프로젝트 프로파일 파악	사업 목표, 프로젝트 이해, RFP*, 제안서
	프로젝트 특징 파악	PM 인터뷰, 요구사항 이해, 인터뷰 결과서
표준 프로세스 선정 및 검증	표준 프로세스 선정	의사결정 트리(Decision Tree) 활용
	표준 프로세스 검증	프로세스별 특징과 개발 프로세스 적합성 비교 테이블 활용
상위 수준의 커스터마이징	프로젝트 생명주기 정의	비즈니스 요구에 따른 생명주기 정의
	프로젝트 스테이지 조정	스테이지와 스텝의 조정
세부 커스터마이징	세부 WBS 적용	테일러링 매트릭스 활용
	Activity 수정	단계별 산출물 선정, 기타 구성 요소 수정
	일정 계획 수립	MS Project 활용, 투입 인력, 예상 공수 등
테일러링 문서화	결정 사항 문서화	– 작업 결과 작성 – WBS 테일러링 근거
	검토 및 승인	– 검토 회의 실시, 변경 사항 수정 – PM 승인

★ 제안요청서(RFP)
발주자가 프로젝트에 필요한 요구사항을 체계적으로 정리한 문서이다. 제안 업체는 이를 참고하여 제안서를 작성한다.

3 테일러링의 기준

기준	항목	설명
내부적 기준	목표 환경	시스템 개발 유형 및 환경이 상이
	요구사항	프로젝트의 생명주기 활동에서 개발, 운영, 유지보수 등 프로젝트에서 우선적으로 고려할 요구사항이 상이한 경우
	프로젝트 특성	사업비, 참여 인력, 기간 등 프로젝트의 특성이 서로 다름
	보유 기술	프로세스, 산출물, 방법론, 인력의 숙련도가 서로 다름
외부적 기준	법적 규제	프로젝트 도메인에 따른 컴플라이언스*가 다른 경우 예 개인 정보보호법, 정보통신망법, GDPR 등
	품질 기준	프로젝트 도메인에 따른 산출물 품질 기준이 다름 예 대규모/소규모 프로젝트와 공공/민간 프로젝트 기준

★ 컴플라이언스
(Compliance)
법, 내부 통제, 준법 감시 등을 의미한다.

4 테일러링의 기법

유형별 기법	설명
규모와 복잡도에 따른 테일러링	프로젝트 기간, 규모, 복잡도, 참여 인원
프로젝트 구성원에 따른 테일러링	구성원의 기술적 성숙도와 방법론의 이해 수준
팀 내 방법론 지원에 따른 테일러링	각 팀별로 방법론 및 지원 인력 선정하는 기법
자동화에 따른 테일러링	중간 산출물 자동화 도구 사용하여 작업량 감소

2019.06

01 테일러링(Tailoring) 개발 방법론의 내부 기준에 해당하지 않는 것은?

① 납기/비용

② 기술 환경

③ 구성원 능력

④ 국제 표준 품질 기준

> **해설** 내부 기준에는 요구사항, 프로젝트 특성(사업비, 참여 인력, 기간 등), 보유 기술이 있으며, 외부 기준에는 법적 규제와 품질 기준이 있다.

02 다음 중 테일러링에 대한 고려 사항으로 가장 옳지 않은 것은?

① 프로젝트의 절차, 기법, 단계별 산출물 등에 대해 적용하는 작업이다.

② 발주사와 수행사의 방법론이 불일치하면 개발회사의 방법론을 기준으로 테일러링한다.

③ 내부적 고려 사항으로 목표 환경, 요구사항, 보유 기술을 고려한다.

④ 외부적 고려 사항으로 법적 규제와 도메인 품질 기준을 고려한다.

> **해설** 개발 방법론이 불일치하면 발주사의 개발 방법론을 기준으로 테일러링을 수행한다.

03 소프트웨어 개발 방법론 테일러링의 가장 적절한 절차는?

① 표준 프로세스 선정 및 검증 → 프로젝트 특징 정의 → 상위 수준 커스터마이징 → 세부 커스터마이징 → 테일러링 문서화

② 프로젝트 특징 정의 → 표준 프로세스 선정 및 검증 → 상위 수준 커스터마이징 → 세부 커스터마이징 → 테일러링 문서화

③ 프로젝트 특징 정의 → 테일러링 문서화 → 상위 수준 커스터마이징 → 세부 커스터마이징 → 표준 프로세스 선정 및 검증

④ 테일러링 문서화 → 프로젝트 특징 정의 → 상위 수준 커스터마이징 → 세부 커스터마이징 → 표준 프로세스 선정 및 검증

> **해설** 테일러링을 하기 위해서는 맨 처음 프로젝트 특징을 파악하고 마지막으로 문서화를 수행한다.

106 | 비용 산정 모델

1 비용 산정 모델의 개념

소프트웨어의 양적/질적 수준을 측정하여 자원 및 기간 산정 등 계획을 수립하는 활동으로, 소프트웨어 비용 산정 기법은 상향식 비용 산정과 하향식 비용 산정 모델이 있다.

2 비용 산정 모델의 분류

🎓 멘토 코멘트

상향식 비용 산정 모델 유형과 계산 문제는 자주 출제되고 있다.

분류	설명	모델
상향식 비용 산정	- 프로젝트의 세부 작업 단위별로 비용을 산정한 후 전체 비용을 합산하여 산정하는 소프트웨어 비용 산정 방법 - 각 구성 요소에 대해 독립적 산정 후 합산	- 원시 코드 라인 수 기법 (LOC; Line Of Code) - 개발 단계별 노력 기법 (Effort Per Task) - 수학적 산정 기법 (COCOMO, Putnam, 기능 점수)
하향식 비용 산정	과거의 유사 경험을 바탕으로 전문 지식이 많은 개발자들이 참여한 회의를 통해 비용을 산정하는 비과학적인 방법	- 전문가 판단 기법 - 델파이 기법

■ 상향식 비용 산정 모델 유형

(1) LOC(Line of Code)

- 각 기능의 LOC(원시 코드 라인 수)의 낙관치, 기대치, 비관치를 측정하여 예측치를 구하고 비용을 산정하는 기법이다.

> 예측치 = (낙관치 + 4 * 기대치 + 비관치) / 6

✏️ 알아두기

1M/M
한 명의 개발자가 1개월 동안 수행할 수 있는 일의 양을 의미한다.

2M/M
한 명의 개발자가 2개월 또는 2명의 개발자가 1개월 동안 수행할 수 있는 일의 양을 의미하며, 이를 이용하여 일정과 비용을 산정한다.

- 낙관치 : 가장 적게 측정된 코드 라인 수
- 기대치 : 측정된 모든 코드 라인 수의 평균
- 비관치 : 가장 많이 측정된 코드 라인 수
- 측정이 쉽고 이해하기 쉽지만, 코드 재사용 등의 환경은 무시한다. ➡ 부정확

| 공식 |

- **노력(인/월, M/M)** = 개발 기간(Month) * 투입 인원
  = (LOC) / (개발자 1인당 월평균 생산 코드 라인 수)

- **개발 비용** = 노력(인/월, M/M) * 1인당 월 평균 인건비
- **개발 기간** = 노력(인/월, M/M) / (프로젝트 투입 인력 수)
- **월별 생산성** = 코드 라인 수 / (개발 기간(Month) * 투입 인원)
  = LOC / 노력(인/월)

(2) 개발 단계별 노력(Effort Per Task)

기능을 구현하는 데 필요한 노력(인/월, M/M(Man/Month))을 실제 구현하는 코딩 외에도 소프트웨어 개발 생명주기의 각 단계에 적용하여 LOC보다 정확히 비용을 산정하는 기법이다.

(3) COCOMO(COnstructive COst MOdel)

- 먼저 완성될 시스템의 규모(LOC)를 추정한 이후 소프트웨어 종류에 따라 다르게 준비된 식에 대입하여 소요 노력(M/M)을 예측하여 비용을 산정하는 기법이다.
- COCOMO는 보헴(Boehm)에 의해서 1981년 제안된 비용 산정 기법이다.

멘토 코멘트

COCOMO 유형 3가지 Organic, Semi Detached, Embedded Model을 기억해 두어야 한다.

| COCOMO 제품 복잡도와 규모에 의한 프로젝트 유형 |

프로젝트 유형	설명
Organic	50KDSI(5만 라인) 이하의 비교적 엄격하지 않은 요구사항을 기반으로 상대적으로 단순한 소프트웨어 프로젝트에 적용 가능하다. 예 과학 기술 계산기, 급여 관리 프로그램, 일반 사무용 등
Semi Detached	크기와 복잡성 면에서 중간 정도의 300KDSI(30만 라인) 이하의 크기 소프트웨어 프로젝트이다. 예 컴파일러, 워드프로세서와 같은 개발 지원 도구 개발용 프로젝트
Embedded	엄격한 제약 조건 내에서 개발되어야 하는 300KDSI(30만 라인) 이상의 대형 소프트웨어 프로젝트이다. 예 운영체제, 통신 모니터와 같이 대형 프로젝트 등

| COCOMO 비용 추정 단계 및 변수 구체화에 의한 유형 |

모델 유형	설명
Basic COCOMO	개발 노력과 비용을 LOC 형태로 추정하여 비용을 산정한다.
Intermediate COCOMO	기본형(Basic)을 확장하였다. 제품의 4가지 속성(특성)으로 구성되며, 각 속성의 여러가지 서브 속성을 이용하여 비용을 산정한다. ① 제품 속성 : 요구되는 신뢰도, 데이터베이스 크기, 제품의 복잡도 ② 컴퓨터 속성 : 실행 시간 성능 제약, 기억장치 제약, 가상 기계 환경의 휘발성, 응답 시간 ③ 인적 속성 : 분석가 능력, 프로그래머의 능력, 개발 분야 경험, 가상 기계의 경험, 프로그램 언어의 경험 ④ 프로젝트 속성 : 개발 기간의 산정, 개발 도구 사용, 소프트웨어 공학 활용
Detailed COCOMO	대형시스템의 경우 서브시스템이 서로 상이한 특성을 가지며 각 모듈, 서브시스템별로 비용을 산정하여 합산하는 방식이다.

멘토 코멘트

COCOMO II

전통적인 COCOMO 모델의 문제점을 극복하기 위해서 COCOMO II 모델이 등장하였으며, 객체 지향 방법론으로 진행되는 프로젝트에 맞추어 규모를 산정한다. 개발 단계에 따라서 응용 단계 모델, 초기 단계 모델, 설계 이후 모델 3가지가 있다.

멘토 코멘트

Putnam 모형에서는 Rayleigh-Norden 곡선과 자동화 추정 도구인 SLIM을 기억해 두어야 한다.

멘토 코멘트

기능 점수(FP)는 최종 사용자 관점에서 소프트웨어 규모를 정량적, 객관적으로 측정하며 간이법과 정통법 두 가지 방식이 있다는 것을 기억해 두어야 한다.

알아두기

최종 사용자 관점에서 기능 점수(FP) 산정을 수행하기 때문에 클래스 인터페이스와 같은 개발자 관점 측정 요소는 기능 점수(FP) 모형에서 비용 산정 요소로 이용하지 않는다.

멘토 코멘트

기능 점수(FP) 측정 요소 중 데이터 기능 점수 측정 요소에는 ILF, EIF가 있고 트랜잭션 기능 점수 측정 요소에는 EI, EO, EQ로 측정한다는 것은 기억해 두어야 한다.

(4) Putnam

- 소프트웨어 생명주기의 전 과정 동안 사용하게 될 노력의 분포를 가정해 주는 모형이다.
- 개발 기간이 늘어날수록 프로젝트에 투입된 인원의 노력이 감소한다.
- Rayleigh-Norden 곡선과 함께 시간에 따른 함수로 표현되며, 노력 분포도를 기초로 개발한 자동화 추정 도구로 SLIM이 있다.

(5) 기능 점수(FP; Function Point)

- 최종 사용자 관점에서 소프트웨어 기능을 논리적으로 식별, 소프트웨어의 규모를 정량적, 객관적으로 측정하여 기능 점수(FP)로 비용을 산정하는 기법이다.
- ISO/IEC 14143 국제 표준 소프트웨어 비용 산정을 위해 활용한다.

| 기능 점수(FP) 산정 방법 유형 |

- 최종 사용자 관점에서 소프트웨어 기능을 논리적으로 식별, 소프트웨어의 규모를 정량적, 객관적으로 측정하여 기능 점수(FP)로 비용을 산정하는 기법이다.
- ISO/IEC 14143 국제 표준 소프트웨어 비용 산정을 위해 활용한다.

유형	설명
간이법	프로젝트 초기 정확한 기능 요소를 모르는 경우, 기획 및 발주 단계에서 사용한다.
정통법	소프트웨어 기능을 도출한 후 주로 설계 단계 이후 사용하면 유용하다.

| 기능 점수(FP) 측정 요소 |

기능	항목	설명
데이터 기능	ILF	- Internal Logical File - 측정 경계 내에서 유지(입력, 수정, 삭제)되는 논리적인 데이터 그룹
	EIF	- External Interface File - 대상 소프트웨어에서 이용되며, 측정 대상 경계 밖에서 참조되는 데이터
트랜잭션 기능	EI	- External Input - 일반적인 시스템의 입력 기능(입력, 수정, 삭제 처리 기능)
	EO	- External Output - 일반적인 시스템의 출력 기능(데이터 가공을 수반함)
	EQ	- External inQuiry - 데이터 가공을 수반하지 않는 입출력 처리 기능

■ 하향식 비용 산정 모델 유형

(1) 전문가 판단

- 조직 내에 있는 경험이 많은 2명 이상의 전문가에게 비용 산정을 의뢰하는 기법이다.
- 편리하고 신속한 비용 산출이 가능하나 유사 프로젝트 경험이 없을 수 있다.

(2) 델파이

- 전문가 편견이나 분위기에 지배되지 않도록 한 명의 조정자와 여러 전문가로 구성된다.
- 짧은 기간에 결과를 도출할 수 있고 시간과 비용이 적게 투입된다.

멘토 코멘트

소프트웨어 개발비 산정 절차는 사전 준비 → 기능 점수 산정 → 보정 전/후 개발 원가 산정 → 직접 경비 및 이윤 산정 → 소프트웨어 개발비 산정으로 진행된다는 것을 기억해야 한다.

3 소프트웨어 개발비 산정 절차

	절차	설명
1	사전 준비	– 개발 대상 업무와 요구사항을 명확히 정의한다. – 기능 점수 산정 방법을 결정한다.
2	기능 점수 산정	– 개발 대상 소프트웨어 기능을 식별한다. – 복잡도를 고려하여 기능 점수를 산정한다.
3	보정 전 개발 원가 산정	기능 점수당 단가를 곱하여 보정 전 개발 원가를 산정한다.
4	보정 후 개발 원가 산정	– 보정 요소별로 보정 계수를 식별한다. – 보정 계수에 따른 개발 원가를 보정한다.
5	직접 경비 및 이윤 산정	– 개발에 관련된 직접 경비를 계산한다. – 개발 원가 25% 이내에서 이윤을 산정한다.
6	소프트웨어 개발비 산정	소프트웨어 개발비는 다음과 같이 산정된다. 개발비 = 개발 원가 + 직접 경비 + 이윤

기출 유형 문제

2019.08

01 소프트웨어 비용 산정 기법 중 산정 요원과 조정자에 의해 산정하는 방법은?

① 기능 점수 기법

② LOC 기법

③ COCOMO 기법

④ 델파이 기법

> **해설** 델파이 기법은 전문가 편견이나 분위기에 지배되지 않도록 한 명의 조정자와 여러 명의 전문가로 구성하는 비용 산정 기법이다.

2022.04, 2015.08

02 2명의 개발자가 5개월에 걸쳐 10,000라인의 코드를 개발하였을 때, 월별(Person-Month) 생산성 측정을 위한 계산 방식으로 가장 적합한 것은?

① 10,000 / 2

② 10,000 / 5

③ 10,000 / (5 × 2)

④ (2 × 10,000) / 5

> **해설** 월별 생산성 = 코드 라인 수 / (개발 기간(Month) × 투입 인원)

2020.06

03 LOC 기법에 의하여 예측된 총 라인 수가 50,000 라인, 프로그래머의 월 평균 생산성이 200라인, 개발에 참여할 프로그래머가 10인일 때, 개발 소요 기간은?

① 25개월

② 50개월

③ 200개월

④ 2000개월

> **해설** 개발 기간은 노력(인/월, M/M) / (프로젝트 투입 인력 수)이고, 노력(인/월, M/M)은 (LOC) / (개발자 1인당 월평균 생산 코드 라인 수)이다.
> 즉, 개발 기간은 '((LOC) / 개발자 1인당 월평균 생산 코드 라인 수) / 프로젝트 투입 인력 수'이다.
> → (50,000 / 200) / 10 = 25개월
> ※ 50,000 / (200 x 10) = 25개월로 계산할 수 있다.

2022.03, 2021.08, 2019.03

04 소프트웨어 각 기능의 원시 코드 라인 수의 비관치, 낙관치, 기대치를 측정하여 예측치를 구하고 이를 이용하여 비용을 산정하는 기법은?

① Effort Per Task 기법

② 전문가 감정 기법

③ 델파이 기법

④ LOC 기법

> **해설** 낙관치, 기대치, 비관치로 예측치를 산정하는 기법은 LOC 기법이다.
> → 예측치 = (낙관치 + 4 * 기대치 + 비관치) / 6

2017.03

05 COCOMO 모델에 의한 비용 산정 과정에 해당하지 않는 것은?

① KDSI(or KLOC)를 측정한다.

② UFP(Unadhusted function point)를 계산한다.

③ 개발 노력 승수(Development effort multifliers)를 결정한다.

④ 비용 산정 유형으로 단순형, 중간형, 임베디드형이 있다.

> **해설** 미조정 기능 점수(UFP)는 기능 점수 산정 방식에서 사용한다.

2020.06

06 Rayleigh-Norden 곡선의 노력 분포도를 이용한 프로젝트 비용 산정 기법은?

① Putnam 모형

② 델파이 모형

③ COCOMO 모형

④ 기능 점수 모형

> **해설** Putnam 모형은 Rayleigh-Norden 곡선과 함께 시간에 따른 함수로 표현된다.

2020.08

07 Putnam 모형을 기초로 해서 만든 자동화 추정 도구는?

① SQLR/30

② SLIM

③ MESH

④ NFV

> **해설** Putnam 모형에서는 노력 분포도를 기초로 개발한 자동화 추정 도구로 SLIM이 있다.

2021.08, 2020.06

08 COCOMO 모델 중 기관 내부에서 개발된 중소 규모의 소프트웨어로 일괄 자료 처리나 과학 기술 계산용, 비즈니스 자료 처리용으로 5만 라인 이하의 소프트웨어를 개발하는 유형은?

① Embedded

② Organic

③ Semi-Detached

④ Semi-Embedded

> **해설** Organic은 50KDSI(5만 라인) 소규모, Semi Detached는 300KDSI(30만 라인) 이하의 중규모, Embedded는 300KDSI(30만 라인) 이상의 대규모에서 사용한다. Semi Embedded는 COCOMO 모델 유형이 아니다.

2020.08

09 기능 점수(Function Point) 모형에서 비용 산정에 이용되는 요소가 아닌 것은?

① 클래스 인터페이스

② 명령어(사용자 질의 수)

③ 데이터 파일

④ 출력 보고서

> **해설** 기능 점수는 최종 사용자 관점에서 도출하므로 개발자 관점의 측정 요소인 클래스 인터페이스는 비용 산정 요소가 아니다.

10 COCOMO 모델의 프로젝트 유형으로 거리가 먼 것은?

① Organic

② Semi Detached

③ Embedded

④ Sequential

> **해설** COCOMO 모델 프로젝트 유형은 Organic, Semi Detached, Embedded가 있다.

출제 예상 문제

11 다음에서 설명하는 비용 산정 기법은?

> ISO/IEC 14143 국제 표준으로 데이터 기능과 트랜잭션 기능으로 비용을 산정하며 프로젝트 초기 단계에는 간이법을, 기능이 도출되면 정통법을 사용한다.

① LOC

② COCOMO

③ Function Point

④ Effort Per Task

> **해설** 기능 요소를 점수로 도출하여 비용을 산정하는 기법은 Function Point(기능 점수)이다.

12 소프트웨어 기능 점수 산정 방식에 대한 설명으로 가장 거리가 먼 것은?

① 정통법은 주로 설계 공정 후 사용한다.

② 간이법은 기능의 복잡도를 판단하기 어려운 경우 사용한다.

③ 트랜잭션 기능 점수 산정을 위해서 ILF, EIF를 사용한다.

④ 소프트웨어 개발비는 '개발 원가 + 직접 경비 + 이윤'으로 구성된다.

> **해설** 데이터 기능 점수는 ILF, EIF를 사용하고, 트랜잭션 기능 점수는 EI, EO, EQ를 사용하여 산정한다.

13 소프트웨어 비용 산정 기법 중 하향식 비용 산정 모델은?

① Line Of Code

② Effort Per Task

③ COCOMO

④ 델파이 기법

> **해설** 상향식 비용 산정 기법에는 Line Of Code(LOC), Effort Per Task, COCOMO, Putnam, 기능 점수가 있다. 하향식 산정 기법에는 전문가 판단, 델파이 기법이 있다.

107 | 프로젝트 일정 관리

1 프로젝트 일정 관리의 개념

프로젝트를 성공적으로 완수하고 납기를 준수할 수 있도록 개발 기간을 단계별로 계획하여 관리하는 프로젝트 관리 영역이다.

2 프로젝트 일정 관리 프로세스

	프로세스	설명
1	일정 관리 계획 수립	– 정책, 절차 문서화 및 기준을 수립한다. – 일정 관리 계획서를 작성한다.
2	활동 정의	– 인도물 생산을 위한 수행 활동을 문서화한다. – 활동 목록, 활동 속성, 마일스톤
3	활동 순서 배열	– 프로젝트 활동 사이의 관계를 식별한다. – 프로젝트 일정 네트워크
4	활동 기간 산정	– 산정된 자원의 개별 활동을 완료하는 데 필요한 총 작업 기간의 단위 수를 산정한다. – 전문가 판단, 유사 산정, 모수 산정, 3점 산정 기법이 있다.
5	일정 개발	– 활동 순서, 기간, 자원 요구사항 및 일정 제약사항을 분석하여 프로젝트 일정 모델을 생성한다. – 주공정법, 주공정 연쇄법, 자원 최적화 기법, 일정 단축 기법이 있다. – 일정 기준선, 프로젝트 일정 생성
6	일정 통제	– 계획 달성을 위한 활동 감시 및 진행률을 갱신하고 일정 기준선 변경 관리를 수행한다. – 일정 예측, 변경 요청, 프로젝트 문서 갱신

멘토 코멘트

프로젝트 일정 관리 프로세스를 기억해야 한다.

멘토 코멘트

일정 관리를 위한 활동 기간 산정, 일정 개발 기법을 암기해 두어야 한다.
– 활동 기간 산정 기법 : 전문가 판단, 유사 산정, 모수 산정, 3점 산정
– 일정 개발 : 주공정법, 주공정 연쇄법, 자원 최적화 기법, 일정 단축 기법

3 활동 기간 산정 주요 기법

■ 전문가 판단(Expert Judgment)

활동에 투입되어야 할 자원 산정을 위해 유사 경험이 있는 내부 또는 외부에 있는 전문가를 통하여 산정하는 방법이다.

■ 유사 산정(Analogous Estimating)

- 이전 프로젝트의 기간, 규모, 복잡도, 고려 사항의 자료를 참조하여 산정하는 방식이다.
- 과거의 유사 프로젝트를 참조하여 산정하는 방법으로, 프로젝트가 유사할수록 신뢰성이 높아진다.
- 다른 기법들에 비해서 일반적으로 시간과 비용이 가장 적게 드는 대신 정확도가 떨어진다.

■ 모수 산정(Parametric Estimating)

수집 또는 보유한 과거 실적 데이터와 기타 변수를 기반으로 수학적인 함수를 정의하여 일정을 산정하는 방식이다. 예로 소프트웨어 개발에서 코드 행의 통계적 관계를 활용하여 범위, 원가, 예산, 기간 등의 모수를 산정하여 일정을 도출한다.

■ 3점 산정(Three-Point Estimation)

- 위험을 고려하여 일정을 추정하는 기법이다.
- 낙관치(Optimistic), 평균치(Most Likely), 비관치(Pessimistic)의 평균으로 산출한다.
- PERT(Program Evaluation and Review) 개념에서 비롯되었다.

알아두기

PERT에서 3점 산정 기법을 사용하였기에 3점 산정을 PERT로 간주하여 설명하기도 한다.
PERT는 1958년 미국 해군에서 개발 진척상황을 측정관리하기 위해서 브즈 앨런 해밀턴 사에서 개발되었다.
신규 프로젝트에서 많이 사용되며 다양한 위험 요인과 변동상황을 고려하여 프로젝트 일정을 예측할 수 있도록 지원하는 분석기법이다.
PERT 차트는 작업들 간의 상호 관련성, 결정 경로, 경계시간, 자원할당 등을 제시한다.
주공정(CPM)과 차이점은 활동시간 추정방법에 있어 PERT는 확률적 기법인 베타분포를 사용하는 반면 주공정법(CPM)은 확정적 기법으로 하나의 확정된 일정 추정치를 사용한다.

4 일정 개발 주요 기법

■ 주공정법(CPM; Critical Path Method)

- 주공정법은 프로젝트의 최소 기간을 결정하는 데 사용되는 일정 네트워크 분석 기법이다.
- 주공정 경로(Critical Path)는 여유 기간(Float)이 '0'인 활동을 연결한 최소 경로이다.
- 프로젝트 일정 네트워크 다이어그램의 입력물로 활동 순서, 기간, 의존관계, 선도, 지연을 반영해서 전진 계산과 후진 계산 분석을 수행하여 빠른 개시일, 빠른 종료일, 늦은 시작일, 늦은 종료일을 계산한다.

멘토 코멘트

일정 개발 기법 유형을 기억해야 한다.
- 주공정법 : 임계 경로
- 주공정 연쇄법 : 자원 제약 고려
- 자원 최적화 : 자원 평준화, 자원 평활화
- 일정 단축 기법 : 공정압축법, 공정 중첩 단축법

| 주공정법 기간 계산 방법 |

	주요 절차	설명	
1	전진 계산	프로젝트 시작일 기준으로 예상 종료일을 계산하며 ES, EF를 구함	
		빠른 개시일 (ES; Early Start)	어떤 활동이 가장 빨리 시작하는 날
		빠른 종료일 (EF; Early Finish)	어떤 활동이 가장 빨리 끝날 수 있는 날

2	후진 계산	프로젝트 종료일을 기준으로 시작일을 도출하여 LS, LF를 구함	
		늦은 시작일 (LS; Late Start)	어떤 활동이 프로젝트 종료일에 영향을 주지 않으면서 가장 늦게 시작해도 되는 날
		늦은 종료일 (LF; Late Finish)	어떤 활동이 프로젝트 종료일에 영향을 주지 않으면서 가장 늦게 종료하는 날
3	여유 기간 계산 (Float)	프로젝트 납기에 영향을 주지 않고 활동에 주어진 여유 기간	
		총 여유 (Total Float)	프로젝트 종료일을 지연시키지 않으면서 한 활동이 가질 수 있는 총 여유 기간
		자유 여유 (Free Float)	후행 활동의 빠른 개시일을 지연시키지 않으면서 한 활동이 가질 수 있는 여유 기간
4	주공정 경로 (Critical Path)	– 여유 기간(Float)이 '0'인 활동을 연결한 경로 – 임계 경로라고도 함	

| 활동 표현 방법 예시 |

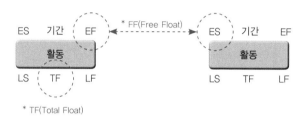

| 주공정법 기간 계산 예시 |

• 주공정 경로(임계 경로)를 계산하는 예시이며 ES, EF, LS, LF, TF를 계산할 수 있다.

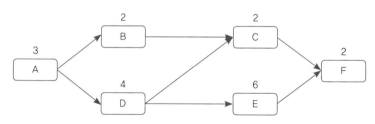

💠 멘토 코멘트

주공정 경로(임계 경로) 소요 기일을 계산해보는 문제를 꼭 풀어 보아야 한다.

	주요 절차	설명
1	전진 계산	전진 계산 방향(A부터 시작)으로 수행하여 ES, EF를 계산한다. EF = ES + 기간 − 1 (ES, EF는 동일한 활동) ES = EF + 1 (EF는 ES의 선행 활동) (다이어그램: A[1 2 3] → B[4 2 5] → C[8 2 9] → F[14 2 15], A → D[4 4 7] → E[8 6 13], B → C, D → C, D → E, C → F, E → F)

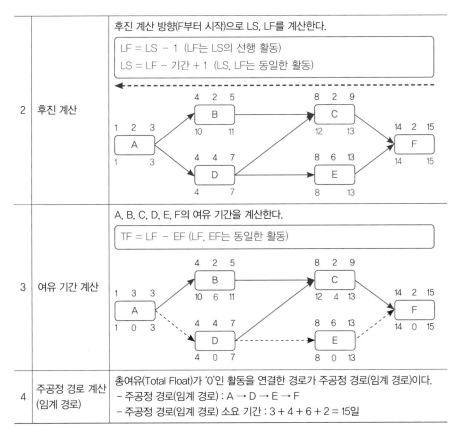

2	후진 계산	후진 계산 방향(F부터 시작)으로 LS, LF를 계산한다. LF = LS − 1 (LF는 LS의 선행 활동) LS = LF − 기간 + 1 (LS, LF는 동일한 활동)
3	여유 기간 계산	A, B, C, D, E, F의 여유 기간을 계산한다. TF = LF − EF (LF, EF는 동일한 활동)
4	주공정 경로 계산 (임계 경로)	총여유(Total Float)가 '0'인 활동을 연결한 경로가 주공정 경로(임계 경로)이다. – 주공정 경로(임계 경로) : A → D → E → F – 주공정 경로(임계 경로) 소요 기간 : 3 + 4 + 6 + 2 = 15일

- 다만 주공정 경로(임계 경로)만 계산하는 경우 시작(A)에서 종료(F) 활동까지의 모든 경로 중에서 가장 긴 경로를 계산하면 주공정 경로(임계 경로)를 쉽게 계산할 수 있다.
  - [경로1] A → B → C → F = 3 + 2 + 2 + 2 = 9일
  - [경로2] A → D → C → F = 3 + 4 + 2 + 2 = 11일
  - [경로3] A → D → E → F = 3 + 4 + 6 + 2 = 15일 (주공정 경로)

멘토 코멘트

시험에서는 임계 경로 소요일을 물어보는 문제가 기출되었다.

■ 주공정 연쇄법(CCM; Critical Chain Method)

- 프로젝트 일정을 산정할 때 자원의 가용 기간이나 인력 투입 계획을 고려하여 일정을 수립하는 기법이다.
- 주공정법(CPM)은 활동에 할당된 자원이 모두 가용한 상태라고 가정하고 일정을 산정하게 되지만, 실제로 계획된 자원이 모두 가용 가능하다는 전제 조건은 실제 프로젝트에서 발생하기 어렵다. 주공정 연쇄법(CCM)은 프로젝트 버퍼와 피딩 버퍼를 통하여 주공정법(CPM)의 자원상의 제약사항을 해결한다.
- 주경로 연쇄법에서 제약사항을 고려하여 만들어진 주요 경로를 주경로 연쇄(Critical chain)라고 한다.

| 활동 표현 방법 예시 |

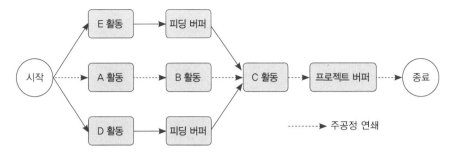

| 주공정 연쇄법 버퍼 |

종류	설명
프로젝트 버퍼 (Project Buffer)	– 주공정 연쇄의 끝에 추가된 버퍼이다. – 목표 종료일이 주공정 연쇄에서 벗어나지 않도록 보호한다.
피딩 버퍼 (Feeding Buffer)	– 주공정 연쇄에 속하지 않은 활동이 주공정 연쇄에 연결되는 각 지점에 배치되는 버퍼이다. – 주공정 연쇄로 연결되는 활동의 지연으로부터 주공정 연쇄를 보호한다.

■ 자원 최적화 기법(Resource Optimization Technique)

- 효과적으로 자원을 사용하기 위해서 자원의 과다 배치를 줄이는 기법이다.
- 자원 평준화(Resource Leveling), 자원 평활화(Resource Smoothing) 기법이 있다.

■ 일정 단축 기법(Schedule Compression)

- 프로젝트를 수행하면서 지연된 일정에 대응하거나 예정 일자보다 일찍 완료하기 위해서 일정을 단축하기 위한 기법이다.
- 공정압축법(Crashing), 공정중첩 단축법(Fast Tracking)이 있다.

2020.08

01 CPM 네트워크가 다음과 같을 때 임계 경로의
소요 기일은?

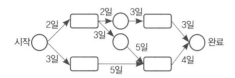

① 10일

② 12일

③ 14일

④ 16일

해설 임계 경로(Critical Path)는 시작부터 종료까지 여유 기간
(Float)이 '0'인 구간을 의미한다. 즉, 시작부터 종료까지 모
든 경로 중에서 가장 오래 소요되는 경로가 임계 경로다. 임
계 경로는 선행 활동에 대하여 후행 활동의 지연이 없도록
하며, 여유 기간이 '0'인 구간을 점선으로 연결해 표시한 부
분이 임계 경로다.
- [경로1] 2일 + 2일 + 3일 + 3일 = 10일
- [경로2] 2일 + 3일 + 5일 + 4일 = 14일
  (가장 오래 소요되는 경로 = 임계 경로)
- [경로3] 3일 + 5일 + 4일 = 12일
→ 임계 경로 = 2 + 3 + 5 + 4 = 14일

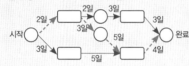

2021.05, 2020.09

02 소프트웨어 비용 추정 모형(Estimation Models)
이 아닌 것은?

① COCOMO

② Putnam

③ Function-Point

④ PERT

해설 PERT는 일정을 산정하는 기법이다. COCOMO, Putnam,
Function-Point는 비용 산정 모델 기법이다.

03 일정 관리 기법 중 낙관치, 평균치, 비관치의 평
균으로 일정을 산출하는 기법은?

① CPM

② 3점 산정

③ Function Point

④ 유사 산정

해설 위험을 고려하여 낙관치, 평균치, 비관치로 일정을 산출하
는 기법은 3점 산정 기법이다.

04 주공정법(Critical Path Method) 도출 방법 중
프로젝트 종료일을 지연시키지 않으면서 한 활
동이 가질 수 있는 총 여유 시간은?

① Total Float

② Free Float

③ Critical Path

④ Late Start

해설 프로젝트 종료일을 지연시키지 않으면서 한 활동이 가질
수 있는 총 여유 시간은 Total Float라고 하며, 후행 활동의
빠른 개시일을 지연시키지 않으면서 한 활동이 가질 수 있
는 여유 기간은 Free Float라고 한다.
Critical Path는 임계 경로라고 하며 여유 기간이 '0'인 활
동을 연결한 경로이며, Late Start는 어떤 활동이 프로젝트
종료일에 영향을 주지 않으면서 가장 늦게 시작해도 되는
날을 의미한다.

05 다음에서 설명하는 일정 개발 주요 기법은?

일정 계획에 근거하여 일정 지연 발생 시 납기를 준수하기 위하여 공정압축법(Crashing)과 공정중첩 단축법(Fast Tracking)을 수행하는 일정 개발 기법

① 주공정법

② 일정 단축 기법

③ 자원 최적화 기법

④ 주공정 연쇄법

해설 공정압축법(Crashing), 공정중첩 단축법(Fast Tracking)은 일정 단축 기법에서 사용한다.

IT 프로젝트 정보 시스템 구축 관리

이번 장에서 다룰 내용

네트워크 장비와 라우팅
- 네트워크 장비 설치 구조
- 네트워크 장비 유형
- 네트워크 라우팅 (RIP, OSPF, BGP)

네트워크 트렌드
- SDN (소프트웨어 정의 네트워크)
- Openflow(오픈플로)
- NFV(네트워크 기능 가상화)
- 오버레이 네트워크
- 클라우드 컴퓨팅
- 에지 컴퓨팅
- 네트워크 슬라이싱
- 메시 네트워크

네트워크 구축 관리

서버 장비 운영
- 서버 탑재 소프트웨어 유형
- 스토리지 시스템
- 고가용성(HA)
- 하드웨어 구축 제한 사항

서버 구성 트렌드
- 클라우드 컴퓨팅
- 가상화
- 오픈 스택
- SDDC

하드웨어 구축 관리

IT 프로젝트 정보 시스템 구축 관리

소프트웨어 구축 관리

소프트웨어 트렌드
- 인공지능
- 기계 학습
- 딥러닝
- 가상 현실/증강 현실
- 블록체인
- 디지털 트윈
- 그 외 기술 소개

데이터베이스 구축 관리

데이터베이스 관리 기능
- 데이터베이스 보안

데이터 표준화

데이터베이스 트렌드
- 빅데이터
- NoSQL
- 빅데이터 플랫폼

- ✅ 네트워크 설치 구조, 장비 유형 및 네트워크 기술 트렌드를 이해한다.
- ✅ 하드웨어 구축에 대한 서버 장비 운영과 인프라 구축 트렌드를 이해한다.
- ✅ 소프트웨어 기술의 트렌드를 이해한다.
- ✅ 데이터베이스 관리 기능, 표준화 및 데이터베이스 트렌드를 이해한다.

네트워크 장비와 라우팅

1 네트워크 장비 설치 구조

네트워크 대표적인 설치 구조(토폴로지, Topology) 종류에는 성형, 버스형, 트리형, 링형, 그물형 등이 있고 실제 네트워크 구성 시에는 목적에 맞는 토폴로지 형태를 혼합하여 사용한다.

■ 네트워크 장비 설치 구조 유형

멘토 코멘트

네트워크 설치 구조 유형별 특징을 기억해 두어야 한다.

유형	구성도	설명
성형 (Star)		– 중앙 집중적으로 구성된 네트워크 구조 – 소규모 네트워크 구성에 용이함 – 중앙 네트워크 장비에 고장이 발생하면 전체 네트워크에 영향을 끼침
버스형 (Bus)		– 하나의 통신 회선에 여러 대의 컴퓨터가 멀티 포인트로 연결된 구조 – 구성이 간단하여 설치가 용이하고 비용이 적게 들며 컴퓨터 추가 및 삭제가 용이함 – 컴퓨터를 무분별하게 추가할 경우 통신의 성능 저하가 발생하며 회선의 특정 부분에서 고장이 발생하면 전체 네트워크가 영향을 받음
트리형 (Tree)		– 각 컴퓨터가 트리 형태와 같이 계층적으로 연결되어 있는 구조 – 네트워크 장치에 많은 단말 노드를 쉽게 연결이 가능함 – 컴퓨터를 무분별하게 추가하게 되면 통신의 성능이 저하되고 성형처럼 중심 네트워크 장비에 고장이 발생하면 연결된 단말 노드는 통신 장애가 발생함
링형 (Ring)		– 양쪽의 컴퓨터와 점대점으로 연결된 고리 형태 순환형 구조 – 단말 노드 추가, 삭제 등의 네트워크 재구성이 용이함 – 링의 한 부분에 문제가 발생하게 되면 전체 네트워크에 영향을 끼침
그물형 (Mesh)		– 모든 노드가 점대점(Point-to-Point)으로 연결되는 형태로, 모든 노드가 연결되기 위해서는 n(n-1)/2개의 회선이 필요 – 하나의 노드나 회선에 발생한 문제가 전체 네트워크에 끼치는 영향이 적으며 원하는 수신자만 정보를 받을 수 있기 때문에 보안 측면에서 우수함 – 네트워크 재구성이 어렵고 비싼 비용이 가장 큰 단점

■ 네트워크 디자인을 위한 Hierarchical 3 Layer 모델

- Hierarchical 3 Layer 모델은 LAN 네트워크 토폴로지 디자인 기준을 제공한다.
- 단순하며 큰 네트워크를 만들 수 있고, 이후 확장에 유리하며 관리 및 네트워크를 디자인하기가 용이하다.

계층	설명
코어 계층 (Core Layer)	- 디스트리뷰션 계층에서 오는 데이터를 인터넷에 연결하는 계층으로, 백본 스위치를 사용한다. - 포트 수는 액세스 계층과 다르게 적어도 되지만 성능이 좋은 장비를 배치해야 한다.
디스트리뷰션 계층 (Distribution Layer)	- 액세스 계층 장치들로 연결하고 액세스 계층에서 오는 데이터를 코어층으로 연결한다. - 라우팅 기능을 수행하며, L3 스위치를 사용한다.
액세스 계층 (Access Layer)	- 사용자가 최초로 연결되는 지점으로, 엔드 시스템(ES; End System)을 연결한다. - 코어 계층과 다르게 성능이 낮아도 엔드 시스템 유저인 사용자 수만큼 연결하기 위한 LAN 포트 수를 지원해야 한다.

> **알아두기**
> 백본 스위치는 한 네트워크 중심에서 모든 패킷이 지나가는 통로 역할을 수행하는 장비이다. 대규모 트래픽을 처리할 수 있어야 한다.

2 네트워크 장비 유형

- 네트워크는 서로 통신을 할 수 있는 컴퓨터 단말기, 라우터, 스위치 장치 등 집합체로 구성된다.
- 네트워크 장비는 서로 떨어져 있는 전송자가 수신자에게 데이터를 전달하여 단말 간 통신을 가능하게 하는 장비이며 스위치, 라우터, 광전송 장비, 액세스 장비, 이동 통신 장비 등이 있다.

> **알아두기**
> 고전적인 L2 스위치 보다 기능을 발전시킨 L3, L4, L7 스위치가 주류를 이루고 있다.

■ 스위칭/라우팅 장비

스위칭은 넓은 의미로 네트워크에서 전달 경로를 찾는 기능을 말하며 스위칭 장비에는 스위치, 라우터 등이 있다.

장비	설명
스위치	- 네트워크에서 트래픽의 전달 경로를 결정하는 역할을 수행한다. - 전통적으로 OSI 2계층에서 사용하는 네트워크 장비를 말한다. - L3, L4, L7 장비는 OSI 3~7계층* 역할도 수행한다.
라우터	- OSI 3계층에서 사용하는 네트워크 장비이다. - 스위치를 서로 연결하여 네트워크 간 트래픽의 최적 라우팅 경로를 설정하고, 결정된 경로에 따라 트래픽을 전달하는 기능을 수행한다.

> **★ OSI 7 Layer**
> ISO(국제 표준화 기구)가 작성하고 있는 컴퓨터의 통신 절차(프로토콜)에 관한 국제 표준 규격이다.

| OSI 7 계층별 프로토콜 관련 장비 |

계층	장비	역할
응용 계층 (Application)	게이트웨이 (Gateway)	프로토콜을 변환하는 역할을 수행한다.
	L7 스위치	L4 스위치를 확장한 개념으로 TCP/UDP 포트와 URL, 쿠키 정보를 이용하여 부하 분산 기능을 수행한다.
전송 계층 (Transport)	L4 스위치	TCP/UDP 포트 번호를 토대로 서비스별 분류 포워딩을 결정하며 서버 접속에 대한 서버 부하 분산(SLB; Server Load Balancing) 및 방화벽 부하 분산(FLB; Firewall Load Balancing) 기능을 수행한다.
네트워크 계층 (Network)	L3 스위치	- L2 스위칭 기능 역할을 수행한다(동일 네트워크). - L3 라우팅 기능 역할을 수행한다(서로 다른 네트워크).
	라우터 (Router)	- OSI 3 계층 장비로, IP 주소 기반 트래픽을 전송한다. - 라우팅 프로토콜 이용 경로 설정, 패킷 필터링, 로드 분배, QoS*, WAN 접속 기능 역할을 수행한다.
데이터 링크 계층 (Data Link)	L2 스위치	입력 포트로 들어온 프레임을 MAC 주소 기반으로 전송하는 장비이다(동일 네트워크 간의 연결).
	스위치 (Switch)	- 포트별로 충돌 도메인(Collision Domain)*을 분리하여 나눌 수 있으며 포트별로 다른 속도를 지원할 수 있다. - 하드웨어 기반으로 브리지보다 빠른 속도를 지원한다.
	브리지 (Bridge)	- 허브에서 만들어진 충돌 도메인(Collision Domain)을 나누고 연결하는 역할을 수행한다. - 소프트웨어 기반으로 스위치보다 상대적으로 느리다.
물리 계층 (Physical)	리피터 (Repeater)	데이터 전송 거리 증가를 위하여 신호를 증폭시킨다.
	허브 (Hub)	- 단순히 선만 연결하며 스위칭 기능의 장비가 아니다. - 같은 허브에 연결되면 같은 충돌 도메인이라고 한다.

★ QoS
(Quality of Service)
사용자 요구를 충족시킬 수 있는 다양한 통신 서비스에 대한 품질과 성능을 일정 수준 이상 보장하여 서비스를 제공할 수 있는 능력이다.

★ 충돌 도메인
(Collision Domain)
전송 매체를 공유하고 있는 여러 단말들이 서로 경쟁하여 충돌이 발생할 수 있는 영역이다. 리피터, 허브는 충돌을 전파하고 브리지, 스위치, 라우터는 충돌을 전파하지 않는다.

★ 파장 분할 다중화
(WDM; Wavelength Division Multiplexing)
광섬유를 이용한 통신 기술로, 레이저 빛의 다른 파장(다른 색)을 사용하여 여러 반송파 신호를 단일 광섬유에 적용하는 기술이다.

■ 광전송 장비

- 광전송 장비는 네트워크의 스위칭 노드를 묶어 주는 시스템으로 비교적 긴 거리의 트래픽 전송에 이용되며, 최근에는 광케이블을 통한 전송 장비가 대세를 이루고 있다.
- 광전송 장비는 SONET(Synchronous Optical Network), SDH(Synchronous Digital Hierarchy), DWDM(Dense Wavelength Division Multiplexing), MWDM(Metro Wavelength Division Multiplexing), CET(Carrier Ethernet Transport) 방식 기술을 활용한다.

구분	설명
SONET	– 미국의 벨코어(Bellcore)가 개발하고 미국 표준 협회(ANSI)가 표준화한 고속 디지털 통신을 위한 광전송 표준 규격이다. – 광섬유의 고속 디지털 전송 능력을 활용하기 위하여 디지털 신호의 동기 다중화 계층과 속도 체계 및 인터페이스를 정의한다. – 다중화 단계 및 속도는 아래 표와 같다. 표 참조

다중화 단계	속도
OC*–1(STS*–1)	51,840 Mbps
OC–3(STS–3)	155,520 Mbps
OC–9(STS–9)	466,560 Mbps
OC–12(STS–12)	622,080 Mbps
OC–18(STS–18)	933,120 Mbps
OC–24(STS–24)	1,244,160 Mbps
OC–36(STS–36)	1,866,240 Mbps
OC–48(STS–48)	2,488,320 Mbps
OC–192(STS–192)	9,953,280 Mbps

★ OC
Optical Carrier Level(광 반송파 다중화 단계)

★ STS
Synchronous Transport Signal Level(동기 전송 신호 다중화 단계)

구분	설명
SDH	– 동기식 다중화 기술의 표준인 SONET을 기반으로 이를 확장 개발한 동기식 디지털 다중화 신호 계위에 관한 ITU 국제 표준이다. – 기술상 특징으로는 자체 복구(Self Healing) 기능과 SDH 프레임 내에 오버헤드 확보가 가능하다.
DWDM	– 일정 파장 대역에 걸쳐 수십, 수백 개의 파장의 광신호를 동시에 변조시켜서 하나의 광섬유를 통해 전송하는 WDM의 발전된 기술이다. – CWDM은 넓은 파장 대역을 사용하는 데 비해 DWDM은 특성이 좋은 파장 대역을 집중적으로 조밀하게 사용한다.
CET	광역 통신망에서 고속으로 데이터를 전달하고 교환하는 확장된 이더넷 기반의 차세대 전송 기술이다.

■ 액세스 장비

- 액세스 장비는 라스트 마일에서 공중 네트워크(Public Network)를 통해 최종 사용자와 연결해 주는 시스템으로 통신 사업자와 최종 사용자 간의 접점이 되는 장비이다.
- 코어 네트워크와 최종 사용자를 연결하는 액세스 망은 케이블 포설과 유지보수에 많은 비용이 발생하며, 이러한 이유로 네트워크의 큰 투자 비중을 차지하게 된다.
- 액세스 장비는 액세스 스위치, FTTx 장비(OLT, ONU, ONT), xDSL 장비 및 케이블 액세스 장비 등이 있다.

■ 이동 통신 장비

- 이동 통신 장비는 기지국(BTS; Base Transceiver Station), 제어국(BSC; Base Station Controller), 교환기(MSC; Mobile Switching Center) 등으로 구성된다.

구분	설명
기지국 (BTS)	이동 전화 단말기와 무선 경로를 구성하고, 무선 링크나 유선 링크에 적합하게 신호 포맷을 바꾸어 주는 역할을 하며, 이동체의 수신 전계 강도를 측정하여 교환기(MSC)에 제공한다.

알아두기

호(Call)는 전화 교환망에서 개개의 통신이 통신 설비를 일시적으로 점유하는 것을 의미한다.

제어국 (BSC)	기지국을 제어하고, 교환기(MSC)와 연동한다.
교환기 (MSC)	음성 통화 및 각종 부가 서비스를 제어하고, 통화 호를 설정하며, 타 사업자 망과의 연동 기능을 수행한다.

- 이동 통신 장비는 기술에 따라 CDMA⋆, GSM⋆, WCDMA⋆ 등으로 분류할 수 있다.

★ CDMA
코드 분할 다중 접속을 적용한 미국의 2세대 이동 통신 기술

★ GSM
시분할 다중 접속 (TDMA)을 적용한 유럽의 2세대 이동 통신 시스템

★ WCDMA
기존 GSM과 CDMA에서 진화한 3세대 이동 통신 기술

알아두기
LTE 4세대, 5G는 5세대 이동 통신 기술

3 네트워크 구축 산출물 문서 유형

유형	설명
네트워크 자재 검수표	프로젝트 진행 간에 납품되어 검수가 진행된 네트워크 자재 검수 결과표
네트워크 상태 구성도 (토폴로지 구성도)	라우터, 방화벽, 스위치, 서버, 무선 액세스 포인트 등 기본적인 네트워크 인프라 구조 요소의 상호 연결 관계를 보여주는 구성도
네트워크 프로파일 (설정 정보)	구축된 네트워크의 IP 주소, MAC 주소 등 기본적인 사항 등 네트워크를 신속하게 파악하고 WAN과 LAN에 대한 기본 설정 내용을 기록하여 보관하는 자료
네트워크 선번 대장	LAN 구축 시 광케이블, UTP 케이블, 전화선 등 각 사무실 아울렛까지 회선별로 연결 정보를 기록, 유지하는 문서

4 네트워크 라우팅

패킷을 출발지에서 목적지로 전달하기 위해서 경로 정보를 어느 노드에 전달하는가를 각 노드가 판단할 수 있게 하고 그 정보에 따라서 패킷을 전달하게 하는 기능이다.

■ 라우팅 프로토콜 분류

분류	라우팅	설명
라우팅 경로 고정 여부	정적 라우팅	– 수동으로 사람이 경로를 입력하여 관리한다. – 관리자 관리 부담이 증가한다.
	동적 라우팅	라우터가 스스로 라우팅 경로를 동적으로 결정한다. 예 RIP, IGRP, OSPF, EIGRP
내/외부 라우팅	내부 라우팅	AS⋆ 내에서 라우팅을 담당한다. 예 RIP, OSPF
	외부 라우팅	서로 다른 AS 사이에서 사용되는 프로토콜이다. 예 EGP, BGP
라우팅 알고리즘	거리 벡터 알고리즘	거리와 방향만을 사용하여 라우팅을 수행한다. 예 RIP, IGRP
	링크 상태 알고리즘	목적지까지 SPF(Shortest Path First) 알고리즘을 사용한다. 예 OSPF

★ 자율 시스템
(AS; Autonomous System)
독립적인 네트워크 환경을 구성하며 AS 내의 라우터들은 서로 동일한 라우팅 프로토콜을 사용하며 하나의 AS 내에 있는 라우터들 간 라우팅 정보 교환을 위해서 IRP 프로토콜을 사용한다. 서로 다른 AS 간 라우팅 정보 교환을 위해서는 EGP를 사용한다.

■ 라우팅 대표 프로토콜

프로토콜	설명
RIP	– 거리 벡터 알고리즘을 사용하는 가장 단순한 라우팅 프로토콜이다. – 인접 라우터와 30초마다 주기적으로 라우팅 정보를 교환한다. – 최대 홉 수*는 15로 제한되며, 주로 소규모 네트워크에서 사용한다. – 벨만 포드(Bellman-Ford) 알고리즘을 사용한다.
OSPF	– 목적지까지 가는 모든 경로를 라우팅 테이블에 기록한다. – 라우팅 정보에 변화가 발생하면 변경된 정보를 모든 네트워크에 전송하며, 주로 대규모 네트워크에서 사용한다. – 다익스트라(Dijkstra) 알고리즘을 사용한다.
BGP	– 대표적인 EGP(Exterior Gateway Protocol) 중의 하나로, 도메인 간의 라우팅 정보 전달 기능을 수행한다. – 패스 벡터 알고리즘(Path Vector Algorithm)을 사용하여 홉 수 대신 AS 번호를 사용한다.

★ 홉(Hop) 수

패킷이 경유하게 되는 라우터의 수를 의미한다.

기출 유형 문제

2018.08

01 중앙에 호스트 컴퓨터가 있고 이를 중심으로 터미널들이 연결되는 네트워크 구성 형태(Topology)는?

① 버스형(Bus)

② 링형(Ring)

③ 성형(Star)

④ 그물형(Mesh)

> **해설** 중앙집중식 형태로 구성된 토폴로지는 성형 구조이다.

2020.09

02 다음이 설명하는 다중화 기술은?

> – 광섬유를 이용한 통신 기술의 하나를 의미함
> – 파장이 서로 다른 복수의 광신호를 동시에 이용하는 것으로, 광섬유를 다중화하는 방식임
> – 빛의 파장 축과 파장이 다른 광선은 서로 간섭을 일으키지 않는 성질을 이용함

① Wavelength Division Multiplexing

② Frequency Division Multiplexing

③ Code Division Multiplexing

④ Time Division Multiplexing

> **해설**
> – FDM(Frequency Division Multiplexing) : 전송 매체를 서로 다른 주파수 대역으로 구분하여 각각의 정보를 해당 주파수 대역의 전송파로 변환하여 전송하는 방식
> – CDM(Code Division Multiplexing) : 디지털 통신 시스템에서 여러 신호에 각기 다른 코드 시퀀스를 부여한 후 하나의 채널로 다중화하여 전송하는 방식
> – TDM(Time Division Multiplexing) : 복수의 데이터나 디지털화한 음성을 일정한 시간으로 분할하여 전송함으로써 하나의 회선을 복수의 채널로 다중화하는 방식

2017.08

03 SONET(Synchronous Optical Network)에 대한 설명으로 틀린 것은?

① 광전송망 노드와 망 간의 접속을 표준화한 것이다.

② 다양한 전송기기를 상호 접속하기 위한 광신호와 인터페이스 표준을 제공한다.

③ STS-12의 기본 전송 속도는 622.08Mbps이다.

④ 프레임 중계 서비스와 프레임 교환 서비스가 있다.

> **해설** 프레임 중계 서비스와 프레임 교환 서비스는 프레임 릴레이 프로토콜에서 사용된다.

2020.08

04 RIP(Routing Information Protocol)에 대한 설명으로 틀린 것은?

① 거리 벡터 라우팅 프로토콜이라고도 한다.

② 소규모 네트워크 환경에 적합하다.

③ 최대 홉 카운트를 115홉 이하로 한정하고 있다.

④ 최단 경로 탐색에는 Bellman-Ford 알고리즘을 사용한다.

> **해설** RIP 프로토콜의 최대 홉 수는 15이다. 가장 단순한 라우팅 프로토콜로, 인접 라우터와 30초마다 주기적으로 라우팅 정보를 교환한다.

05 외부 라우팅 프로토콜로서 AS(Autonomous System) 간의 라우팅 테이블을 전달하는 데 주로 이용되는 것은?

① BGP

② RIP

③ OSPF

④ LSA

> **해설** BGP 프로토콜은 대표적인 EGP(Exterior Gateway Protocol) 중의 하나로, 도메인 간의 라우팅 정보 전달 기능을 수행하며 패스 벡터 알고리즘(Path Vector Algorithm)을 사용한다.

06 링크 상태 라우팅 알고리즘을 사용하며, 대규모 네트워크에 적합한 것은?

① RIP

② VPN

③ OSPF

④ XOP

> **해설** OSPF 프로토콜은 목적지까지 가는 모든 경로를 라우팅 테이블에 기록하고, 라우팅 정보에 변화가 발생하면 변경된 정보를 모든 네트워크에 전송한다. 주로 대규모 네트워크에서 사용한다.

출제 예상 문제

07 주로 대규모 네트워크를 구성할 때 사용하며 다익스트라(Dijkstra) 알고리즘 기반으로 하는 대표 라우팅 프로토콜은?

① RIP

② OSPF

③ BGP

④ EGP

> **해설** RIP는 주로 소규모 네트워크에서 벨만 포드(Bellman-Ford) 알고리즘을 기반으로 사용하며, OSPF는 주로 대규모 네트워크에서 다익스트라(Dijkstra) 알고리즘을 기반으로 사용한다.

08 네트워크 디자인을 위한 Hierarchical 3 Layer 모델에 대한 설명으로 틀린 것은?

① 큰 네트워크를 만들 수 있지만 확장하는 데 어려움이 있다.

② 코어 계층은 디스트리뷰션 계층에서 오는 데이터를 인터넷에 연결한다.

③ 디스트리뷰션 계층은 라우팅 기능을 수행한다.

④ 액세스 계층은 사용자가 최초로 연결되는 지점이다.

> **해설** Hierarchical 3 Layer 모델의 장점은 단순하며 큰 네트워크를 만들 수 있고 확장하기가 쉽다.

09 다음에서 설명하는 네트워크 산출물 문서는?

> LAN 구축 시 광케이블, UTP 케이블, 전화선 등 각 사무실 아울렛까지 회선별로 연결 정보를 기록, 유지하는 문서

① 네트워크 자재 검수표

② 네트워크 상태 구성도

③ 네트워크 프로파일

④ 네트워크 선번 대장

> **해설**
> - 네트워크 자재 검수표 : 프로젝트 진행 간에 납품되어 검수가 진행된 네트워크 자재 검수 결과표
> - 네트워크 상태 구성도(토폴로지 구성도) : 라우터, 방화벽, 스위치, 서버, 무선 액세스 포인트 등 기본적인 네트워크 인프라스트럭처 요소의 상호 연결 관계를 보여주는 구성도
> - 네트워크 프로파일(설정 정보) : 구축된 네트워크의 IP 주소, MAC 주소 등 기본적인 사항 등 네트워크를 신속하게 파악하고 WAN과 LAN에 대한 기본 설정 내용을 기록하여 보관하는 자료

202 네트워크 트렌드

1 네트워크 트렌드의 개념

멘토 코멘트

SDN, NFV는 차세대 네트워크 기술로 시장에서 네트워크 복잡도 증가, 확장 가능성 및 유연성에 대한 요구 증가, 인프라 획득 및 유지보수 비용 증가, 네트워크 장비 시장의 해외 기업 잠식에 대응하기 위하여 지속적으로 수요가 증가되고 있다.

- 새로운 네트워크에 대한 수요는 네트워크 가상화에 많은 관심을 불러 일으키고 있다. 네트워크 가상화는 가용 대역폭 채널을 종합하는 하나 이상의 논리적 네트워크로 물리적인 네트워크를 세분화하는 것을 의미한다.
- 네트워크 가상화의 대표 기술로는 소프트웨어 정의 네트워크(SDN; Software Defined Network)와 네트워크 기능 가상화(NFV; Network Functions Virtualization)가 있다.

2 소프트웨어 정의 네트워크

■ 소프트웨어 정의 네트워크(SDN; Software Defined Network)의 개념

알아두기

기존 네트워크 장비는 패킷을 전송하기 위하여 최적의 네트워크 경로를 찾는 기능과 패킷이 네트워크 장비로 유입되면 다음 패킷을 어디 보낼지 결정하는 기능이 있다. 이 기능인 제어 평면과 데이터 평면을 분리하여 구현된 것이 SDN이다.

기존 네트워크 구조의 한계를 극복하고 이를 개선하기 위하여 네트워크 트래픽 경로를 제어하는 제어 평면(Control Plane)과 트래픽 전송을 수행하는 데이터 평면(Data Plane)으로 분리하고 개방형 프로토콜 오픈플로를 이용하여 소프트웨어 기반의 가상 네트워크를 구성하는 네트워크 관리 기술이다.

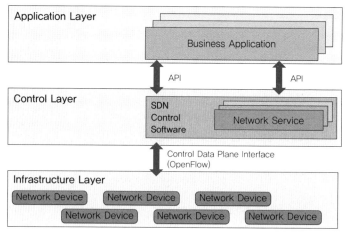

▲ SDN 구성도

■ 소프트웨어 정의 네트워크의 구성 요소

구성 요소	설명
Application	– 네트워크 운영체제 상위에서 사용자 서비스를 지원하는 프로그램 – SDN 애플리케이션 로직 구현
Control Plane	– SDN 제어 소프트웨어에서 오픈플로를 통하여 네트워크 장치를 제어함 – 기존 네트워크 제어 기능(ACL, 라우팅 프로토콜, 인증 등)에 대한 중앙 집중화 구현 – SDN Control Logic ACL, Routing, 인증 수행
Interface	오픈플로를 이용하여 데이터 평면과 컨트롤 평면 간 연계
Data Plane	네트워크 장치에서 오픈플로 기능을 지원해야 하며, 패킷이 유입되면 다음 패킷의 목적지로 전송시키는 단순 패킷 포워딩과 스위칭 기능만 구현함

3 오픈플로(OpenFlow)의 개념

이기종의 스위치와 라우터의 플로 테이블을 개방형 프로토콜에 의해서 패킷 전달 및 제어 기능을 소프트웨어적으로 분리 구현한 SDN을 위한 인터페이스 표준 기술이다.

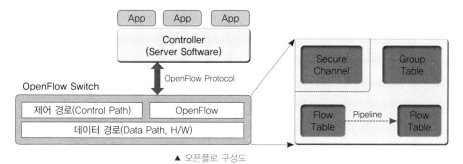

▲ 오픈플로 구성도

멘토 코멘트

기존의 패킷 전송 등과 같은 포워딩 기능은 그 대로 네트워크 장비에서 수행하지만 네트워크 전체의 관점에서 결정해야 하는 역할은 중앙의 서버에서 수행한다.

■ 오픈플로의 구성 요소

구성 요소	설명
Controller	– 망 상태에 대한 글로벌 뷰를 기반으로 포워딩 제어, 토폴로지 및 상태 관리, 라우팅 제어 등의 중앙 집중형 망 제어 기능을 제공한다. – 플로 테이블 내 플로 엔트리의 삽입, 추가, 삭제 기능을 제공한다.
OpenFlow Protocol	스위치와 스위치를 관리하는 컨트롤러가 통신을 위한 개방형 표준 인터페이스로 패킷 포워딩 방법이나 VLAN* 우선순위값 등을 스위치에 전달한다.
OpenFlow Switch	L2 스위치에 오픈플로 프로토콜을 펌웨어로 추가하여 오픈플로 스위치를 구성하거나 소프트웨어 방식의 Logical 스위치를 구성한다.
Flow Table	– 플로 엔트리(조건, 처리, 통계)가 모여서 플로 테이블을 구성한다. – 매칭되는 조건에 따라서 패킷을 처리한다.
Pipeline	플로 테이블에 있는 엔트리와 비교하여 패킷 처리가 계속되도록 지시한다.

★ VLAN

물리적 배치와 상관없이 논리적으로 LAN을 구성하여 브로드캐스트 도메인을 구분할 수 있게 해주는 기술이다. 접속된 장비들의 성능향상 및 보안성 증대 효과가 있다.

Group Table	브로드캐스트, 멀티캐스트를 구현하는 데 유용하다.
Secure Channel	보안 채널 기능의 역할을 제공한다.

4 네트워크 기능 가상화

■ 네트워크 기능 가상화(NFV; Network Functions Virtualization)*의 개념

- 네트워킹에 필요한 모든 유형의 자원을 추상화하고 소프트웨어적으로 자동화, 관리, 제어가 가능한 기술이다. 주로 x86 기반의 일반 서버에 설치되어 성능 최적화로 비용을 낮추는 것을 목적으로 한다.
- 기존 하드웨어 어플라이언스*로 구현된 라우터, 방화벽, NAT, IDS, IPS, DNS 등의 다양한 기능을 소프트웨어 형태의 가상화된 어플라이언스로 구현하여 운용하는 가상화 기술이다.

★ NFV
네트워크 장비를 한 판매업자에 종속성 없이 다양한 공급자로부터 하드웨어와 소프트웨어를 구성할 수 있도록 지원한다.

★ 어플라이언스 (Appliance)
운영체제, 소프트웨어 설치, 설정 등을 하지 않고 구입해서 전원을 접속하면 곧 바로 사용할 수 있는 장치를 의미한다. 즉 각종 기업용 소프트웨어, 서버, 스토리지 등 하드웨어에 최적화해 통합한 장비를 의미한다.

★ 오케스트레이터
멀티 NFVI 환경에서 전체적인 네트워크 오케스트레이션 및 관리 기능을 수행한다. VNF 매니저는 VNF 라이프 사이클을 관리한다. 가상화된 인프라 매니저는 NFVI의 컴퓨팅, 스토리지, 네트워크 자원을 관리하고 제어하는 기능을 수행한다.

🖉 알아두기
VNF에는 EMS(Element Management System)라는 관리 기능도 포함된다.

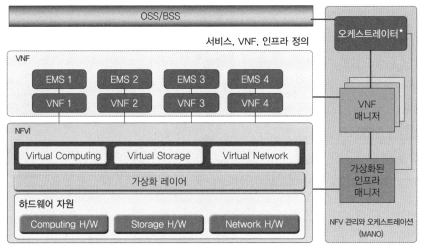

▲ 네트워크 기능 가상화(NFV) 구성도

■ 네트워크 기능 가상화의 구성 요소

구성 요소	설명
NFVI (NFV Infrastructure)	– 가상 네트워크 기능을 수행하는 데 필요하다. – 가상화된 가상 자원을 제공한다.
VNFs (Virtual Network Functions)	– 소프트웨어로 개발된 네트워크 기능들의 집합이다. – NFVI에서 실행될 수 있는 네트워크 기능을 구현한 소프트웨어 패키지이다.
MANO (NFV Management & Orchestration)	NFVI의 물리 및 가상 자원과 VNF의 제어 및 라이프 사이클 관리를 담당한다.

5 오버레이 네트워크(Overlay Network)

- 이미 존재하는 네트워크 전달망 기능 위에 별도의 노드 기능과 논리적 링크들을 구성하여 이루어진 가상 네트워크이다.
- P2P(Peer-To-Peer) 네트워크와 같은 분산 시스템은 대표적인 오버레이 네트워크에 해당한다.
- 물리적으로 다른 네트워크에 위치한 노드들을 물리적 링크를 고려하지 않고 오버레이 네트워크를 통해 통신이 가능한 상태로 연결한다.

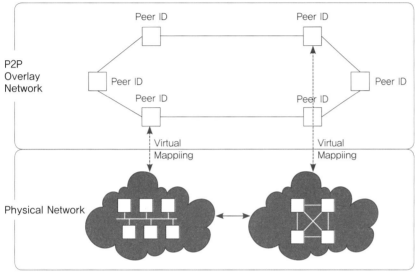

▲ 오버레이 네트워크(Overlay Network) 구성도

6 에지 컴퓨팅(Edge Computing)

- 수많은 스마트 기기 또는 지능형 기기에서 발생하는 모든 데이터를 클라우드로 보내서 처리하는 것보다는 데이터가 생성되는 가까운 위치에서 데이터를 처리하기 위한 기술로 VR/AR 고용량의 데이터를 지연 없이 처리할 수 있는 환경을 제공한다.
- 저지연, 부하 분산 역할을 수행하며 중앙 시스템 문제 발생 시에도 에지에서 일부 서비스를 제공할 수 있다.
- 자율 주행차, 스마트 시티, 스마트 팩토리 등의 핵심 기술로 활용된다.

🎓 **멘토 코멘트**

에지 컴퓨팅은 클라우드 컴퓨팅과 서로 경쟁하는 것이 아닌 클라우드가 진화하는 과정으로 이해할 수 있다.

▲ 에지 컴퓨팅과 클라우드 컴퓨팅의 차이

7 네트워크 슬라이싱(Network Slicing)

- 물리적으로 하나의 네트워크를 통해 Device, Access, Transport, Core를 포함하여 End-to-End로 논리적으로 분리된 네트워크를 만들고 이를 서로 다른 특성을 갖는 다양한 서비스들에 최적화된 네트워크 환경을 제공하는 5G 핵심 기술이다.
- 주요 기술인 SDN, NFV를 이용하여 네트워크 슬라이싱을 구성하며, 서비스별로 다양한 고객 맞춤형 서비스를 제공하는 네트워크 기술이다.

알아두기

네트워크 슬라이싱은 자율 주행 자동차, 스마트폰 동영상 서비스 등 각 서비스에 최적화된 네트워크 환경을 제공한다.

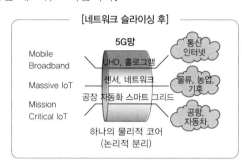

8 메시 네트워크(Mesh Network)

- 기존 무선 랜의 한계 극복을 위해 등장하였다. 대규모 디바이스 네트워크 생성에 최적화되어 차세대 이동 통신, 홈 네트워킹, 공공 안전 등의 특수 목적을 위한 새로운 방식의 네트워크 기술이다.
- 무선 통신 기지국처럼 안테나 역할을 할 무선 통신 라우터들이 메시 노드가 되어 모든 구간을 무선으로 연결하며, 대표 액세스 포인트(AP; Access Point)만 유선으로 연결되는 구조이다.
- 무선 환경이지만 안전성, 확장성, 보안까지 지원하며 수십, 수천 개의 디바이스가 서로 안전하게 통신해야 하는 센서 네트워크 등 사물 인터넷 환경에 적합하다.

2022.04, 2020.08

01 기존 무선 랜의 한계 극복을 위해 등장하였으며, 대규모 디바이스의 네트워크 생성에 최적화되어 차세대 이동 통신, 홈 네트워킹, 공공 안전 등의 특수 목적을 위한 새로운 방식의 네트워크 기술을 의미하는 것은?

① Software Defined Perimeter

② Virtual Private Network

③ Local Area Network

④ Mesh Network

> **해설** 메시 네트워크(Mesh Network)는 무선 통신 기지국처럼 안테나 역할을 할 무선 통신 라우터들이 메시 노드가 돼 모든 구간을 무선으로 연결하여 안정적인 센서 네트워크 환경을 지원하는 네트워크 기술로, 기존 무선 랜의 한계 극복을 위해 등장하였다.

2021.08

02 물리적 배치와 상관없이 논리적으로 LAN을 구성하여 브로드캐스트 도메인을 구분할 수 있게 해주는 기술로 접속된 장비들의 성능 향상 및 보안성 증대 효과가 있는 것은?

① VLAN

② STP

③ L2AN

④ ARP

> **해설** VLAN에 대한 설명이다. STP는 통신망에서 출발 노드에서 도착 노드까지 복수 개의 경로가 있는 경우 무한 루프가 발생하지 않도록 하는 프로토콜이다. ARP는 IP 주소를 물리적 네트워크 주소로 변환시키는 프로토콜이다.

2022.04

03 다음에서 설명하는 IT 기술은?

> – 네트워크를 제어부, 데이터 전달부로 분리하여 네트워크 관리자가 효율적으로 네트워크를 제어, 관리할 수 있는 기술
> – 기존의 라우터, 스위치 등과 같이 하드웨어에 의존하는 네트워크 체계에서 안정성, 속도, 보안 등을 소프트웨어로 제어, 관리하기 위해 개발됨
> – 네트워크 장비의 펌웨어 업그레이드를 통해 사용자의 직접적인 데이터 전송 경로 관리가 가능하고, 기존 네트워크에는 영향을 주지 않으면서 특정 서비스의 전송 경로 수정을 통하여 인터넷상에서 발생하는 문제를 처리할 수 있음

① SDN(Software Defined Networking)

② NFS(Network File System)

③ Network Mapper

④ AOE Network

> **해설** SDN에 대한 설명이다.

04 다음에서 설명하고 있는 네트워크 기술은 무엇인가?

> – 오픈플로를 이용하여 데이터 평면과 제어 평면 간 연계하여 가상 네트워크를 관리한다.
> – 제어 평면으로 기존 네트워크 제어 기능을 중앙에서 관리할 수 있다.

① 소프트웨어 정의 네트워크(SDN)

② 메시 네트워크(Mesh Network)

③ 네트워크 기능 가상화(NFV)

④ 오버레이 네트워크(Overlay Network)

> **해설** 기존 네트워크 구조의 한계성을 극복하고 개선하기 위하여 네트워크 트래픽 경로를 제어하는 제어 평면(Control Plane)과 트래픽 전송을 수행하는 데이터 평면(Data Plane)으로 분리하여 네트워크를 관리하는 기술은 SDN이다.

05 오픈플로(OpenFlow) 구성 요소 중 설명이 틀린 것은?

① Controller는 망 상태에 대한 글로벌 뷰를 기반으로 포워딩 제어, 토폴로지 및 상태 관리

② Flow Table은 Flow Entry(조건, 처리, 통계)가 모여 구성됨

③ Secure Channel은 보안 채널의 기능 수행

④ Group Table은 Flow Table에 있는 엔트리와 비교하여 패킷 처리가 계속되도록 지시

> **해설** Flow Table에 있는 엔트리와 비교하여 패킷 처리가 계속되도록 지시하는 것은 Pipeline이다.

06 다음에서 설명하고 있는 네트워크 기술은 무엇인가?

> 기존 하드웨어 어플라이언스로 구현된 라우터, 방화벽, NAT, IDS, IPS, DNS 등 기능을 소프트웨어 형태의 가상화된 어플라이언스로 구현하여 운용하는 가상화 기술

① SDN(Software Defined Network)

② 오픈플로(OpenFlow)

③ 네트워크 기능 가상화(NFV)

④ 오버레이 네트워크(Overlay Network)

> **해설** NFV는 네트워킹에 필요한 모든 유형의 자원을 추상화하고 소프트웨어적으로 자동화, 관리, 제어가 가능한 기술이며 주로 x86 기반의 일반 서버에 설치되어 성능 최적화로 비용을 낮추는 구조로 구성하는 가상화 기술이다.

07 다음에서 설명하고 있는 네트워크 기술은 무엇인가?

> 수많은 스마트 기기 또는 지능형 기기에서 발생하는 모든 데이터를 클라우드로 보내서 처리하는 것보다는 데이터가 생성되는 가까운 위치에서 데이터를 처리하기 위한 기술

① SDN(Software Defined Network)

② 오픈플로(OpenFlow)

③ 네트워크 기능 가상화(NFV)

④ 에지 컴퓨팅(Edge Computing)

> **해설** 스마트기기, IoT 장비 등 데이터가 생성되는 부분에서 데이터를 처리하여 지연 및 네트워크 부하를 최소화하는 기술을 에지 컴퓨팅이라고 한다. 즉, 코어 네트워크가 아닌 에지에서 데이터를 처리하는 기술이다.

08 다음에서 설명하고 있는 네트워크 기술은 무엇인가?

> 물리적으로 하나의 네트워크를 통해 Device, Access, Transport, Core를 포함하여 End-to-End로 논리적으로 분리된 네트워크를 만들어 서로 다른 특성을 갖는 다양한 서비스들에 최적의 네트워크 환경을 제공하는 5G 핵심 기술이다.

① SDN(Software Defined Network)

② 오픈플로(OpenFlow)

③ 네트워크 슬라이싱(Network Slicing)

④ 에지 컴퓨팅(Edge Computing)

> **해설** 네트워크 슬라이싱은 서비스가 요구하는 네트워크 성능을 차등적으로 적용하여 최적화된 네트워크 환경을 제공한다면, 에지 컴퓨팅은 자율 주행 자동차 등 정보를 요청한 장치에서 가까운 위치에서 데이터를 처리하여 지연 시간을 최소화하고 네트워크 부담을 최소화하는 기술이다.

203 | 서버 장비 운영

1 서버 장비 운영의 개념

정보 시스템 운영에 필요한 서버 장비 운영 요소는 서버 장비뿐만 아니라 데이터 저장 장치인 스토리지, 고가용성 장비, 보안 솔루션, 운영체제 등 정보 시스템 운영의 시작부터 끝까지 필요한 모든 것들을 포함한다.

2 서버 탑재 소프트웨어 유형

유형	주요 기능	사례
운영체제(OS)	시스템에 대한 구성, 장애, 성능, 보안, 계정 관리 기능을 제공한다.	Window Server, AIX, Unix, Linux 등
DBMS	데이터를 효과적, 효율적으로 관리하기 위한 관리 시스템이다.	ORACLE, TIBERO 등
웹 운영	웹 기반 미들웨어 역할, 부하 분산 역할 기능을 제공한다.	Apache, WAS, JEUS, TUXEDO
보안 솔루션	기밀성, 무결성, 가용성 등 보안을 담당한다.	백신 소프트웨어, IDS, IPS, F/W, FDS 등
클라우드 컴퓨팅 솔루션	시스템 자원을 효율적으로 이용하기 위한 가상화 솔루션이다.	서버 가상화 등

3 저장 장치(스토리지 시스템)

정보 시스템 구축 시 저장 데이터 운용에 필요한 많은 저장 공간의 확보가 필요하며, 이런 대용량 데이터를 저장하기 위하여 구성된 것이 스토리지이다.

■ 스토리지의 종류

(1) DAS(Direct Attached Storage)

서버 장비에 직접 연결하여 운용하는 방식의 저장 장치로, 구성이 용이하다.

멘토 코멘트

스토리지 유형인 DAS, NAS, SAN의 유형별 특징을 기억해야 한다.

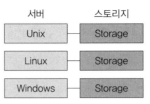

▲ DAS 운용 개념도

(2) NAS(Network Attached Storage)

- 서버와 저장 장치를 네트워크로 연결하는 방식이다.
- 구성 설정이 간편하며 별도의 운영체제를 가진 서버 한 곳에서 파일을 관리하기 때문에 NAS에 연결되는 다양한 이기종 서버 간에 스토리지 및 파일 공유가 용이하다.

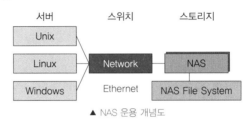

▲ NAS 운용 개념도

(3) SAN(Storage Area Network)

- DAS의 빠른 처리와 NAS의 스토리지 공유 장점을 합친 방식이다.
- 광케이블(FC)과 광채널 스위치를 통해 근거리 네트워크 환경을 구성하여 빠른 속도로 데이터를 처리한다.
- 저장 장치 연결로 스토리지 공유가 가능하다.

▲ SAN 운용 개념도

🎓 멘토 코멘트

DAS, NAS, SAN에 대한 비교는 개념의 이해를 돕기 위한 것으로 스토리지 공유, 파일 시스템 공유, 장점, 단점, 활용 분야에 대해서 이해하고 그 외 비교는 참고만 하고 넘어가도록 한다.

■ DAS, NAS SAN 비교

항목	DAS	NAS	SAN
구성 요소	– Application Server – Storage	– Application Server – Storage, File Server	– Application Server – Storage, SAN Switch
접속 장치	없음	이더넷 스위치	파이버 채널 스위치

스토리지 공유	가능	가능	가능
파일 시스템 공유	불가능	가능	불가능
파일 시스템 관리	Application Server	File Server	Application Server
표준화	벤더별 상이	불필요	SNIA 주관
속도 결정 요인	채널 속도	LAN, 채널 속도	채널 속도
프로토콜	파이버 채널, SCSI, SAS	TCP/IP, CIFS, NFS	파이버 채널, iSCSI, FCoE
장점	– 설치 용이 – 저렴한 TCO	– 이기종 간 파일 공유 – 설치 및 관리 용이	– 무정지 확장성 – 고성능
단점	– 제한된 확장성 – 통합 관리 어려움	– LAN 대역폭 잠식 – OLTP 성능 저하	– 고비용 – 호환성 체계 미흡
활용 분야	소규모, 독립 시스템	ISP, ASP, 이메일 서버	데이터베이스 시스템, 데이터 웨어하우스, 미디어 시스템

4 고가용성(HA; High Availability)의 개념

- 2개 이상의 시스템을 클러스터로 구성하여 하나의 시스템에 장애가 발생하면 최소한의 서비스 중단을 위해 다른 시스템으로 신속하게 대체 작동(Failover)*하는 기술이다.
- 가용성 극대화로 비즈니스 연속성을 확보하고 수익성과 기업 이미지 신뢰도를 향상시킨다.

★ **대체 작동(Failover)**
서비스 중인 서버나 네트워크에 이상이 발생하면 예비 서버나 예비 네트워크 망으로 전환하여 원활한 서비스를 보장하는 기능을 의미한다.

■ 고가용성 구성 유형

(1) Hot Standby

- 가동 시스템과 백업 시스템으로 구성되며 외장 디스크는 가동 시스템에서 접근이 가능하다.
- 장애 시 백업 시스템에 접근하여 서비스를 복구한다.

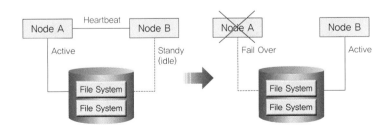

(2) Mutual Take-Over

- 2개의 가동 시스템이 각각의 고유한 가동 서비스를 수행하다가 장애가 발생하면 대체 작동(Failover)하여 동시에 2개의 업무를 수행하는 방식이다.
- 장애 발생 시 자원 사용률을 감안하여 사용률이 50%를 넘지 않도록 관리가 필요하다.

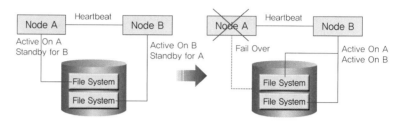

(3) Concurrent Access

- 여러 개의 시스템이 동시에 업무를 나누어서 병렬로 업무를 처리하며 전체가 Active 상태로 업무를 수행한다.
- 한 시스템에 장애가 발생해도 대체 작동(Failover) 없이 가용성을 보장한다.

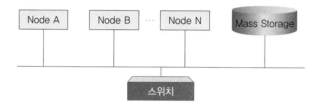

5 하드웨어 구축 시 제한 사항

하드웨어 구축에 있어 정보 시스템 구축 프로젝트 수행 시 일정, 비용, 품질에 영향을 줄 수 있는 다음과 같은 제한 사항의 요소를 고려해야 한다.

제한 사항	주요 내용	영향 요소
요구사항 불명확	하드웨어 구축에 필요한 사용자의 요구사항이 불명확하고 명세화 되지 않은 문제로 발생되는 제한 사항	일정, 비용, 품질
해외 제조 장비의 공급 지연	하드웨어 공급의 해외 제조사의 정책에 따라 공급 일정 지연으로 전체적인 납기에 영향을 줌	일정
장비의 단종	하드웨어 구축 시 단종된 모델에 대한 도입 요구로 납기 일정의 지연	품질, 일정
장비 간의 호환성 확보	하드웨어 장비의 운영체제 호환성 등 장비 간의 호환성 문제로 정상적인 가동이 제한되는 문제점의 상존	품질

기출 유형 문제

2022.03, 2020.09

01 다음 내용이 설명하는 스토리지 시스템은?

> – 하드 디스크와 같은 데이터 저장 장치를 호스트 버스 어댑터에 직접 연결하는 방식이다.
> – 저장 장치와 호스트 기기 사이에 네트워크 디바이스 없이 직접 연결하는 방식으로 구성한다.

① DAS

② NAS

③ N-SCREEN

④ NFC

해설 서버 또는 컴퓨터에 네트워크를 거치지 않고 직접 연결하는 스토리지 시스템은 DAS이다.

2021.05

02 다음 내용이 설명하는 것은?

> – 네트워크상에 광채널 스위치의 이점인 고속 전송과 장거리 연결 및 멀티 프로토콜 기능을 활용
> – 각기 다른 운영체제를 가진 여러 기종들이 네트워크상에서 동일 저장 장치의 데이터를 공유하게 함으로써, 여러 개의 저장 장치나 백업 장비를 단일화 시킨 시스템

① SAN

② MBR

③ NAC

④ NIC

해설 SAN(Storage Area Network)은 광케이블과 광채널 스위치를 통해 고속 전송이 가능하고 스토리지 공유가 가능하다.

출제 예상 문제

03 다음 중 스토리지 장치에 대한 설명 중 틀린 것은?

① DAS는 서버 장비에 직접 연결한다.

② NAS는 서버와 저장 장치를 네트워크로 연결하는 방식이다.

③ NAS는 이기종 간 파일 공유가 불가능하다.

④ SAN은 저장 장치 연결로 스토리지 공유가 가능하다.

해설 NAS는 이기종 간 파일 공유가 가능하며, 설치 및 관리가 용이하다.

04 다음은 고가용성(HA)에 대한 설명이다. 다음에서 설명하는 고가용성 유형은?

> 한 개의 가동 중인 Active 시스템과 한 개의 백업 시스템인 Standby 시스템으로 구성되어 가동 중인 시스템이 중단되면 백업 시스템을 가동시키며 가용성을 유지한다.

① Hot Standby

② Mutual Take-Over

③ Concurrent Access

④ Fault Tolerance

해설 Hot Standby는 Active-Standby 구조로, Active 상태의 시스템이 중단되면 Standby 상태의 시스템을 Active 상태로 가동하여 고가용성을 유지한다.

05 다음에서 설명하는 스토리지 장치는?

> – 서버와 저장 장치를 네트워크로 연결하는 방식으로, 구성 설정이 간편하며 이기종 간 파일 공유, 설치 및 관리가 용이하다.
> – 이더넷 스위치로 접속하며 스토리지 공유와 파일 시스템 공유가 가능하다.

① DAS

② NAS

③ SAN

④ iSCSI

해설 NAS에 대한 설명이다.

204 | 서버 구성 트렌드

1 클라우드 컴퓨팅(Cloud Computing)의 개념

클라우드 컴퓨팅은 서버, 스토리지, 애플리케이션 등 IT 리소스를 온디맨드(On-Demand)*로 제공하고 사용한 만큼만 비용을 지불하는 컴퓨팅을 의미한다.

★ 온디맨드(On-Demand)
클라우드 컴퓨팅에서 온디맨드란 IT 자원을 필요한 만큼 원하는 즉시 제공하는 것을 의미한다.

■ 클라우드 컴퓨팅의 분류

(1) IT 자원 유형에 따른 분류

IT 자원 유형	클라우드 유형	설명
Data / Application / Runtime / Middleware / Server/Storage / Network	SaaS (Software as a Service)	소프트웨어나 애플리케이션을 엔드유저(End-User)에게 제공한다.
	PaaS (Platform as a Service)	프로그램이나 애플리케이션을 개발하는 데 필요한 도구나 프레임워크 등을 제공한다.
	IaaS (Infrastructure as a Service)	스토리지, 서버, 메모리 등의 컴퓨팅 인프라 구축에 필요한 가상 하드웨어 자원을 제공한다.

🎓 멘토 코멘트

파스타(PaaS-TA)는 국내 IT 서비스 경쟁력 강화를 목표로 개발되었으며 인프라 제어 및 관리 환경, 실행 환경, 개발 환경, 서비스 환경, 운영 환경으로 구성되어 있는 개방형 클라우드 컴퓨팅 플랫폼이다.

(2) 서비스 적용 대상에 따른 분류

서비스 대상	설명
Public Cloud	- 사용 대상에 제한을 두지 않으며 공개적으로 서비스를 제공한다. - 최소 투자 비용으로 최대의 성과를 달성한다.
Private Cloud	- 특정 대상 조직에게만 클라우드 서비스를 제공한다. - 대규모 투자 비용이 소요되지만 내부 보안 통제에 장점이 있다.
Community Cloud	- 특정한 공통 임무, 공통 관심을 가진 기관들로 구성되고 운영된다. - 그룹의 구성원들은 클라우드의 데이터와 애플리케이션을 공유한다.
Hybrid Cloud	- 퍼블릭 클라우드와 프라이빗 클라우드 서비스를 혼용한 방식이다. - 시스템 자원을 효율적으로 사용하면서도 비용 절감이 가능하다.

■ 클라우드 컴퓨팅 생태계 5가지 영역

(1) 클라우드 컴퓨팅 서비스 제공자(CSP; Cloud computing Service Provider)

클라우드 컴퓨팅 인프라 위에 클라우드 플랫폼을 구축하여 IaaS, PaaS, SaaS 등의 다양한 서비스를 제공한다.

(2) 클라우드 컴퓨팅 서비스 브로커리지(CSB; Cloud computing Service Brokerage)

다수의 이종 클라우드 서비스를 연계 및 서비스 간 통합 및 최적화를 통한 신규 서비스와 가치를 창출하고 사용자 요구사항 기반의 최적 서비스를 선택, 배치하는 기능을 제공한다.

(3) 클라우드 컴퓨팅 네트워크(CN; Cloud computing Network)

클라우드 제공자와 클라우드 단말을 연결하는 유무선 네트워크망이다.

(4) 클라우드 컴퓨팅 서비스 단말(CCD; Cloud computing service Client Device)

클라우드 서비스를 이용하는 수단으로 스마트폰, 태블릿 PC, PC와 노트북, 씬 클라이언트, 제로 클라이언트 등을 예로 들 수 있다.

(5) 클라우드 컴퓨팅 보안(CS; Cloud computing Security)

클라우드 단말, 클라우드 네트워크, 클라우드 제공자에 걸쳐 클라우드를 안전하게 이용할 수 있는 기능을 제공한다.

알아두기

씬(Thin) 클라이언트와 제로(Zero) 클라이언트는 필수적으로 필요한 하드웨어 장치만 탑재한 PC 단말을 의미하며, 대부분의 업무 기능은 클라우드를 통해서 처리한다.

2 가상화(Virtualization)의 개념

- 가상화는 하드웨어와 같은 물리적인 컴포넌트를 논리적인 객체로 추상화하고 마치 하나의 장치가 여러 개의 장치인 것처럼 동작하거나 또는 여러 개의 장치를 묶어 하나의 장치인 것처럼 만드는 기술이다.
- 사용자에게 공유 자원을 제공할 수 있다. 가상화는 클라우드 컴퓨팅 구현을 위한 핵심 기술이다.

■ 가상화의 종류

(1) 서버 가상화

하이퍼바이저(Hypervisor)*를 통해 제어되며 각종 응용 프로그램을 실행하기 위한 환경인 가상 머신(VM; Virtual Machine)으로 이루어진다.

(2) 데스크톱 가상화

가상의 데스크톱을 마치 로컬 시스템처럼 활용할 수 있으며 모든 작업의 프로세싱과 저장은 센터에 위치한 서버에서 이루어진다.

★ 하이퍼바이저

호스트 컴퓨터에서 다수의 운영체제를 동시에 실행하기 위한 논리적 플랫폼으로, 여러 개의 운영체제가 단일 하드웨어 호스트를 공유할 수 있도록 하는 기술이다. 하이퍼바이저를 통하여 가상화 환경을 제공한다.

(3) 애플리케이션 가상화

해당 응용 프로그램이 실행되는 운영체제로부터 응용 프로그램을 캡슐화하는 기법으로, 캡슐화된 응용 프로그램은 실제 설치되지는 않으나 마치 설치된 것처럼 실행된다.

(4) 하드웨어 자원에 따른 가상화

가상화 자원	설명
CPU 가상화	싱글코어, 멀티코어 각각의 가상 머신에 동적인 vCPU(Virtual CPU)를 할당한다.
메모리 가상화	가상 머신에 메모리 영역을 할당하고 연속된 물리적 메모리가 존재하는 것처럼 인식한다.
스토리지 가상화	가상 머신에 저장소를 할당하며, 직접 연결된 디스크처럼 인식한다.
네트워크 가상화	컴퓨터가 여러 개의 네트워크 인터페이스를 보유한 것처럼 인식한다.

■ 가상화 방식에 따른 기술 유형

★ 마이크로 서비스
전통적으로 단일 서비스로 개발하는 모놀로식 방식의 단점을 개선하고자 서비스를 분할하여 확장성을 높이고 개발 및 유지보수 비용을 절감시킬 수 있다.

마이크로 서비스* 환경 구축에 있어 구축 환경을 고려하여 가상 머신과 컨테이너 기술을 선택하여 보다 최적의 마이크로 서비스 환경을 구축할 수 있다.

구분	가상 머신(VM)		컨테이너	
개념도				
개념	하이퍼바이저를 사용하여 물리적 서버 자원을 추상화하여 여러 게스트 운영체제를 지원하는 가상화 기술이다.		리눅스 컨테이너 기반 엔진으로 애플리케이션 자원을 공유 및 격리하여 제공하는 가상화 기술이다.	
특징	- 개별 가상 머신의 안정성 유지와 독립된 운영 지원 - 성능 오버헤드, 가상 머신 개수만큼 라이선스		- 호스트 운영체제 장애 시 전체 영향 받음 - 가볍고 빠른 실행	

★ 도커
하이퍼바이저 없이 리눅스 컨테이너 기술을 바탕으로 애플리케이션을 격리된 상태에서 실행하는 가상화 솔루션으로, 하이퍼바이저 보다 상대적으로 가볍고 빠른 실행이 가능하다.

📝 **알아두기**

가상 머신보다 컨테이너 방식이 경량으로 동작되는 장점이 있다.

3 오픈 스택(Open Stack)의 개념

알아두기

오픈 스택을 사용하기 위한 다양한 환경을 지원하고 있으며, 많은 프로젝트(Nova, Swift, Neutron 등)로 구성되어 있다.

- 클라우드 컴퓨팅 인프라를 쉽게 구축할 수 있으며 이를 개발하고 관리할 수 있는 공개 소스 소프트웨어 기반의 클라우드 컴퓨팅 플랫폼이다.
- 관리자는 데이터 센터의 프로세싱, 스토리지, 네트워킹 자원들을 대시보드를 통하여 제어할 수 있으며, 사용자는 웹을 통하여 필요한 기능을 사용할 수 있다.

■ 오픈 스택의 구성 요소

구분	프로젝트	구분
컴퓨팅	Nova	클라우드 컴퓨팅 구성, 컴퓨팅, 네트워크, 스토리지 관리
스토리지	Swift	비정형 대용량 오브젝트 스토리지 제공
	Cinder	블록 스토리지를 제공
네트워크	Neutron	가상 네트워크 서비스 관리
공유 서비스	KeyStone	프로젝트의 인증 통합 관리
	Glance	가상 머신 이미지 생성 및 관리
	Ceilometer	자원 사용량 측정 및 모니터링
관리 서비스	Heat	서비스 템플릿형 자원 관리
	Horizon	전체 구성 관리 대시보드

4 SDDC(Software Defined Data Center)의 개념

알아두기

SDDC는 벤더 종속성 제거를 목표로 하여 특정 하드웨어에 종속되지 않으며 IT 자동화를 통하여 운영의 효율성을 향상시킨다.

대규모 데이터 트래픽과 빅데이터 처리를 위하여 서버, 스토리지, 네트워크, 보안, 관리 솔루션 등 데이터 센터의 모든 구성 요소를 가상화하고, 이러한 가상화 환경의 인프라를 소프트웨어로 자동 통제 및 관리하는 개념의 데이터 센터를 의미한다.

■ SDDC의 주요 기술 요소

구분	기술 요소	설명
시스템	서버 가상화	물리적인 하드웨어를 논리적으로 분할, 통합하여 자원을 효율적으로 사용하는 기술이다. 예 하이퍼바이저, 가상 머신 등
	플랫폼 기술	컴퓨팅, 스토리지 자원을 제어하기 위하여 주요 플랫폼 기술을 이용하고 시스템을 설계한다. 예 오픈 스택, 클라우드 스택 등
	SDS	스토리지의 저장 공간을 소프트웨어로 가상화하고 이종 스토리지 간의 통합, 동적 자원 할당, 데이터 보호를 제공하는 기술이다.

네트워크	SDN	가상화된 네트워크 자원을 개방형 네트워크 API(오픈플로 등)를 이용하여 통합 관리 및 제어한다.
	NFV	스위치, 라우터, 방화벽, 로드 밸런서 등 네트워크의 주요 기능을 x86 서버 기반으로 가상화하고 소프트웨어로 관리한다.
운영 관리	프로비저닝	시스템 리소스에 대하여 할당 및 관리 기능을 제공한다.
	Auto Scaling	자원 사용률에 따라 동적으로 시스템 자원을 증설 및 회수하여 효율적인 IT 투자에 대한 기반을 제공한다.

2020.09

01 소프트웨어 정의 데이터 센터(SDDC; Software Defined Data Center)에 대한 설명으로 틀린 것은?

① 컴퓨팅, 네트워킹, 스토리지, 관리 등을 모두 소프트웨어로 정의한다.

② 인력 개입 없이 소프트웨어 조작만으로 자동 제어 관리한다.

③ 데이터 센터 내 모든 자원을 가상화하여 서비스한다.

④ 특정 하드웨어에 종속되어 특화된 업무를 서비스하기에 적합하다.

> 해설 SDDC는 벤더 종속성 제거를 목표로 하여 특정 하드웨어에 종속되지 않는다.

2021.08

02 국내 IT 서비스 경쟁력 강화를 목표로 개발되었으며 인프라 제어 및 관리 환경, 실행 환경, 개발 환경, 서비스 환경, 운영 환경으로 구성되어 있는 개방형 클라우드 컴퓨팅 플랫폼은?

① N20S

② PaaS-TA

③ KAWS

④ Metaverse

> 해설 PaaS는 개발에 필요한 개발 환경을 제공하는 클라우드 플랫폼이며, 국내 기업의 기술 경쟁력 강화와 클라우드 공공 부문 선도를 위하여 파스타(PaaS-TA)를 구축하였다.

2021.08

03 다음에서 설명하는 IT 스토리지 기술은?

> – 가상화를 적용하여 필요한 공간만큼 나눠 사용할 수 있도록 하며 서버 가상화와 유사함
> – 컴퓨팅 소프트웨어로 규정하는 데이터 스토리지 체계이며, 일정 조직 내 여러 스토리지를 하나처럼 관리하고 운용하는 컴퓨터 이용 환경
> – 스토리지 자원을 효율적으로 나누어 쓰는 방법으로 이해할 수 있음

① Software Defined Storage

② Distribution Oriented Storage

③ Network Architected Storage

④ Systematic Network Storage

> 해설 스토리지의 저장 공간을 소프트웨어로 가상화하고 이종 스토리지 간의 통합, 동적 자원 할당, 데이터 보호를 제공하는 SDS(Software Defined Storage)에 대한 설명이다.

04 다음에서 설명하고 있는 클라우드 컴퓨팅 유형은 무엇인가?

> 프로그램이나 애플리케이션을 개발하는 데 필요한 도구나 프레임워크 등을 제공하여 개발에 필요한 환경을 서비스로 제공하는 플랫폼

① SaaS(Software as a Service)
② PaaS(Platform as a Service)
③ IaaS(Infrastructure as a Service)
④ DaaS(Desktop as a Service)

> **해설** PaaS에 대한 설명이다. PaaS는 개발에 필요한 개발 환경을 제공하는 클라우드 플랫폼이며, 국내 기업의 기술 경쟁력 강화와 클라우드 공공부문 선도를 위하여 파스타(PaaS-TA)를 구축하였다.

05 다음에서 설명하고 있는 것은 무엇인가?

> 다수의 이종 클라우드 서비스를 연계하여 사용자에게 제공하며 서비스 간 통합 및 최적화를 통한 신규 서비스와 가치를 창출하고 사용자 요구사항 기반의 최적 서비스를 선택, 배치하는 기능을 제공함

① 클라우드 컴퓨팅 서비스 제공자(CSP)
② 클라우드 컴퓨팅 서비스 브로커리지(CSB)
③ 클라우드 컴퓨팅 네트워크(CN)
④ 클라우드 컴퓨팅 서비스 단말(CCD)

> **해설** CSB에 대한 설명이다. CSB는 클라우드 사용자에게 보다 최적의 서비스 가치를 창출하기 위하여 서로 다른 클라우드 서비스를 연계, 배치하는 기능을 제공한다.

06 오픈 스택 구성 요소 중 프로젝트의 인증 통합 관리 기능을 제공하는 것은 무엇인가?

① Nova
② Cinder
③ KeyStone
④ Neutron

> **해설** 인증 통합 관리 기능을 제공하는 것은 KeyStone이다. Nova는 클라우드 컴퓨팅, 네트워크, 스토리지를 관리하며 Neutron은 가상 네트워크 서비스를 관리하고, Cinder는 블록 스토리지를 제공한다.

07 가상화 기술에 대한 설명 중 가장 틀린 것은?

① 가상화 방식에 따라서 가상 머신과 컨테이너 방식으로 나눌 수 있다.
② 하이퍼바이저는 물리적 서버 자원을 추상화하여 게스트 운영체제 가상화를 지원한다.
③ 리눅스 기반의 컨테이너 방식은 하이퍼바이저 방식보다 무겁고 느리다.
④ 리눅스 컨테이너 방식의 가상화 기술은 마이크로 서비스 구축에 적합하다.

> **해설** 리눅스 기반의 컨테이너 방식은 하이퍼바이저 방식보다 가볍고 빠른 실행이 가능하다.

08 SDDC(Software Defined Data Center)에 대한 설명으로 틀린 것은?

① SDDC는 가상화 환경의 인프라를 소프트웨어로 자동 통제 및 관리한다.
② SDN은 스토리지의 저장 공간을 소프트웨어로 가상화한다.
③ NFV는 네트워크의 주요 기능을 가상화하고 소프트웨어로 관리한다.
④ SDDC는 자동 스케일링 기능으로 동적으로 시스템 자원을 증설할 수 있다.

> **해설** SDN(Software Defined Network)은 가상화된 네트워크 자원을 개방형 네트워크 API(오픈 폴로 등)를 이용하여 통합 관리 및 제어한다. SDS(Software Defined Storage)는 스토리지의 저장 공간을 소프트웨어로 가상화하고 이종 스토리지 간의 통합, 동적 자원 할당, 데이터 보호를 제공하는 기술이다.

205 | 소프트웨어 트렌드

1 인공지능(AI; Artificial Intelligence)의 개념

- 인공지능은 인간의 지적능력을 컴퓨터로 구현하는 과학기술이다.
- 상황을 인지, 판단, 행동하며, 감성적, 창의적인 기능까지 수행하는 능력을 포함한다.

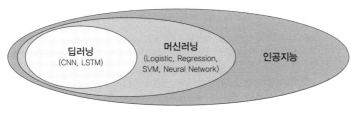

▲ 인공지능과 딥러닝 관계

알아두기

최근 인공지능의 학습 트렌드
① 강화 학습 : 보상을 통한 학습 강화
② GAN : 적대적 신경망 이용
③ 전이 학습 : 학습 모델을 재사용하여 효율적 학습 가능
④ 메타러닝 : 엔지니어가 특징을 추출하여 학습시키는 Engineering to learn에서 기계가 스스로 학습하는 Learning to learn으로 진화 중임

■ 강인공지능과 약인공지능 분류

구분	설명
강인공지능	– 인간의 지성을 컴퓨터의 정보 처리 능력으로 구현한 시스템 – 인간을 완벽하게 모방하여 윤리적 문제 등 논란이 되는 인공지능
약인공지능	유용한 도구로써 설계되었으며, 인간의 지능을 목표로 하기보다 더 실용적인 목표를 가지고 개발되고 있는 인공지능

■ 기술적 특이점과 튜링 테스트

구분	설명
기술적 특이점	인공지능(AI)의 발전이 가속화되어 모든 인류의 지성을 합친 것보다 더 뛰어난 초인공지능이 출현하는 시점을 의미하는 용어
튜링 테스트	인공지능의 선구자 앨런 튜링(Alan Turing)이 제안한 기계와 인간이 얼마나 대화할 수 있는지 기계의 사고 능력을 판별하는 테스트

★ 텐서플로(TensorFlow)
구글의 구글 브레인 팀
이 제작하여 공개한 기
계 학습을 위한 오픈소
스 소프트웨어 라이브러
리이다.

2 기계 학습(Machine Learning)의 개념

주어진 데이터들을 분석하여 그로부터 일반적인 규칙이나 새로운 지식을 자동적으로 추출해 내고 이를 통하여 문제 해결 능력과 성능을 높이는 인공지능 학습 기법이다.

■ 기계 학습 알고리즘 유형

유형	설명	알고리즘 종류
지도 학습 (Supervised Learning)	훈련 데이터로 명확한 입력과 출력이 주어지고, 결과물의 형태에 따라서 다시 회귀(Regression)와 분류(Classification)로 나눌 수 있다.	– 서포트 벡터 머신 – 은닉 마르코프 모델 – 회귀 분석 – 신경망 – 나이브 베이즈 분류
비지도 학습 (Unsupervised Learning)	입력값에 대한 목표치가 주어지지 않는 알고리즘으로, 새로운 유형으로 구분한다.	– 군집화(Clustering) – 독립 성분 분석
강화 학습 (Reinforcement Learning)	어떤 환경 안에서 정의된 에이전트가 현재의 상태를 인식하여, 선택 가능한 행동들 중 보상을 최대화하는 행동 혹은 행동 순서를 선택하며 학습하는 인공지능 알고리즘이다.	– Q–Learning – DQN

3 딥러닝의 개념

딥러닝은 인공신경망과 유사한 정보 처리 알고리즘을 이용하지만, 한층 더 깊은 심층 신경망(DNN; Deep Neural Network)을 사용하며 스스로 학습하고 발전하는 자율적 진화 학습 방식의 모델이다.

■ 딥러닝 알고리즘

알고리즘	설명
심층 신경망 (DNN; Deep Neural Network)	– 인공신경망의 일종으로 입력층, 출력층 사이의 다중의 은닉층을 가지고 있는 인공신경망이다. – 다양한 비선형 관계를 학습할 수 있지만 과적합(Overfitting)과 높은 시간 복잡도 문제가 발생할 수 있다.
합성곱 신경망 (CNN; Convolutinal Neural Network)	– 주로 컴퓨터 비전을 위해 이미지 분류, 인식에 사용되는 알고리즘이다. – 합성곱층(Convolution Layer, Pooling Layer), 완전 연결층(Fully Connected Layer)을 통해 특징을 추출하고 차원 축소 단계를 거쳐 이미지를 분류하고 이미지를 인식하는 인공신경망이다.
순환 신경망 (RNN; Recurrent Neural Network)	유닛 간 연결이 순환적 구조를 가지고 있으며 장기 메모리를 활용하여 주로 음성인식, 자연어 처리와 같은 시계열 데이터 처리에 최적화된 인공신경망이다.

4 가상 현실/증강 현실/혼합 현실

구분	설명
개념	
가상 현실 (VR)	현실 세계를 인공적인 기술을 활용하여 실제로 얻기 힘든 또는 얻을 수 없는 경험이나 환경 등을 제공해 인체의 오감을 자극함으로써 실제와 같이 체험하게 하는 기술이다.
증강 현실 (AR)	가상 현실의 한 분야로 실제 환경에 가상 사물이나 정보를 합성하여 원래의 환경에 존재하는 사물처럼 보이도록 하는 컴퓨터 그래픽 기법이다.
혼합 현실 (MR)	실제 환경의 객체에 가상으로 생성한 정보를 실시간으로 혼합하여 사용자와 상호작용하도록 함으로써 정보의 사용성과 효용성을 극대화하는 차세대 정보 처리 기술이다.

알아두기

증강 현실(AR)의 핵심 기술로는 센서, 마커 추적, 인식, 합성 및 인터랙션 기술을 사용한다.

5 블록체인의 개념

- 네트워크에 참여하는 모든 사용자가 관리 대상이 되는 데이터를 분산 저장하여 데이터의 임의 조작이 어렵게 설계된 분산 처리 기술이다.
- P2P 네트워크에서 발생하는 모든 거래 정보를 담고 있는 원장(블록체인)을 모든 노드(Peer)가 각자 저장하고 새로운 거래가 일어날 때마다 합의 과정을 통하여 블록체인을 업데이트하고 이를 통하여 무결성을 유지한다.

멘토 코멘트

BaaS(Blockchain-as-a-Service)

블록체인 개발환경을 클라우드로 서비스하는 개념으로 블록체인의 기본 인프라를 추상화하여 블록체인 응용프로그램을 만들 수 있는 클라우드 컴퓨팅 플랫폼이다.

■ 블록체인의 주요 기술

알아두기

해시 암호화는 해시 함수를 이용하여 단방향 암호화를 수행한다.
해시 함수는 임의의 입력 데이터를 입력하면 고정 길이의 데이터값을 출력한다.
해당 출력 데이터로 입력값을 알아내기 어렵지만, 해시 함수는 다수의 입력값을 입력하여 결과값을 유추하는 무차별 공격에 취약할 수 있기 때문에 솔트(Salt)라는 임의의 값을 해시 함수와 함께 사용하여 취약점에 대응할 수 있다.

주요 기술	설명
분산 원장	– 탈중앙화를 가능하게 함 – 참여자들 간 합의에 의해 복제 및 공유되며 블록이라는 저장소에 동기화된 정보를 기록함
공개키 기반 구조	공개키 기반 디지털 서명을 통한 신원 인증과 부인방지 제공
암호화 해시	암호화 해시로 데이터 무결성 유지와 분산 원장 간 연결성 부여
P2P 네트워크	모든 노드가 서버이자 동시에 클라이언트 역할 수행
합의 알고리즘	모든 참여자들이 데이터의 적합성을 판단하고 동의하는 과정
스마트 컨트랙트	특정 계약 조건을 자동적으로 실행하기 위한 전자상거래의 계약에 필요한 기능을 제공함

■ 블록체인 합의 알고리즘

분산 네트워크상에서 서로 신뢰 관계가 없는 노드들이 특정하게 정의된 절차를 통해 수학적으로 계산된 결과값을 상호 검증함으로써 시스템의 무결성을 보장하는 알고리즘이다.

| 대표적인 알고리즘 유형 |

알아두기

파이널리티(Finality)를 간단히 설명하면 거래는 절대 되돌릴 수 없고 수정될 수 없다는 것이다.
블록체인 각 노드들의 데이터 전송 시간 차이로 인해 체인의 분기가 발생한다. 이때 가장 긴 체인이 선택되며, 짧은 체인의 경우 거래가 무효화될 수 있다. 따라서 이러한 현상을 방지하기 위해 거래 확정 후 일정 블록을 기다린 후 거래를 확정하게 된다.
비트코인은 6회 대기 후 거래를 확정한다.
PBFT는 다수결로 의사 결정한 뒤 블록을 만들기 때문에 블록체인 분기가 발생하지 않으며 이로 인하여 파이널리티를 보장할 수 있다.

합의 알고리즘	설명
작업 증명 (PoW; Proof of Work)	– 비트 코인을 시작으로 Public 블록체인의 개념을 제공한 알고리즘이다. – 확률적으로 어려운 문제를 가장 빨리 해결한 사람에게 블록을 만들 수 있도록 허가하는 방식이다. – 확률적으로 어려운 문제란 특정 해시값을 찾는 작업으로 채굴이라고도 하며, 해답을 찾는 사람에게 보상을 하는 메커니즘이다.
지분 증명 (PoS; Proof of Stake)	– 지분을 더 많이 소유하고 있는 승인자가 우선하여 블록을 생성할 수 있는 메커니즘으로 동작한다. – 대표적으로 이더리움에서 사용하는 합의 알고리즘이다.
위임된 지분 증명 (DPoS; Delegated Proof of Stake)	– PoS의 속도, 비용 문제를 개선하기 위한 합의 알고리즘이다. – 특정 인원에게만 지분 증명을 할 수 있도록 권한을 위임하여 합의 권한을 부여한다.
PBFT (Practical Byzantine Fault Tolerance)	– PoW와 PoS 단점인 파이널리티 불확실성 문제 및 성능 문제를 해결한 알고리즘으로, Hyperledger Fabric과 Eris 등 컨소시엄에서 이용한다. – 네트워크의 모든 참가자를 미리 알고 있어야 하고 참여 중 한 명이 리더가 되어 자신을 포함한 모든 참가자에게 요청을 보낸 후 요청에 대한 결과를 집계한 뒤 다수결에 의해서 블록을 확정한다. – Request → Pre–Prepare → Prepare → Commit → Reply

6 그 외 기술 소개

■ 디지털 트윈(Digital Twin)

- 물리적인 사물이 가상 공간인 컴퓨터에 동일하게 표현되는 가상 모델이다.
- 실제 물리적인 자산 대신 소프트웨어 가상화를 통하여 실제 자산의 특성에 대한 정확한 정보를 수집하고 이를 기반으로 자산 최적화, 생산성 증가 등 설계부터 제조, 서비스에 이르는 모든 과정의 효율성을 향상시킬 수 있는 기술 모델이다.

| 개념도 |

현실 세계에서 센서, IoT, Agent 등 수집된 데이터를 기반으로 가상 공간에서 시뮬레이션을 수행하며 이를 기반으로 현실 세계를 제어함으로써 생산성을 향상시키는 모델이다.

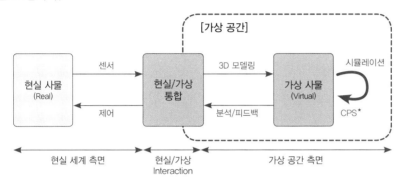

★ CPS(Cyber Physical System)

현실 세계를 컴퓨터와 네트워크를 통해 자율적, 지능적으로 제어하기 위해서 등장하였다. 인간의 개입 없이 Sensor, Actuator를 통하여 실시간으로 물리적 요소를 제어하는 복합 시스템이다.

■ 서비스 지향 아키텍처(SOA; Service Oriented Architecture)

- 서비스로 정의되는 분할된 애플리케이션 조각들을 단위로 Loosely-Coupled하게 연결하여 하나의 완성된 애플리케이션을 구현하기 위한 서비스 지향의 아키텍처이다.
- 서비스 사용자, 서비스 제공자, 서비스 레지스트리로 구성된다.

■ Mashup

웹에서 제공하는 정보 및 서비스를 이용하여 새로운 소프트웨어나 서비스 등을 만드는 기술이다. 주로 웹 서비스 업체들이 공개한 API(Application Programming Interface)를 기반으로 서비스를 융합하여 독자적인 콘텐츠를 개발할 수 있다.

알아두기

SOA는 WSDL, UDDI, SOAP 등 기술을 통하여 인터넷 상의 공용 Registry에 등록하고 호출하여 서비스를 이용한다.

■ DRM(Digital Rights Management)

디지털 콘텐츠에 대한 권리 정보에 대하여 암호화 기술을 이용하여 허가된 사용자만 허가된 권한 범위 내에서 사용 가능하도록 하는 저작권 관리 기술이다.

멘토 코멘트

DRM에 대한 자세한 사항은 2과목의 〈304 DRM〉을 참조한다.

■ N-Screen

스마트폰, PC, 스마트TV, 태블릿 등 여러 개의 서로 다른 디지털 정보 기기로 같은 콘텐츠를 이용할 수 있는 컴퓨팅, 네트워크 서비스이다. 'N'은 여러 개의 디지털 단말의 개수를 의미한다.

■ MQTT

TCP/IP 기반 네트워크에서 동작하는 발행-구독 기반의 메시징 프로토콜로 최근 IoT 환경에서 자주 사용되고 있는 프로토콜이다.

■ Zing

기기를 키오스크에 갖다 대면 원하는 데이터를 바로 가져올 수 있는 기술로 10㎝ 이내 근접 거리에서 기가급 속도로 데이터 전송이 가능한 초고속 근접무선통신(NFC; Near Field Communication) 기술이다.

기출 유형 문제

2020.08

01 물리적인 사물과 컴퓨터에 동일하게 표현되는 가상 모델로 실제 물리적인 자산 대신 소프트웨어로 가상화함으로써 실제 자산의 특성에 대한 정확한 정보를 얻을 수 있고, 자산 최적화 돌발 사고 최소화, 생산성 증가 등 설계부터 제조, 서비스에 이르는 모든 과정의 효율성을 향상시킬 수 있는 모델은?

① 최적화
② 실행 시간
③ 디지털 트윈
④ N-Screen

해설 현실 세계 정보를 바탕으로 가상 세계에 가상화를 구축하여 시뮬레이션하는 기술 모델을 디지털 트윈이라고 한다.

2020.08

02 다음 빈칸에 알맞은 기술은?

( )은/는 웹에서 제공하는 정보 및 서비스를 이용하여 새로운 소프트웨어나 서비스, 데이터베이스 등을 만드는 기술이다.

① Quantum Key Distribution
② Digital Rights Management
③ Grayware
④ Mashup

해설 Mashup에 대한 설명이다. 웹 서비스 업체들이 공개한 API를 융합하여 독자적인 서비스인 매시업(Mashup)을 개발할 수 있다.

2021.03

03 다음 내용이 설명하는 것은?

– 블록체인 개발 환경을 클라우드로 서비스하는 개념
– 블록체인 네트워크에 노드의 추가 및 제거가 용이
– 블록체인의 기본 인프라를 추상화하여 블록체인 응용 프로그램을 만들 수 있는 클라우드 컴퓨팅 플랫폼

① OTT
② BaaS
③ SDDC
④ Wi-SUN

해설 블록체인 개발 환경을 클라우드로 서비스하는 개념은 BaaS(Blockchain as a Service)이며, Microsoft Azure, 리눅스 재단의 Hyperledger 등이 그 사례이다.

2021.08

04 TCP/IP 기반 네트워크에서 동작하는 발행-구독 기반의 메시징 프로토콜로 최근 IoT 환경에서 자주 사용되고 있는 프로토콜은?

① MLFQ
② MQTT
③ Zigbee
④ MTSP

해설 MQTT(Message Queuing Telemetry Transport)에 대한 설명이다.

2021.08

05 시스템에 저장되는 패스워드들은 해시 또는 암호화 알고리즘의 결과값으로 저장된다. 이때 암호 공격을 막기 위해 똑같은 패스워드들이 다른 암호값으로 저장되도록 추가되는 값을 의미하는 것은?

① Pass Flag

② Bucket

③ Opcode

④ Salt

> **해설** Salt에 대한 설명이다. 임의의 문자열인 Salt를 추가하여 Rainbow Table과 같은 미리 계산된 테이블을 사용하는 공격을 방어한다.

출제 예상 문제

06 다음에서 설명하는 블록체인 합의 알고리즘은?

> 네트워크 내에 모든 참가자를 미리 알고 있어야 하고 참가자 중 한 명이 리더가 되어 모든 참가자에게 요청을 보내고 다수의 결과값을 사용하는 합의 알고리즘이다.

① 작업 증명(PoW; Proof of Work)

② 지분 증명(PoS; Proof of Stake)

③ 위임된 지분 증명(DPoS; Delegated Proof of Stake)

④ PBFT(Practical Byzantine Fault Tolerance)

> **해설** 한 명의 리더가 요청을 보내고 다수의 결과값을 사용하는 알고리즘은 PBFT이다.

07 다음에서 설명하는 기계 학습 알고리즘은?

> 어떤 환경 안에서 정의된 에이전트가 현재의 상태를 인식하여 선택 가능한 행동들 중 보상을 최대화하는 행동 혹은 행동 순서를 선택하며 학습하는 인공지능 알고리즘

① 지도 학습

② 비지도 학습

③ 강화 학습

④ 준지도 학습

> **해설** 어떤 환경에서 에이전트의 행동에 대하여 보상을 최대화하는 방법으로 학습하는 알고리즘은 강화 학습이다.

08 다음에서 설명하는 딥러닝 알고리즘은?

> 합성곱층, 완전 연결층을 통해 특징을 추출하고 차원 축소 단계를 거쳐 이미지를 분류하고 이미지를 인식하는 데 사용한다.

① DNN

② CNN

③ RNN

④ LSTM

> **해설** 합성곱층(Convolution Layer), 완전 연결층(Fully Connected Layer)을 통해 특징을 추출하고 차원 축소하며 학습하는 알고리즘은 CNN이다.

206 | 데이터베이스 관리 기능

1 데이터베이스 보안의 개념

- 데이터베이스 보안은 데이터베이스에 저장되어 있는 데이터에 대한 인가되지 않은 접근, 의도적인 데이터의 변경이나 파괴 및 데이터의 일관성을 저해하는 우발적인 사고 등으로부터 데이터 혹은 데이터베이스를 보호하는 것이다.
- 데이터베이스 보안은 정보보호의 목표인 기밀성, 무결성, 가용성 3요소를 가장 잘 유지해야 하는 분야이다.

📖 **멘토 코멘트**

보안의 3요소
① 기밀성
   (Confidentiality)
② 무결성(Integrity)
③ 가용성(Availability)
➡ 앞 문자를 따서 CIA 라고 한다.

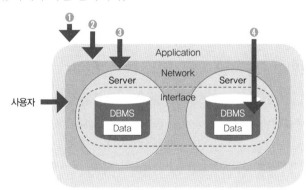

❶ : Application 보안
❷ : Network 보안
❸ : Server 보안
❹ : DB 보안
❶ ~ ❹ : 정보보안

2 데이터베이스 보안의 목적

데이터베이스 보안 목적은 데이터베이스에 저장된 데이터가 허가되지 않은 자에게 노출, 변조, 파괴, 훼손, 지체 및 재난 등의 위협으로부터 보호하고 기밀성, 무결성, 가용성 등을 확보하는 것이다. 즉 데이터가 생성되어 처리되는 유통 과정을 거쳐 마지막으로 소멸 또는 폐기되기까지 생명주기 전반에 걸쳐 기밀성, 무결성, 가용성 등이 확보되어야 한다.

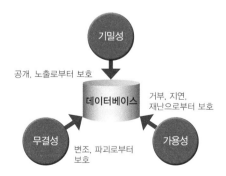

| 데이터베이스 보안 목표 3가지 요소 |

3가지 요소	설명
기밀성 (Confidentiality)	− 데이터 기밀성은 데이터에 선별적인 접근 체계를 만들어서 인가되지 않은 개인이 나 시스템에 의한 접근과 이에 따른 정보 공개 및 노출을 막는 것이다. − 개인 정보를 보호하기 위한 최소한의 필수 조건이며, 접근 제어와 암호화는 기밀 성 유지를 위한 대표적인 방법이다.
무결성 (Integrity)	데이터 무결성은 정당한 방법에 의하지 않고는 데이터가 변경될 수 없는 것을 의미 하며 데이터의 정확성 및 완전성을 보장하고 그 내용이 고의적이거나 악의적으로 변경되거나 훼손 또는 파괴되지 않았음을 보장하는 것이다.
가용성 (Availability)	− 데이터 가용성이란 사용자가 업무 서비스를 필요로 할 때 언제든지 사용 가능하 도록 그 서비스의 연속성을 보장하는 것이다. − 컴퓨팅 시스템이 정확하게 정보를 저장하고 처리하여 보안 통제가 컴퓨팅 시스템 을 보호하며 해당 정보에 접근하는 데 사용되는 통신 채널이 정확하게 구축되어 야 함을 의미한다.

3 데이터베이스 보안의 요구사항

- 데이터베이스 보안 요구사항은 정보보안을 비롯하여 관련 데이터 및 시스템 전반
에 걸친 사용자의 요구를 수집하고 분류하여 반영하는 작업 절차이다.
- 데이터베이스 구현 요구사항을 종합적으로 검토하고 확인함으로써 요건에 맞는 데
이터베이스 시스템을 개발하여 사용자의 만족도를 높이는 것이 목표이다.

(1) 권한을 부여 받은 사용자만 접근 허용

데이터베이스를 부적절한 접근으로부터 보호하기 위해서는 승인된 사용자에게
만 접근 권한을 부여하고, 사용자 혹은 응용 시스템의 접근 요청은 DBMS에 의
하여 관리되어야 한다.

(2) 추론 방지

- 추론은 보통의 일반적인 데이터로부터 기밀 정보를 획득할 수 있는 가능성을
의미한다.
- 추론 문제는 사용자가 통계에서 얻은 데이터값으로 별도의 데이터 항목에 대
한 정보를 추적하지 못하도록 한다.

(3) 데이터베이스 무결성 보장

- 데이터의 내용을 수정함에 있어 인가되지 않은 접근, 저장 데이터를 손상시킬
수 있는 시스템의 오류, 고장 등으로부터 데이터베이스를 보호하여야 한다.
- 적절한 시스템 통제, 다양한 백업 및 복구 절차, 임시적인 보안 절차 등을 통
하여 DBMS가 수행한다.

(4) 데이터의 논리적 일관성 보장

- 데이터베이스에서 트랜잭션의 병행 처리 수행 동안에 데이터베이스 내의 데이터에 대한 논리적 일관성을 보장하여야 한다.
- DBMS의 병행 수행 관리자에 의하여 데이터 일관성 및 트랜잭션 직렬성을 보장한다.

(5) 감사 기능

- 다양한 응용 처리에 있어 데이터베이스에 대한 모든 접근의 감사 기록을 생성하여야 하고 데이터에 대한 분류를 통해 중요 정보에 대해 감사 기록을 유지하여 중요 데이터에 대한 비인가 또는 비정상적 접근을 효과적으로 기록하고 감지하여야 한다.
- 감사 기록은 데이터베이스의 무결성을 유지하는 데 도움을 주며, 데이터베이스 접근에 대하여 사후적으로 분석을 가능하게 한다.

(6) 사용자 인증

- DBMS는 엄격한 사용자 인증이 필요하고 DBMS의 사용자 인증은 운영체제에서 수행하는 사용자 인증보다 더욱 엄격하여야 한다.
- DBMS는 사용자 인증을 포함한 각종 데이터를 운영체제로부터 수신할 때 신뢰할 수 있는지 여부를 점검하여야 하며, DBMS는 반드시 별도의 사용자 인증 절차를 보유하여야 한다.

(7) 제한

제한(Confinement)은 시스템 프로그램 간의 바람직하지 못한 정보 전송을 방지하는 것이며, 이러한 정보 전송은 은닉 채널을 통하여 발생한다.

출제 예상 문제

01 데이터베이스 보안 목표와 가장 거리가 먼 것은?

① 기밀성
② 무결성
③ 가용성
④ 사용성

해설 데이터베이스 보안 3대 목표는 기밀성, 무결성, 가용성이다.

02 다음에서 설명하는 데이터베이스 보안 요구사항은?

> 데이터의 내용을 수정함에 있어 인가되지 않은 접근, 저장 데이터를 손상시킬 수 있는 시스템의 오류, 고장 등으로부터 데이터베이스를 보호하여야 한다.

① 권한을 부여받은 사용자만 접근 허용
② 데이터베이스 무결성 보장
③ 데이터의 논리적 일관성 보장
④ 사용자 인증

해설 데이터베이스 보안 요구사항 중 데이터베이스 무결성 보장에 대한 설명이다.

207 | 데이터 표준화

1 데이터 표준화의 개념

시스템별로 산재해 있는 데이터 정보 요소에 대한 명칭, 정의, 형식, 규칙에 대한 원칙을 수립하여 전사적으로 적용하고, 데이터의 사용자가 필요한 시점에 필요한 데이터를 정확하게 활용할 수 있도록 하기 위한 활동을 의미한다.

🎓 멘토 코멘트

데이터 표준화는 출제 비중이 낮다.

2 데이터 표준화의 현황 및 문제점

- 데이터의 중복 및 조직, 업무, 시스템별 데이터 불일치가 발생한다.
- 데이터에 대한 의미 파악 및 지연으로 정보 제공의 적시성이 결여된다.
- 데이터 통합의 어려움이 있다(각 단위 시스템 위주의 데이터 표준을 적용하거나 적용하지 않는 경우).
- 정보 시스템 변경 및 유지보수가 어렵다(데이터 표준 정책 미비로 기존 데이터 활용 가능 여부를 파악하기 어려움).

3 데이터 표준화의 구성 요소

전사적인 데이터 표준화는 데이터 표준, 데이터 관리 조직, 데이터 표준화 절차로 구성된다.

■ 데이터 표준

요소	설명
표준 용어	업무적 용어, 기술적 용어의 표준 정의
표준 단어	- 용어를 구성하는 단어의 표준 정의 - 영문과 한글을 일관되게 정의
표준 도메인	칼럼의 성질(Type) 그룹핑 예) 주민번호 jumin_no varchar2(13)
표준 코드	- 도메인의 한 형태로 이미 정의되어 있는 도메인 - 데이터값까지 사전에 정의

■ 데이터 표준 관리 조직

요소	설명
전사 데이터 관리자	- 데이터 표준화에 대한 정책 결정 - 검토된 데이터 표준 제안에 대한 승인
업무 데이터 관리자	- 담당 업무 기능의 데이터 요구사항을 위한 표준 정의 - 업무 관련 데이터 표준 변경 제안에 대한 합동 검토
업무 시스템 데이터 관리자	- 시스템 관리 목적의 데이터 요구사항을 위한 표준 정의 - 업무 관련 데이터 표준 변경 제안에 대한 합동 검토 - 데이터 모델에 대한 데이터 표준 적용 및 준수 여부 체크

■ 데이터 표준화 절차

요소	설명
요구사항 수집	- 개별 시스템 데이터 표준 수집 - 데이터 표준 요구사항 수집 - 표준화 현황 진단
표준 정의	- 표준화 원칙 - 표준화 정의 : 표준 용어, 표준 단어, 표준 도메인, 표준 코드, 기타 표준
표준 확정	- 데이터 표준 확정 및 검토 - 데이터 표준 공표
표준 관리	- 데이터 표준 이행 - 데이터 표준 관리 절차 수립 : 데이터 표준 적용, 변경 준수 검수 절차

4 데이터 표준 관리 시스템

- 데이터 표준 관리 시스템 도입 시 시스템의 확장성, 유연성, 편의성 관점에서 충분한 검토가 이루어져야 한다.
- 일반적인 데이터 표준 관리 시스템은 데이터 표준 관리, 데이터 구조 관리, 프로세스 관리의 기능으로 구성된다.

기능	설명
데이터 표준 관리 기능	– 데이터 표준을 정의하고자 할 때 기존에 정의된 표준들을 조회하고, 이미 정의된 데이터 표준이 잘 준수되도록 관리하는 기능으로 구성된다. – 단어, 용어, 도메인, 표준 코드, 멀티 표준 관리 기능을 제공한다.
데이터 구조 관리 기능	– 데이터 모델의 구조를 관리하거나 소스 시스템으로부터 데이터베이스 스키마를 리포지토리(Repository)에 로드하기 위해 필요한 기능 등으로 구성된다. – ER 모델 구조 관리, 데이터베이스 스키마 관리, 가변 속성 관리, 이력 관리, 모델 비교 관리 기능을 제공한다.
프로세스 관리 기능	– 데이터 표준에 대하여 신규 및 변경이 발생하거나 데이터 모델과 관련해 신규 테이블 등을 요청하고 승인하는 업무 프로세스 기능으로 구성된다. – 표준 등록, 모델 등록 프로세스 기능을 제공한다.

5 데이터 관리자(DA)와 데이터베이스 관리자(DBA)의 역할 비교

구분	데이터 관리자(DA)	데이터베이스 관리자(DBA)
관리 대상	데이터 모델 및 각종 표준	데이터베이스
주 업무	메타 데이터 정의, 신규 및 변경된 요구사항을 데이터 모델에 반영	데이터베이스 관리
품질 관리	데이터 표준의 관리 및 적용	데이터의 정합성 관리
전문 기술	담당 분야에 대한 업무 지식과 데이터 모델링에 대한 전문성 필요	데이터 모델에 대한 해독 능력 및 특정 데이터베이스 제품에 대한 전문 지식 필요

01 다음은 데이터 표준 관리 시스템의 어떤 기능에 대한 설명인가?

> 단어, 용어, 도메인, 표준 코드, 멀티 표준 관리 기능을 수행한다.

① 데이터 표준 관리 기능
② 데이터 구조 관리 기능
③ 프로세스 관리 기능
④ 테스트 관리 기능

해설 데이터 표준 관리 시스템의 기능 중 데이터 표준 관리 기능은 데이터 표준이 잘 준수되도록 단어, 용어, 도메인, 표준 코드, 멀티 표준 관리 기능을 지원한다.

02 다음에서 설명하는 역할을 수행하는 자는?

> 데이터베이스 제품에 대한 전문 지식이 필요하며 데이터 모델에 대한 해독 능력을 갖추어야 한다.

① 데이터 관리자
② 데이터베이스 관리자
③ 업무 데이터 관리자
④ 데이터 분석가

해설 데이터베이스 관리자(DBA)는 데이터베이스를 주로 관리하며 데이터 모델 해독 능력과 특정 데이터베이스 제품에 대한 전문 지식이 필요하다.

208 | 데이터베이스 트렌드

1 빅데이터(Big Data)의 개념

- 기존의 관리 및 분석 체계로는 감당할 수 없을 정도의 거대한 데이터의 집합이다.
- 디지털 환경에서 생성되는 데이터로, 그 규모가 방대하고 생성 주기도 짧으며 형태도 수치 데이터뿐만 아니라 문자와 영상 데이터를 포함하는 대규모 데이터이다.
- 기존 데이터와의 차별화된 특징을 3V로 표현한다.

특징	설명
규모(Volumn)	매년 디지털 정보량이 기하급수적으로 폭증
다양성(Variety)	텍스트 이외의 멀티미디어 등 비정형화된 데이터 유형의 다양화
속도(Velocity)	IoT(센서, 모니터링), 스트리밍 정보 등 실시간 정보 증가

멘토 코멘트

빅데이터는 4차 산업혁명 시대의 원유로, 최근 인공지능 등 디지털 기술의 근간이 되고 있다.

- 최근 진실성(Veracity), 시각화(Visualization), 가치(Value)를 추가하여 6V로 표현한다.

■ 빅데이터의 형태 분류

분류	기술 항목	설명
정형 데이터	DBMS	DBMS 스키마를 읽어 가시적 데이터 세트 형태로 제공
	스프레드시트	시트의 칼럼이 스키마 구조를 갖출 수 있음
반정형 데이터	HTML, XML, JSON	데이터 내부에 데이터 구조에 대한 메타 정보를 갖고 있음
비정형 데이터	2진 파일, 스크립트 파일	2진화 형태의 데이터를 해석해 음성, 영상, 텍스트 데이터 형태로 제공

■ 빅데이터의 주요 기술

- 비즈니스 요구사항에 맞는 적절한 분석 방법을 지원하기 위해 데이터 라이프 사이클 관리 및 데이터 유형의 변화에 변경 없이 적용 가능한 빅데이터 플랫폼이 필요하다.
- 빅데이터 활용을 위한 기술로는 수집, 저장, 처리, 분석, 시각화, 관리로 나눌 수 있다.

(1) 빅데이터의 수집 기술

- 빅데이터 활용을 위하여 다양한 정형, 반정형, 비정형 데이터를 확보하고 목적지로 전송하는 기술이다.
- 척와(Chukwa), 플럼(Flume), 스쿱(Sqoop) 등 소프트웨어를 사용한다.

(2) 빅데이터의 저장 기술

- 수집된 대용량의 데이터를 효과적으로 저장하기 위하여 분산 파일 시스템, NoSQL, 네트워크 구성 및 클라우드 파일 저장 시스템 등이 있다.
- HDFS(Hadoop File System), HBase, Cassandra 등을 사용한다.

(3) 빅데이터의 처리 기술

처리 기술	설명
데이터 여과	오류 발견, 보정, 삭제 및 중복성 확인 등의 과정을 통해 데이터 품질을 향상시킨다.
데이터 변환	데이터 유형 변화 등 데이터 분석이 용이한 형태로 변경한다.
데이터 정제	결측치를 채워 넣고, 이상치를 식별 또는 제거하고, 잡음 섞인 데이터를 평활화하여 데이터의 불일치성을 교정한다.
데이터 통합	데이터 분석이 쉽도록 유사 데이터 및 연계가 필요한 데이터를 통합하는 기술이다.
데이터 축소	컴퓨팅 시간을 단축할 수 있도록 데이터 분석에 활용되지 않는 항목을 제거하는 기술이다.

(4) 빅데이터의 분석 기술

분석 기술	설명
연관성 분석	방대한 데이터 속에서 변수들 간의 연관성을 찾아내는 기법이다.
분류 트리 분석	통계학적 개념을 포함하고 있으며, 통계학적 분류로 새로운 관측값에 속하는 카테고리를 파악하는 기법이다.
유전 연산법	돌연변이, 자연 도태와 같은 메커니즘을 통하여 진화가 이루어지는 방법으로 연산하는 기법이다.
기계 학습	통계적 추론을 기반으로 데이터를 통해서 컴퓨터에게 학습하는 능력을 부여하는 기법이다. 예 인공 신경망 기법, 딥러닝
회귀 분석	종속 변수를 기준으로 몇 개의 독립 변수에 의해 어떤 영향이 미치는지를 파악하는 기법이다.
감성 분석	여러 사용자로부터 평판, 의견, 감정 등의 정보를 입력받아 분석하는 기법이다.
사회 연결망 분석	사회 공학적 기법으로, 특정 노드를 중심으로 연결 관계를 분석하는 기법이다.

(5) 빅데이터의 시각화 기술

분류된 정보가 오류 없이 잘 활용되도록 시각화 도구와 상호작용 가능한 프로그래밍이 필요하다. 분석 및 시각화를 위한 대표적인 솔루션으로 R 프로그래밍 언어가 있다.

시각화 기술	설명	시각화 도구
시간 시각화	– 시간의 흐름에 따른 데이터 변화 표현 – 트랜드, 장기간 추세 변화 추적	막대 그래프, 점 그래프
분포 시각화	– 최대, 최소, 전체 분포 등 분류 – 전체와 부분 관계 표현	파이 차트, 트리 맵
관계 시각화	– 시간적 변화, 두 변수 관계 파악 – 상관관계, 수치 변화 예측	히스토그램, 산점도
비교 시각화	유사성 바탕의 데이터 세트 구성	히트 맵, 스타 차트
공간 시각화	– 경위도값, 지도상 매핑 포인트 표현 – 여러 장 지도로 단면 표현	지도 매핑

(6) 빅데이터의 관리 기술

구분	관리 기술	설명
데이터 보안 및 권한	암호화 기법	블록 기반의 암복호화 및 일방향 암호화를 이용하여 데이터의 보안을 강화한다.
	프로비저닝	사용자, 일반 관리자, 슈퍼 관리자 등 사용자의 등급에 따른 권한을 부여한다.
데이터 품질 및 백업	메타 데이터	데이터의 품질 향상을 위한 데이터의 타입, 형태, 분류 기준을 정의하는 데이터이다.
	마스터 데이터	기업에서 사용하는 코드 정보 및 주요 핵심 용어를 관리하는 데이터이다.
시스템 관리	코드 관리	시스템에 대한 권한 정보 및 사용 코드 정보 등을 관리한다.

2 NoSQL(Not Only SQL)의 개념

멘토 코멘트

NoSQL은 Not Only SQL 혹은 non SQL 혹은 non relational로 불리기도 한다.

- 전통적인 RDBMS와 다른 DBMS를 지칭하기 위한 용어이다. 데이터 저장에 고정 테이블 스키마가 필요하지 않고, 조인 연산을 사용할 수 없으며, 수평적으로 확장 가능한 DBMS이다.
- NoSQL 데이터베이스는 빅데이터와 실시간 웹 애플리케이션의 상업적 이용에 널리 사용되고 있다.

■ NoSQL BASE 속성

항목	설명
Basically Available	– 분산 시스템의 가용성을 확보한다. ➡ 다수의 스토리지에 복사본을 저장 – 일부의 실패에도 항상 가용성을 중시한다.
Soft State	– 노드의 상태는 내부에 포함된 정보에 의해 결정되는 것이 아니라 외부에서 전송된 정보를 통해 결정된다. – 분산 노드 간 업데이트는 데이터가 노드에 도달하는 시점에 수행한다.
Eventually Consistent	데이터가 해당 노드에 도달 전까지는 데이터가 일관성이 없는 상태로 유지되다가 데이터 도착 후 일관성이 회복된다. ➡ 일시적 비일관성 허용

■ NoSQL의 CAP 이론

분산 컴퓨팅 환경은 일관성(Consistency), 가용성(Availability), 분할 내성 (Partition Tolerance)의 3가지 특징을 가지고 있으며, 이 중 2가지만 만족(Pick Two) 할 수 있다는 이론이다.

| 개념도 |

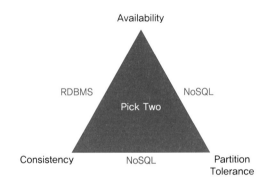

■ NoSQL의 데이터 모델 유형

항목	설명
Key/Value Store	유일한 키에 하나의 값을 가지고 키 기반의 get, put, delete 기능을 제공한다.
Column Family Store	Key/Value Store의 단점인 하나의 키에 하나의 값만을 저장하는 단점을 극복하여 Column Value의 묶음 저장 기능을 제공한다.
Document Store	저장되는 값의 데이터 타입을 Document 타입으로 사용한다.
Graph Store	개체(Node, Vertex)와 연결(Edge)로 구성된 그래프로 데이터를 표현한다.

■ NoSQL과 RDBMS 비교

알아두기

NoSQL은 데이터의 분산 저장으로 수평적인 확장에 장점이 있다.

구분	NoSQL	RDBMS
트랜잭션 특징	BASE(Weak Consistency)	ACID(Strong Consistency)
스키마 정의	동적으로 데이터 입력 시 칼럼을 임의로 정의할 수 있다.	사전에 테이블 구조를 정의한다.
장점	저가의 분산 환경을 이용하여 스케일 아웃이 용이하며, 대량의 데이터를 빠르게 처리한다.	테이블 간 조인이 쉽고, SQL을 통해 다양한 조건으로 데이터를 쉽게 처리할 수 있다.
단점	- 조인 기능 미지원 및 키값 외 다양한 조건 검색이 어렵다. - 데이터 일관성 보장 기능이 미흡하다. - 비정규화된 형태로 구축되어 중복 데이터가 발생된다.	스케일 아웃(특히 Write)이 어려우며, 대량 데이터 처리 시 성능이 저하된다.
적합한 서비스	- 증가량이 큰 대용량 기반 - 비정형 데이터 위주 웹 서비스, IoT 서비스	- 정확성/일관성 중시, 지속적인 업데이트 - 정형 데이터 위주의 서비스

3 빅데이터 플랫폼의 개념

- 빅데이터 플랫폼은 빅데이터에서 가치를 추출하고 이용하기 위한 빅데이터 수집, 저장, 처리, 분석, 시각화 등 일련의 과정을 지원하는 빅데이터 기술의 집합체이다.
- 빅데이터 수집부터 저장, 처리, 분석, 모니터링 및 서비스까지 필요한 하드웨어와 빅데이터 소프트웨어를 유기적으로 결합하여 빅데이터 플랫폼을 구성한다.
- 빅데이터 플랫폼은 수집, 저장, 처리, 분석, 표현 기능을 제공한다.

■ 빅데이터 플랫폼의 구성도

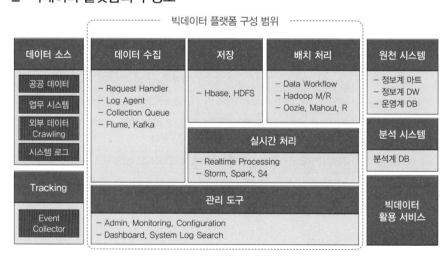

▣ 빅데이터 플랫폼의 구성 요소

(1) 하드웨어 구성 요소

구성 요소	설명
서버	분석 모형 개발 및 운영을 위한 서버
빅데이터 인프라	시스템 모니터링, 네트워크 관리, 보안 관리, 장애 관리 등을 위한 인프라

(2) 소프트웨어 구성 요소

구성 요소	설명
데이터 수집	데이터 발생원에서 최종 목적지로 데이터를 전송/저장 기능 수행 예 Flume, Scribe, Chukwa
데이터 저장	수집된 데이터를 안정적으로 저장하는 저장소 예 Hadoop File System
트랜잭션 데이터 저장	원본 데이터를 실시간으로 저장, 조회 처리를 하기 위한 저장소 또는 검색 엔진 기술 활용 예 NoSQL(HBase, Cassandra, Mongo DB)
실시간 분석	데이터 수집과 동시에 분석을 수행하는 실시간 데이터 처리 엔진 예 Storm, S4, Samza, Spark Streaming
배치 분석	전체 또는 부분 데이터에 대해 복잡하고 다양한 분석 수행, 대용량 처리를 위해 분산, 병렬 처리 수행 예 Map/Reduce(Hive, Pig), Cascading, Spark, Drill, Impala
데이터 마이닝	대량의 데이터를 분석하여 데이터 속에 내재되어 있는 변수 사이의 상호 관계를 규명하여 일정한 패턴을 찾아내는 분석 기술 예 Mahout, R
클러스터 관리	대부분 분산 시스템으로 구성되기 때문에 전체 클러스터에 대한 관제 및 모니터링이 필요함 예 Zookeeper, HUE
데이터 시각화	데이터 분석 결과를 직관적으로 표현할 수 있는 시각화 기술 예 D3, JS, Spotfire, tableau

▣ 대표적인 빅데이터 처리 플랫폼, 하둡(Hadoop)

대량의 자료를 처리하기 위한 빅데이터 플랫폼으로, HDFS(Hadoop File System)와 맵리듀스(MapReduce)를 이용하여 빅데이터를 효율적으로 처리하는 오픈 소스 기반 분산 컴퓨팅 플랫폼이다.

> 🎓 **멘토 코멘트**
>
> 하둡과 맵리듀스의 개념에 대해서 기출되었으니 꼭 기억해 두도록 한다.

구분	설명
HDFS	– 대용량 파일을 분산된 서버에 저장하고 빠르게 처리할 수 있는 파일 시스템이다. – PC급 저사양의 서버를 이용하여 스토리지를 구성할 수 있으며, 파일을 특정 크기의 블록으로 나누어 분산된 서버에 저장한다.

맵리듀스 (MapReduce)	– 대용량 데이터를 분산 처리하기 위한 목적으로 구글에 의해 고안된 기술로써 대용량 처리를 위하여 병렬 처리 기법을 제공한다. – 임의의 순서로 정렬된 데이터를 분산 처리하고, 이를 다시 합치는 과정으로 병렬 처리를 수행한다.

알아두기

하둡(Hadoop)에서는 다양한 서브 프로젝트가 존재한다. 코어 프로젝트는 HDFS와 맵리듀스를 기반으로 하며 그 외 빅데이터 수집, 저장, 처리, 분석, 표현을 위한 Flume, Hbase, Zookeeper 등과 같은 서브 프로젝트로 구성된다.

■ 빅데이터 플랫폼을 구성하는 오픈 소스 프로그램

(1) 비정형 데이터 수집

소프트웨어	설명
Flume	– 비정형 데이터를 수집한다. – 클라우드데라(Cloudera)에서 개발하였다.
Scribe	– 비정형 데이터를 수집하고 중앙 집중 서버로 전송하는 방식이다. – 페이스북에서 개발하였다.
Chuckwa	비정형 데이터 수집 플랫폼으로, HDFS에 분산 데이터를 저장한다.

(2) 정형 데이터 수집

소프트웨어	설명
Sqoop	관계형 데이터베이스로부터 데이터를 수집하고 HDFS, NoSQL 등 다양한 저장소로 전송하는 기능을 제공한다.
Hiho	대용량 정형 데이터 수집 및 전송 솔루션이다.

(3) 분산 데이터베이스

소프트웨어	설명
Hbase	HDFS 기반으로 칼럼 지향 NoSQL 데이터베이스이다.
Cassandra	단일 장애점 제거와 빅데이터를 관리하기 위하여 NoSQL 데이터베이스로 설계되었다.

(4) 실시간 질의

소프트웨어	설명
Impala	– 하둡 기반의 실시간 SQL 질의 시스템이다. – 클라우드데라(Cloudera)에서 개발하였다.
Tajo	국내 대학 학생들이 주도해 개발한 하둡 기반의 데이터 웨어하우스 시스템이다.

(5) 메타 데이터 관리

소프트웨어	설명
HCatalog	빅데이터 메타 정보를 관리한다.

(6) 데이터 분석

소프트웨어	설명
Hive	– 하둡 기반의 데이터 웨어하우스 솔루션이다. Hive는 유사 SQL 기반으로 빅데이터를 처리한다. – 페이스북에서 개발하였다.
Pig	맵리듀스 대신 자체 언어인 Pig Latin을 제공한다.

(7) 인메모리 처리

소프트웨어	설명
Spark	– 클러스터 컴퓨팅 프레임워크이다. – UC 버클리 AMPLab에서 개발하였으며, 인메모리 기반으로 동작한다.

(8) 데이터 마이닝

소프트웨어	설명
Mahout	데이터 마이닝을 지원하는 하둡 기반의 오픈 소스이다.

(9) 워크플로 관리

소프트웨어	설명
Oozie	빅데이터 처리 과정 및 관리, 하둡 작업을 관리한다.

(10) 분산 서비스 관리

소프트웨어	설명
Zookeeper	빅데이터 서버 시스템 관리 및 분산 환경 서버를 상호 조정한다.

(11) 데이터 직렬화

소프트웨어	설명
Avro	RPC(Remote Procedure Call)와 데이터 직렬화를 지원한다.

(12) 자원 관리

소프트웨어	설명
YARN	분산 컴퓨팅 환경의 리소스 관리 플랫폼으로 클러스터 내 컴퓨팅 자원 관리 및 사용자의 애플리케이션 스케줄링 사용 관리 기능을 제공한다.

기출 유형 문제

2020.08

01 빅데이터 분석 기술 중 대량의 데이터를 분석하여 데이터 속에 내재되어 있는 변수 사이의 상호 관계를 규명하여 일정한 패턴을 찾아내는 기법은?

① Data Mining

② Wm-Bus

③ Digital Twin

④ Zigbee

> 해설 빅데이터 분석 기법 중 군집화(Clustering), 분류 (Classification) 등 기법을 통하여 데이터 간의 패턴과 관계를 도출하는 기법은 데이터 마이닝(Data Mining)이다.

2018.03

02 NoSQL의 설명으로 틀린 것은?

① Not Only SQL의 약자이다.

② 비정형 데이터의 저장을 위해 유연한 데이터 모델을 지원한다.

③ 전통적인 관계형 데이터베이스 관리 시스템과는 다른 비관계형(Non-Relational) DBMS이다.

④ 정규화를 전제로 하고 있어 갱신 시에 저장 공간이 적게 든다.

> 해설 NoSQL은 정규화가 아닌 비정규화를 이용하여 구축하며, 중복 데이터로 인하여 저장 공간이 더 많이 든다.

2020.06

03 다음에서 설명하는 용어로 옳은 것은?

> – 오픈 소스를 기반으로 한 분산 컴퓨팅 플랫폼이다.
> – 일반 PC급 컴퓨터들로 가상화된 대형 스토리지를 형성한다.
> – 다양한 소스를 통해 생성된 빅데이터를 효율적으로 저장하고 처리한다.

① 하둡(Hadoop)

② 비컨(Beacon)

③ 포스퀘어(Foursquare)

④ 맴리스터(Memristor)

> 해설 하둡(Hadoop)은 대량의 자료를 처리하기 위한 빅데이터 플랫폼으로, HDFS(Hadoop File System)와 맵리듀스 (MapReduce)를 이용하여 빅데이터를 효율적으로 처리하는 오픈 소스 기반 분산 컴퓨팅 플랫폼이다.

2020.09

04 다음 내용에 적합한 용어는?

> – 대용량 데이터를 분산 처리하기 위한 목적으로 개발된 프로그래밍 모델이다.
> – 구글에 의해 고안된 기술로써 대표적인 대용량 데이터 처리를 위한 병렬 처리 기법을 제공한다.
> – 임의의 순서로 정렬된 데이터를 분산 처리하고 이를 다시 합치는 과정을 거친다.

① MapReduce

② SQL

③ Hijacking

④ Logs

> 해설 맵리듀스(MapReduce)에 대한 설명이다.

1: ① 2: ④ 3: ① 4: ① **정답**

2022.05

05 하둡(Hadoop)과 관계형 데이터베이스 간에 데이터를 전송할 수 있도록 설계된 도구는?

① Apnic

② Topology

③ Sqoop

④ SDB

> **해설** 관계형 데이터베이스로부터 데이터를 수집하고 HDFS, NoSQL 등 다양한 저장소로 전송하는 기능을 제공하는 도구는 Sqoop이다.

출제 예상 문제

06 빅데이터 시각화에 있어 막대 그래프, 점 그래프를 이용하여 장기간 추세 변화를 표현할 수 있는 시각화 유형은?

① 시간 시각화

② 분포 시각화

③ 관계 시각화

④ 비교 시각화

> **해설** 시간 시각화에 대한 설명이다. 막대 그래프, 점 그래프를 이용하여 시간의 추세 변화를 표현한다.

07 NoSQL BASE 속성이 아닌 것은?

① Basically Available

② Soft State

③ Eventually Consistent

④ Consistency

> **해설** Consistency는 NoSQL BASE 속성이 아니다.

08 다음 중 데이터 분석 기법과 가장 거리 먼 것은?

① 기계 학습

② 회귀 분석

③ 데이터 통합

④ 분류 트리

> **해설** 데이터 여과, 데이터 변환, 데이터 정제, 데이터 통합, 데이터 축소는 데이터 처리를 위한 기법이다.

09 빅데이터 3V에 속하지 않는 것은?

① 규모(Volumn)

② 다양성(Variety)

③ 속도(Velocity)

④ 취약점(Vulnerability)

> **해설** 취약점은 잠재적인 위협의 이용 대상이 되는 것을 의미한다.

장

소프트웨어 개발 보안 구축

이번 장에서 다룰 내용

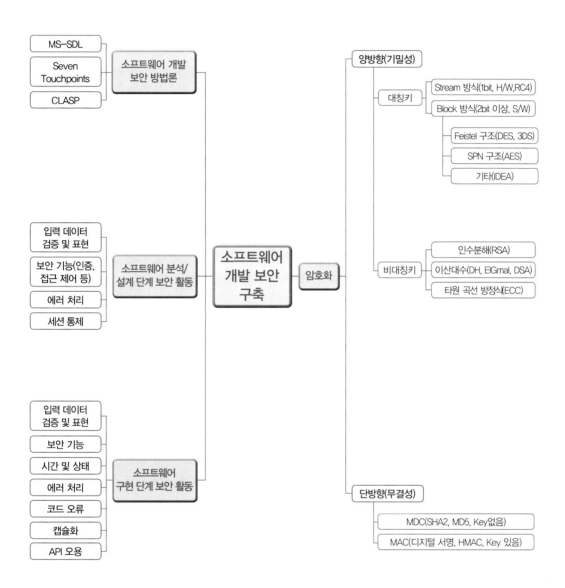

☑ 소프트웨어 개발 보안 체계, 보안 활동, 소프트웨어 개발 보안 방법론을 이해한다.

☑ 소프트웨어 개발 보안의 설계 단계와 개발 단계 주요 보안 활동을 이해한다.

☑ 암호화 알고리즘의 종류와 특징을 이해한다.

301 | 소프트웨어 개발 보안 체계

1 활동 주체별 개발 보안 활동

소프트웨어 개발 보안 관련 활동 주체는 행정안전부, 발주기관(행정기관 등), 한국인터넷진흥원, 사업자, 감리 법인 등이 있으며, 개발 보안 주체별로 정의된 개발 보안 활동과 주체 간의 유기적인 협력이 필요하다.

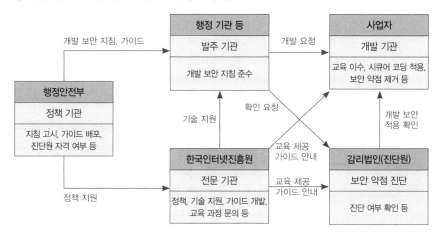

2 소프트웨어 개발 생명주기 단계별 보안 활동

- 소프트웨어 개발 보안 방법론에서는 안전한 소프트웨어 개발을 위해 생명주기(SDLC; Software Development Life Cycle)에 걸쳐 단계별로 보안 활동을 수행한다.
- 소프트웨어 개발 보안의 대표적인 사례로는 MS-SDL, Seven Touchpoints, CLASP가 있다.

멘토 코멘트

소프트웨어 개발 보안 방법론의 종류 3가지는 〈302 소프트웨어 개발 보안 방법론〉에서 상세히 설명한다.

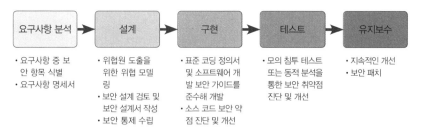

단계	보안 활동
요구사항 분석	– 요구사항 중 보안 항목을 식별하고 보안 활동을 추가한다. – 보안 등급 수준을 검토하며 법률적 점검 작업이 요구된다.
설계	– 위협 원인 도출을 위한 위협 모델링과 보안 설계를 검토한다. – 보안 설계서 작성 및 보안 통제를 수립한다.
구현	– 표준 코딩 정의서 및 소프트웨어 개발 보안 가이드를 준수하여 개발한다. – 소스 코드 보안 약점을 진단 및 개선한다.
테스트	모의 침투 테스트 또는 동적 분석을 통한 보안 취약점을 진단하고 개선한다.
유지보수	보안 사고에 대한 관리, 사고 대응, 패치 관리, 교육 병행 및 지속적인 개선 활동을 수행한다.

3 소프트웨어 개발 참여 직무별 보안 활동

프로젝트 참여 구성원들이 각자 직무별 보안 활동을 정의하여 책임감을 가지고 보안 활동을 수행하도록 하는 것이 안전한 소프트웨어를 개발하는 데 중요하다.

| CLASP의 소프트웨어 개발 방법론에서 설명한 직무별 보안 활동 |

직무	보안 활동
프로젝트 관리자 (Project Manager)	– 팀 구성원에게 보안 전략을 알리고 보안 위험과 보안의 영향을 이해시키며 프로젝트 일정과 보안 위험의 상관관계를 이해시켜야 한다. – 조직의 상태를 모니터링하고 기본적인 비즈니스 매트릭스 조합을 정의하고 단계별로 적용한다.
요구사항 분석가 (Requirement Specifier)	아키텍트가 비즈니스에 대한 요구사항을 이해할 수 있도록 설명할 수 있어야 하며, 유스케이스를 분석하여 보안 고려 사항을 기반으로 오용 사례를 정의할 수 있어야 한다.
아키텍트 (Architect)	명백한 보안 오류가 발생하지 않도록 충분한 보안 기술의 문제를 이해할 수 있어야 하며, 모든 시스템 리소스의 역할에 적절한 보안 요구사항이 적용되도록 해야 한다.
설계자 (Designer)	– 특정 기술이 설계 보안 항목을 만족하는지 확인하고 이를 평가하며, 최선의 문제 해결 방법을 결정해야 한다. – 식별되지 않은 보안 위험은 다시 분석하여 안전하게 적용하도록 해야 하며, 식별된 위협에 충분히 대응할 수 있어야 한다.
구현 개발자 (Implementer)	안전한 코딩 표준을 준수하여 개발하고, 제삼자가 소프트웨어 안전 여부를 쉽게 판단할 수 있도록 문서화가 필요하다.
테스트 분석가 (Test Analyst)	요구사항과 구현 결과를 반복적으로 테스트하고 테스트 가능한 위험에 대한 학습이나 도구 사용 방법을 숙지하고 있어야 한다.
보안 감사자 (Security Auditor)	보안 감사자는 프로젝트의 현재 상태를 검사하고 현재 상태의 보안을 보장하며 프로젝트의 전체 단계에서 보안 활동을 하여야 한다.

4 소프트웨어 개발 보안 관련 법과 표준

주요 관련 법에 대하여 목록화 및 분석을 수행하고, 이를 정보보호 정책에 반영해야한다.

멘토 코멘트

정보보호 관련 법과 개인정보 보호 관련 법은 국가법령정보센터(www.law.go.kr)를 참고하였다.

| 정보보호 관련 법 |

법	설명
정보통신망 이용촉진 및 정보보호 등에 관한 법률	정보통신망의 이용을 촉진하고 정보통신 서비스를 이용하는 자를 보호함과 아울러 정보통신망을 건전하고 안전하게 이용할 수 있는 환경을 조성하여 국민 생활의 향상과 공공복리의 증진에 이바지함을 목적으로 한다.
정보통신기반 보호법	전자적 침해 행위에 대비하여 주요 정보통신 기반 시설의 보호에 관한 대책을 수립/시행함으로써 동 시설을 안정적으로 운용하도록 하여 국가의 안전과 국민 생활의 안정을 보장하는 것을 목적으로 한다.
전자정부법	행정 업무의 전자적 처리를 위한 기본 원칙, 절차 및 추진 방법 등을 규정함으로써 전자정부를 효율적으로 구현하고, 행정의 생산성, 투명성 및 민주성을 높여 국민의 삶의 질을 향상시키는 것을 목적으로 한다.
신용정보의 이용 및 보호에 관한 법률	신용정보 관련 산업을 건전하게 육성하고 신용정보의 효율적 이용과 체계적 관리를 도모하며 신용정보의 오용/남용으로부터 사생활의 비밀 등을 적절히 보호함으로써 건전한 신용 질서를 확립하고 국민 경제의 발전에 이바지함을 목적으로 한다.
지능정보화 기본법	지능정보화 관련 정책의 수립/추진에 필요한 사항을 규정함으로써 지능정보 사회의 구현에 이바지하고 국가 경쟁력을 확보하며 국민의 삶의 질을 높이는 것을 목적으로 한다.

알아두기

4차 산업혁명에 따른 사회, 경제적 변화에 선제적으로 대응하기 위하여 국가정보화 기본법은 지능정보화 기본법으로 2020년 전면 개정되었다.

| 개인정보 보호 관련 법 |

법	설명
개인정보 보호법	개인정보의 처리 및 보호에 관한 사항을 정함으로써 개인의 자유와 권리를 보호하고, 나아가 개인의 존엄과 가치 구현을 목적으로 한다.
정보통신망 이용촉진 및 정보보호 등에 관한 법률	정보통신망의 이용을 촉진하고 정보통신 서비스를 이용하는 자를 보호함과 아울러 정보통신망을 건전하고 안전하게 이용할 수 있는 환경을 조성하여 국민 생활의 향상과 공공복리의 증진에 이바지함을 목적으로 한다.
위치정보의 보호 및 이용 등에 관한 법률	위치정보의 유출, 오용 및 남용으로부터 사생활의 비밀 등을 보호하고 위치정보의 안전한 이용 환경을 조성하여 위치정보의 이용을 활성화함으로써 국민 생활의 향상과 공공복리의 증진에 이바지함을 목적으로 한다.

| 주요 보안 관련 표준 |

표준	설명
ISO 27001	– 정보보호관리체계(ISMS; Information Security Management System)에 대한 국제적인 표준으로 해당 조직이 정보보호 경영을 실행하기 위한 프레임워크 지침이다. – 정보보안 경영 시스템에 대한 규격을 제시하고 기업의 정보보안 경영 시스템을 평가, 인증한다.
ISMS-P	– 정보보호 및 개인정보 보호를 위한 일련의 조치와 활동이 인증 기준에 적합함을 인터넷진흥원 또는 인증 기관이 증명하는 제도이다. – 기존 개별 운영되던 정보보호관리체계(ISMS) 인증 제도와 개인정보보호관리체계(PIMS) 인증 제도를 통합한 인증 제도이다.
COBIT	– 정보기술 관리 및 IT 관리를 위해 ISACA에서 만든 IT 거버넌스 프레임워크이다. – 효과적인 IT 거버넌스 실현 및 IT 통제 수준 진단을 위한 표준 프레임워크를 제공한다.

알아두기

OWASP
(The Open Web Application Security Project)

오픈 소스 웹 애플리케이션 보안 프로젝트이다. 주로 웹에 관한 정보노출, 악성 파일 및 스크립트, 보안 취약점 등을 연구하며, 10대 웹 애플리케이션의 취약점(OWASP TOP 10)을 주기적으로 발표한다.

기출 유형 문제

2020.08

01 오픈 소스 웹 애플리케이션 보안 프로젝트로서 주로 웹을 통한 정보 유출, 악성 파일 및 스크립트, 보안 취약점 등을 연구하는 곳은?

① WWW

② OWASP

③ WBSEC

④ ITU

> **해설** OWASP(The Open Web Application Security Project)에 대한 설명이다.

출제 예상 문제

02 다음은 소프트웨어 개발 보안 활동을 설명하고 있다. 어느 단계의 보안 활동인가?

> 모의 침투 테스트 또는 동적 분석을 통한 보안 취약점 진단 및 개선 활동

① 요구사항 분석

② 설계

③ 구현

④ 테스트

> **해설** 소프트웨어 개발 보안 활동은 요구사항 분석, 설계, 구현, 테스트, 유지보수 단계로 진행된다.
> 1. 요구사항 분석 : 요구사항 중 보안 활동 식별, 요구사항 명세서 작성
> 2. 설계 : 위협원 도출, 보안 설계 검토 및 설계서 작성, 보안 통제 수립
> 3. 구현 : 표준 코딩 정의서 및 개발 보안 가이드 준수, 보안 약점 진단 및 개선
> 4. 테스트 : 모의 침투 테스트 또는 동적 분석을 통한 보안 취약점 진단 및 개선
> 5. 유지보수 : 보안 사고에 대한 관리, 사고 대응, 패치 관리, 교육 병행 및 지속적인 개선 활동을 수행

03 다음에서 설명하는 보안 활동을 수행하는 주체는?

> 시큐어 코딩을 적용하며 보안 약점을 제거한다.

① 행정 기관 등(발주 기관)

② 한국인터넷진흥원(KISA)

③ 사업자(개발 기관)

④ 감리법인(진단원)

> **해설**
> – 행정 기관 등(발주 기관) : 개발 기관에 개발을 요청하며 개발 보안 지침이 준수되고 있는지 확인하여야 한다.
> – 한국인터넷진흥원(KISA) : 정책, 기술 지원에 대한 가이드와 교육 자료를 제공한다.
> – 감리법인(진단원) : 개발 보안의 적용 여부를 확인하기 위하여 보안 약점을 진단한다.

04 다음에서 설명하는 보안 활동의 주체는 누구인가?

> 안전한 코딩 표준을 준수하고 제삼자가 소프트웨어 안전 여부를 판단할 수 있도록 문서화해야 한다.

① 프로젝트 관리자

② 설계자

③ 구현 개발자

④ 보안 감사자

> **해설** 개발자는 시큐어 코딩을 적용하고 개발 산출물을 명세화해야 한다.

302 | 소프트웨어 개발 보안 방법론

1 소프트웨어 개발 보안 방법론의 개념

- 안전한 소프트웨어를 개발하기 위해서 소프트웨어 생명주기(SDLC)에서의 보안 업무를 수행하며 보안을 강화한 개발 방법론이다.
- 소프트웨어 개발 보안 생명주기(SDLC)는 요구사항 분석, 설계, 구현, 테스트, 유지보수 단계를 의미한다. 대표적인 소프트웨어 개발 보안 방법론에는 MS-SDL, Seven Touchpoints, CLASP가 있다.

2 소프트웨어 개발 보안 방법론의 종류

멘토 코멘트

소프트웨어 개발 보안 방법론의 종류 3가지의 개념을 기억해야 한다.

■ MS-SDL(Microsoft-Secure Development Life cycle)

구분	설명
개념	마이크로소프트사가 보안 수준이 높은 안전한 소프트웨어를 개발하기 위해 수행한 프로세스 개선 작업으로 자체 수립한 SDL(Secure Development Life cycle) 방법론이다.
단계	

교육 → 계획/분석 → 설계 → 구현 → 시험/검증 → 배포/운영 → 대응

- 교육: - 개발 보안 교육
- 계획/분석: - 기본 보안과 프라이버시 요구사항 정의
- 설계: - 공격 영역 분석 - 위협 모델링
- 구현: - 도구 명세 - 금지된 함수 사용 제한 - 정적 분석
- 시험/검증: - 동적/퍼징 테스트 - 공격 영역/위협 모델 검증
- 배포/운영: - 사고 대응 계획 - 최종 보안 검토 - 기록 보관
- 대응: - 사고 대응 수행

■ Seven Touchpoints

구분	설명
개념	- 실무적으로 검증된 개발 보안 방법론으로, 소프트웨어 보안의 모범 사례를 소프트웨어 개발 라이프 사이클(SDLC; Software Development Life Cycle)에 통합하였다. - 공통 위험 요소를 파악하고 이해하며 보안을 설계하고 모든 소프트웨어 산출물에 대해 철저하고 객관적인 위험 분석 및 테스트를 거쳐 안전한 소프트웨어를 만들어는 내는 방법을 정의하였다.
단계	SDLC 단계에서 7개의 보안 강화 활동(악용 사례, 보안 요구사항, 위험 분석, 위험 기반 보안 테스트, 코드 검토, 침투 테스트, 보안 운영)을 개발자에게 집중적으로 관리하도록 요구하였다.

보안 요구사항 / 악용 사례 / 위험 분석 / 위험 기반 보안 테스트 / 코드 검토 / 침투 테스트 / 위험 분석 / 보안 운영

요구사항과 유스케이스 → 구조 설계 → 테스트 계획 / 코드 → 테스트 결과 → 현장과의 피드백

■ CLASP(Comprehensive, Lightweight Application Security Process)

구분	설명
개념	– 소프트웨어 개발 보안 방법론 중 하나인 CLASP는 SDLC 초기 단계에 보안 강화를 목적으로 하는 정형화된 프로세스이다. 활동 중심, 역할 기반의 프로세스로 구성된 집합체이다. – 5가지 관점(개념, 역할, 활동 평가, 활동 구현, 취약점)에 따라 개발 보안 프로세스에 대하여 수행할 것을 제안하였다. – 이미 운영 중인 시스템에 적용하기 유리하다.
관점	**개념 관점(I)** CLASP 프로세스 컴포넌트들의 상호작용 방법과 V 관점을 통한 II 관점에 적용 방법의 이해 **역할 관점(II)** 보안 관련 프로젝트에서 요구되는 역할을 창출하여 III, IV, V 관점에서 사용 **활동 평가 관점(III)** III, IV, V 관점에서의 적합성과 관련하여 보안관련 CLASP 활동을 평가 **활동 구현 관점(IV)** III에서 선택한 24가지 보안관련 CLASP 활동의 부분들을 수행 **취약점 관점(V)** 문제 타입에 대한 솔루션을 III, IV 관점 안으로 통합

3 정보보안의 핵심 요소

- 정보보안이란 인가되지 않은 접근, 사용, 폭로, 붕괴, 수정, 파괴로부터 정보와 정보 시스템을 보호하여 기밀성, 무결성, 가용성을 제공하는 것이다.
- 정보보안의 3가지 목적은 기밀성, 무결성, 가용성이며 CIA라고 한다.
- 정보보안을 위하여 책임 추적성, 부인방지, 접근 통제, 인증도 중요한 요소이다.

멘토 코멘트

정보보안 요소의 개념에 대해서 출제되고 있으니 기억해야 한다.

요소	설명
기밀성 (Confidentiality)	개인이나 조직의 민감한 정보를 허가받지 않은 사용자에게 노출되지 않도록 한다.
무결성 (Integrity)	개인이나 조직의 민감한 정보와 시스템을 허가받지 않은 사용자에 의해서 변경되지 않도록 한다.
가용성 (Availability)	개인이나 조직의 정보 자산에 대하여 허가받은 사용자의 정상적인 접근을 보장하도록 한다.
책임 추적성 (Accountability)	– 자신의 행위에 대해 차후에 책임을 질 수 있는 개인들까지 시스템에서 수행하는 활동을 추적할 수 있는 속성이다. – 책임 추적성은 사용자 식별을 위하여 인증 시스템과 사용자 활동을 기록하기 위한 감사 추적을 필요로 한다.
부인방지 (Non-repudiation)	메시지의 송수신이나 교환 후, 또는 통신이나 처리가 실행된 후에 그 사실을 사후에 증명함으로써 사실 부인을 방지하는 보안 기술이다.

접근 통제 (Access Control)	시스템에서 자원의 사용 가능 여부를 결정하는 과정이며 허가되지 않은 위협에서 자원을 보호한다.	
인증 (Authentication)	– 정보의 주체가 되는 송수신자 간에 정보가 변조 또는 삭제되지 않았는지, 송수신 자가 정당한지 확인하는 것이다. – 사용자 인증과 메시지 인증 2가지가 있다.	
	사용자 인증 (User Authentication)	거래 당사자 간에 상대의 신원 주장에 대해 당사자가 맞는지 확인하는 것이다.
	메시지 인증 (Message Authentication)	교환되는 메시지 출처와 진위를 확인하는 것 이다.

기출 유형 문제

2020.08

01 실무적으로 검증된 개발 보안 방법론 중 하나로써 소프트웨어 보안의 모범 사례를 SDLC(Software Development Life Cycle)에 통합한 소프트웨어 개발 보안 생명주기 방법론은?

① CLASP

② CWE

③ PIMS

④ Seven Touchpoints

> **해설** 실무적으로 검증된 개발 보안 방법론으로 소프트웨어 보안의 모범 사례를 소프트웨어 개발 라이프 사이클에 통합하였고 SDLC 단계에서 7개의 보안 강화 활동을 개발자에게 집중적으로 관리하도록 요구한 소프트웨어 개발 보안 생명주기 방법론은 Seven Touchpoints이다.

2022.04, 2020.06

02 시스템 내의 정보는 오직 인가된 사용자만 수정할 수 있는 보안 요소는?

① 기밀성

② 부인방지

③ 가용성

④ 무결성

> **해설** 무결성에 대한 설명이다. 개인이나 조직의 민감한 정보와 시스템을 허가받지 않은 사용자에 의해서 변경되지 않도록 한다.
> – 기밀성 : 개인이나 조직의 민감한 정보를 허가받지 않은 사용자에게 노출되지 않도록 한다.
> – 부인방지 : 메시지의 송수신이나 교환 후, 또는 통신이나 처리가 실행된 후에 그 사실을 사후에 증명함으로써 사실 부인을 방지하는 보안 기술이다.
> – 가용성 : 개인이나 조직의 정보 자산에 대하여 허가받은 사용자의 정상적인 접근을 보장하도록 한다.

2021.03, 2020.08

03 정보보안의 3대 요소에 해당하지 않는 것은?

① 기밀성

② 휘발성

③ 무결성

④ 가용성

> **해설** 보안의 3대 요소는 기밀성, 무결성, 가용성이다.

2022.04

04 시스템의 사용자가 로그인하여 명령을 내리는 과정에 대한 시스템의 동작 중 다음 설명에 해당하는 것은?

> – 자신의 신원(Identity)을 시스템에 증명하는 과정이다.
> – 아이디와 패스워드를 입력하는 과정이 가장 일반적인 예시라고 볼 수 있다.

① Aging

② Accounting

③ Authorization

④ Authentication

> **해설** 인증(Authentication)에 대한 설명이다.
> 허가(Authorization)는 리소스에 대한 접근 권한 및 정책을 지정하는 기능이다.

05 다음과 같은 특징을 갖춘 개발 보안 방법론은?

> – SDLC 초기 단계에 보안 강화를 목적으로 하는 정형화된 프로세스이다. 활동 중심, 역할 기반의 프로세스로 구성된 집합체이며 이미 운영 중인 시스템에 적용하기 유리하다.
> – 안전한 소프트웨어를 개발하기 위해 5가지 관점에 따라 개발 보안 프로세스를 수행한다.

① MS-SDL

② Seven Touchpoints

③ CLASP

④ Scrum

> **해설** 5가지 관점, 즉 개념 관점, 역할 기반 관점, 활동 평가 관점, 활동 구현 관점, 취약점 관점에 따라 개발 보안 프로세스를 수행하는 것은 CLASP이다.

06 다음 중 소프트웨어 개발 보안 방법론인 Seven Touchpoints의 7가지 보안 강화 활동이 아닌 것은?

① 보안 요구사항

② 위험 기반 보안 테스트

③ 위험 분석

④ 활동 평가

> **해설** Seven Touchpoints의 7가지 보안 강화 활동으로는 악용 사례, 보안 요구사항, 위험 분석, 위험 기반 보안 테스트, 코드 검토, 침투 테스트, 보안 운영이 있다.

303 | 소프트웨어 보안 활동

1 분석/설계 단계 개발 보안 활동

■ 분석/설계 단계 개발 보안의 필요성

멘토 코멘트

이번 영역은 출제 비중이 낮기 때문에 개념적인 것만 읽고 넘어가도록 한다.

- 분석/설계 단계는 기능 및 비기능 요구사항을 충족시키기 위한 소프트웨어의 구조를 명확하게 밝혀 구현을 준비하는 단계이다.
- 설계에서 반영 못한 보안 항목을 다시 반영하려면 구현 단계에서 더 많은 추가 비용이 들 수 있기 때문에 사전 설계 단계에서 반영하는 것이 매우 중요하다.

■ 정보에 대한 보안 항목 식별

분석 단계에서는 처리 대상 정보와 이를 처리하는 기능에 대해 적용되어야 하는 설계 보안 항목들을 식별하는 작업이 수행되며, 각 기관은 내부 정책 자료, 외부 정책 자료 등을 기반으로 보안 항목을 식별한다.

| 외부 환경 분석(법, 제도, 규정 등) 보안 항목 식별 |

분석 기반 자료	세부 자료 예
개인 정보보호 관련 법규	개인정보 보호법, 정보통신망 이용촉진 및 정보보호 등에 관한 법률, 신용정보의 이용 및 보호에 관한 법률, 위치정보의 보호 및 이용 등에 관한 법률, 표준 개인정보 보호지침, 개인정보의 안전성 확보조치 기준, 개인정보 영향평가에 관한 고시
특정 IT 기술 관련 규정	RFID 프라이버시 보호 가이드라인, 위치정보의 보호 및 이용 등에 관한 법률, 위치정보의 관리적, 기술적 보호조치 가이드라인, 바이오정보 보호 가이드라인, 뉴미디어 서비스 개인정보보호 가이드라인

■ 기능에 대한 보안 항목 식별

분석 단계에서는 각 기능을 안전하게 서비스하기 위해 설계 보안 항목을 식별하여 산출물인 요구사항 정의서에 설계 보안 항목을 정의한다. 정의된 설계 보안 항목을 설계, 구현, 테스트 단계에 적용될 수 있도록 한다.

설계 항목 분류	설명	설계 항목
입력 데이터 검증 및 표현	입력 데이터에 대한 유효성 검증 체계를 갖추어 실패 시 처리할 수 있도록 설계한다.	DBMS 조회 및 결과 검증, 업로드/다운로드 파일 검증
보안 기능	인증, 권한 관리, 비밀번호, 접근 통제 등 정책이 적절하게 반영될 수 있도록 설계한다.	인증 대상 및 방식, 비밀번호 관리, 중요 자원 접근 통제
에러 처리	에러 상황을 처리하지 않거나 불충분하게 처리되어 중요 정보 유출 등 보안 약점이 발생하지 않도록 설계한다.	예외 처리
세션 통제	HTTP를 이용하여 연결을 유지하는 경우 세션을 안전하게 할당하고 관리하여 세션 정보 노출이나 세션 하이재킹과 같은 침해 사고가 발생하지 않도록 설계한다.	세션 통제

■ 기능 설계 시 설계 보안 항목 적용 방법

설계 단계에서는 개발하고자 하는 소프트웨어가 가질 수 있는 보안 취약성이 무엇인지, 공격자가 이를 어떻게 이용할 수 있는지에 대해 고려해야 한다.

2 소프트웨어 구현 단계 보안 활동

■ 구현 단계 보안 활동 역할

분석/설계 단계의 보안 설계 기준과 구현 단계 보안 약점 제거 기준을 연계하여 안전한 소프트웨어 구현 역할을 수행한다.

멘토 코멘트

이번 영역은 출제 비중이 낮기 때문에 학습시간이 부족하다면 핵심적인 개념만 파악하고 넘어가도 된다.

■ 설계 항목과 구현 단계의 보안 약점 관계

구분	설계 항목	구현 단계 보안 약점
입력 데이터 검증 및 표현	DBMS 조회 및 결과 검증	SQL 삽입
	XML 조회 및 결과 검증	- XQuery 삽입 - XPath 삽입
	디렉터리 서비스 조회 및 결과 검증	LDAP 삽입
	시스템 자원 접근 및 명령어 수행 입력값 검증	- 경로 조작 및 자원 삽입 - 운영체제 명령어 삽입
	웹 서비스 요청 및 결과 검증	크로스사이트 스크립트(XSS)
	웹 기반 중요 기능 수행 요청 유효성 검증	크로스사이트 요청 위조
	HTTP 프로토콜 유효성 검증	- 신뢰되지 않은 URL 주소로 자동 접속 연결 - HTTP 응답 분할
	허용된 범위 내 메모리 접근	- 포맷 스트링 삽입 - 메모리 버퍼 오버플로
	보안 기능 동작에 사용되는 입력값 검증	- 보안 기능 결정에 사용된 부적절한 입력값 - 정수형 오버플로 - Null 포인터 역참조
	업로드 및 다운로드 파일 검증	- 위험한 형식 파일 업로드 - 무결성 검사 없는 코드 다운로드

멘토 코멘트

분석/설계 단계 보안 점검 항목(설계 항목)의 4가지 유형
① 입력 데이터 검증 및 표현
② 보안 기능
③ 에러 처리
④ 세션 통제

구현 단계 보안 점검 항목의 7가지 유형
① 입력 데이터 검증 및 표현
② 보안 기능
③ 시간 및 상태
④ 에러 처리
⑤ 코드 오류
⑥ 캡슐화
⑦ API 오용

보안 기능	인증 대상 및 방식		– 적절한 인증 없는 중요 기능 허용 – DNS Lookup에 의존한 보안 결정
	인증 수행 제한		반복된 인증 시도 제한 기능 부재
	비밀번호 관리		– 하드 코드된 비밀번호 – 취약한 비밀번호 허용
	중요 자원 접근 통제		– 부적절한 인가 – 중요한 자원에 대한 잘못된 권한 설정
	암호키 관리		– 하드 코드된 암호화키 – 주석문 안에 포함된 시스템 주요 정보
	암호 연산		– 취약한 암호화 알고리즘 사용 – 충분하지 않은 키 길이 사용 – 적절하지 않은 난수값 사용 – 솔트 없이 일방향 해시 함수 사용
	중요 정보 저장		– 중요 정보 평문 저장 – 사용자 하드디스크에 저장되는 쿠키를 통한 정보 노출
	중요 정보 전송		중요 정보 평문 전송
에러 처리	예외 처리		– 오류 메시지를 통한 정보 노출 – 시스템 데이터 정보 노출
세션 통제	세션 통제		잘못된 세션에 의한 데이터 정보 노출

멘토 코멘트

설계 단계 보안 점검 항목에 대한 일관되고 명확한 기술이 없다면 구현 단계에서 개발 보안 적용 시 모호하거나 개발자 임의로 처리하는 경우 보안 약점을 가지고 배포될 위험이 있다.

■ 구현 단계 보안 약점 기준

- 구현 단계에서는 7개의 보안 점검 항목이 있으며, 총 47개의 보안 약점 기준을 가지고 있다.
- 구현 단계의 보안 점검 항목 7가지와 분석/설계 단계의 보안 점검 항목 4가지를 비교해보면 대부분 시큐어 코딩 기준들은 분석/설계 단계부터 고려되어야 하며, 구현(개발) 단계에서는 코딩 규칙을 준수하는 것만으로도 보안 취약점이 제거될 수 있다.

| 보안 점검 항목 |

알아두기

한국인터넷진흥원(KISA)에서는 구현 단계 보안 약점 기준을 오른쪽 표와 같이 제시하고 있다.

항목	세부 사항(47개 보안 약점)					
입력 데이터 검증 및 표현	SQL 삽입	경로 조작 및 자원 삽입	크로스사이트 스크립트	운영체제 명령어 삽입	위험한 형식 파일 업로드	신뢰되지 않은 URL 주소로 자동 접속 연결
	XQuery 삽입	XPath 삽입	LDAP 삽입	크로스사이트 요청 위조	HTTP 응답 분할	정수형 오버플로
	보안 기능 결정에 사용되는 부적절한 입력값	메모리 버퍼 오버플로	포맷 스트링 삽입			
보안 기능	적절한 인증 없는 중요 기능 허용	부적절한 인가	중요한 자원에 대한 잘못된 권한 설정	취약한 암호화 알고리즘 사용	중요 정보 평문 저장	중요 정보 평문 전송
	하드 코드된 비밀번호	충분하지 않은 키 길이 사용	적절하지 않은 난수값 사용	하드 코드된 암호화키	취약한 비밀번호 허용	사용자 하드디스크에 저장되는 쿠키를 통한 정보 노출
	주석만 안에 포함된 시스템 주요 정보	솔트 없이 일방향 해시 함수 사용	무결성 검사 없는 코드 다운로드	반복된 인증 시도 제한 기능 부재		
시간 및 상태	검사 시점과 사용 시점	종료되지 않은 반복문 재귀 함수				
에러 처리	오류 메시지를 통한 정보 노출	오류 상황 대응 부재	부적절한 예외 처리			
코드 오류	Null Pointer 역참조	부적절한 자원 해제	해제된 자원 사용	초기화되지않은 변수 사용		
캡슐화	잘못된 세션에 의한 데이터 정보 노출	제거되지 않고 남은 디버그 코드	시스템 데이터 정보 노출	Public 메소드부터 반환된 Private 배열	Private 배열에 Public 데이터 할당	
API 오용	DNS Lookup에 의존한 보안 결정	취약한 API 사용				

분석/설계 단계 보안 점검 항목 : ⬜ 입력값 검증 ⬜ 보안 기능 ⬛ 에러 처리 ⬛ 세션 통제

출제 예상 문제

01 다음 중 보안 활동에 있어 분석/설계 단계에서 설계 항목 분류에 속하지 않은 것은?

① 입력 데이터 검증

② 보안 기능

③ 캡슐화

④ 세션 통제

> **해설** 분석/설계 단계의 설계 항목 분류에는 입력 데이터 검증, 보안 기능, 에러 처리, 세션 통제가 있다.

02 보안 활동에 있어 다음에서 설명하는 설계 항목 분류 중 가장 알맞은 것은?

> HTTP를 이용하여 연결을 유지하는 경우 세션을 안전하게 할당하고 관리하여 세션 정보 노출이나 세션 하이재킹과 같은 침해 사고가 발생하지 않도록 하는 설계 보안 항목

① 입력 데이터 검증 및 표현

② 보안 기능

③ 에러 처리

④ 세션 통제

> **해설** 분석 단계에서 정의하는 설계 항목 분류 중 세션 통제에 대한 설명이다.

03 다음 중 입력값 검증에 대한 보안 약점과 거리가 먼 것은?

① SQL 삽입(SQL Injection)

② 크로스사이트 스크립트(XSS)

③ 종료되지 않은 반복문 재귀 함수

④ 메모리 버퍼 오버플로

> **해설** 종료되지 않은 반복문 재귀 함수는 시간 및 상태에 관한 보안 약점이다.

04 다음 중 소프트웨어 구현 단계 중 보안 기능에 대한 보안 약점과 거리가 먼 것은?

① 부적절한 인가

② 하드 코드된 비밀번호

③ 부적절한 자원 해제

④ 취약한 비밀번호 허용

> **해설** 입력 데이터 검증 및 표현, 보안 기능, 시간 및 상태, 에러 처리, 코드 오류, 캡슐화, API 오용 보안 약점 중 부적절한 자원 해제는 코드 오류에 대한 보안 약점이다.

304 | 입력 데이터 검증 및 표현

1 입력 데이터 검증 및 표현 보안 약점의 개념

개발되는 프로그램의 입력값이 사전에 검증이 누락되어 부적절한 검증과 입력 데이터의 부적절한 형식값 지정으로 유발되는 보안 약점이다. SQL 삽입, 크로스사이트 스크립트, 메모리 버퍼 오버플로 등의 공격이 유발될 수 있다.

🎓 **멘토 코멘트**

입력 데이터 검증 및 표현 관련 보안 약점 중 SQL 삽입(SQL Injection), 크로스사이트 스크립트, 크로스사이트 요청 위조, 메모리 버퍼 오버플로 4가지는 중요하니 개념을 기억해 두어야 한다.

2 입력 데이터 검증 및 표현 보안 약점

보안 약점	설명
SQL 삽입 (SQL Injection)	검증되지 않은 외부 입력값을 SQL 쿼리문 생성에 사용하여 악의적인 쿼리가 실행될 수 있는 보안 약점
경로 조작 및 자원 삽입	검증되지 않은 외부 입력값을 시스템 자원 접근 경로 또는 자원 제어에 사용하여 공격자가 입력값을 조작해 공격할 수 있는 보안 약점
크로스사이트 스크립트 (XSS)	검증되지 않은 외부 입력값을 사용하여 사용자 브라우저에서 악의적인 스크립트가 실행될 수 있는 보안 약점
운영체제 명령어 삽입	검증되지 않은 외부 입력값을 운영체제 명령문 생성에 사용하여 악의적인 명령어가 실행될 수 있는 보안 약점
위험한 형식 파일 업로드	파일의 확장자 등 파일 형식에 대한 검증 없이 업로드가 허용되어 발생할 수 있는 보안 약점
신뢰되지 않은 URL 주소로 자동 접속 연결	검증되지 않은 외부 입력값을 URL 링크 생성에 사용하여 악의적인 사이트로 자동 접속될 수 있는 보안 약점
XQuery 삽입	검증되지 않은 외부 입력값을 XQuery 쿼리문 생성에 사용하여 악의적인 쿼리가 실행될 수 있는 보안 약점
XPath 삽입	검증되지 않은 외부 입력값을 XPath 쿼리문 생성에 사용하여 악의적인 쿼리가 실행될 수 있는 보안 약점
LDAP 삽입	검증되지 않은 외부 입력값을 LDAP 명령문 생성에 사용하여 악의적인 명령어가 실행될 수 있는 보안 약점
크로스사이트 요청 위조 (CSRF)	검증되지 않은 외부 입력값을 브라우저에서 악의적인 스크립트가 실행되어 공격자가 원하는 요청이 다른 사용자인 관리자 등의 권한으로 서버에서 실행되는 보안 약점
HTTP 응답 분할	검증되지 않은 외부 입력값을 HTTP 응답 헤더에 삽입하여 악의적인 코드가 실행될 수 있는 보안 약점
정수형 오버플로	정수를 사용한 연산의 결과가 정수값의 최대 범위를 넘어서는 경우 프로그램이 예기치 않게 동작될 수 있는 보안 약점

보안 기능 결정에 사용되는 부적절한 입력값	검증되지 않은 입력값이 인증, 인가, 권한 부여 등의 보안 결정에 사용되어 보안 메커니즘 우회를 야기할 수 있는 보안 약점
메모리 버퍼 오버플로	메모리 버퍼의 경계값을 넘어서 메모리값을 읽거나 저장하여 예기치 않은 결과를 발생시킬 수 있는 보안 약점
포맷 스트링 삽입	외부 입력값으로 포맷 스트링을 제어할 수 있는 함수 printf 등을 사용하여 발생할 수 있는 보안 약점

알아두기

스택가드 기술

메모리 버퍼 오버플로 오류를 방지하기 위하여 메모리상에서 프로그램의 복귀 주소와 변수 사이에 특정 값을 저장해 두었다가 그 값이 변경되었을 경우 오버플로로 가정하여 프로그램 실행을 중단시킨다.

3 SQL 삽입(SQL Injection) 공격

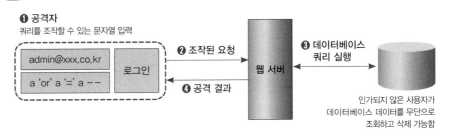

발생 조건	① 공격자는 쿼리를 조작할 수 있는 문자열을 입력하여 조작된 요청을 서버에 전송한다. ② 서버가 입력값을 검증하지 않고 데이터베이스 쿼리 실행에 사용하는 경우, 인가되지 않는 사용자가 데이터베이스 데이터를 무단으로 조회 또는 삭제 처리가 가능하다.
보안 대책	– 애플리케이션에서 데이터베이스에 연결하여 데이터를 처리하는 경우 최소 권한이 설정된 계정을 사용한다. – 외부 입력값이 삽입되는 SQL 쿼리문을 동적으로 생성하지 않아야 한다. – 외부 입력값을 이용해 동적으로 SQL 쿼리문을 생성해야 하는 경우 입력값에 대한 검증을 수행한 뒤 사용해야 한다.

알아두기

입력 데이터 검증 및 표현 관련 보안 약점은 SQL 삽입(SQL Injection) 공격과 같이 부적절한 입력에 대한 검증이 없을 경우 이를 이용한 취약점을 공격하기 때문에 검증하기 위한 대응 방안을 적용한 시큐어 코딩(Secure Coding)이 필요하다.

기출 유형 문제

2021.05, 2020.06

01 메모리상에서 프로그램의 복귀 주소와 변수 사이에 특정 값을 저장해 두었다가 그 값이 변경되었을 경우 오버플로 상태로 가정하여 프로그램 실행을 중단하는 기술은?

① 모드체크

② 리커버리 통제

③ 시스로그

④ 스택가드

> **해설** 스택가드 기술에 대한 설명이다. 스택가드는 복귀 주소와 변수 사이 특정 값을 저장하고 변경되었을 경우 이를 이용하여 오버플로를 감지하고 프로그램 실행을 중단시킨다.

2020.09

02 웹 페이지에 악의적인 스크립트를 포함시켜 사용자 측에서 실행되게 유도함으로써, 정보 유출 등의 공격을 유발할 수 있는 취약점은?

① Ransomware

② Pharming

③ Phishing

④ XSS

> **해설** 크로스사이트 스크립트(XSS)에 대한 설명이다. XSS는 검증되지 않은 외부 입력값을 사용하여 사용자 브라우저에서 악의적인 스크립트가 실행될 수 있는 보안 약점이다.

2021.08

03 SQL Injection 공격과 관련한 설명으로 틀린 것은?

① SQL Injection은 임의로 작성한 SQL 구문을 애플리케이션에 삽입하는 공격 방식이다.

② SQL Injection 취약점이 발생하는 곳은 주로 웹 애플리케이션과 데이터베이스가 연동되는 부분이다.

③ DBMS의 종류와 관계없이 SQL Injection 공격 기법은 모두 동일하다.

④ 로그인과 같이 웹에서 사용자의 입력값을 받아 데이터베이스 SQL문으로 데이터를 요청하는 경우 SQL Injection을 수행할 수 있다.

> **해설** DBMS 종류에 따라 SQL 문법이 다르기 때문에 공격 기법은 동일하지 않다.

2022.03

04 시큐어 코딩에서 입력 데이터의 보안 약점과 관련한 설명으로 틀린 것은?

① SQL 삽입 : 사용자의 입력값 등 외부 입력값이 SQL 쿼리에 삽입되어 공격

② 크로스사이트 스크립트 : 검증되지 않은 외부 입력값에 의해 브라우저에서 악의적인 코드가 실행

③ 운영체제 명령어 삽입 : 운영체제 명령어 파라미터 입력값이 적절한 사전 검증을 거치지 않고 사용되어 공격자가 운영체제 명령어를 조작

④ 자원 삽입 : 사용자가 내부 입력값을 통해 시스템 내에 사용이 불가능한 자원을 지속적으로 입력함으로써 시스템에 과부하 발생

> **해설** 경로 조작 및 자원 삽입은 검증되지 않은 외부 입력값(내부 입력값이 아님)을 시스템 자원 접근 경로 또는 자원 제어에 사용하여 공격자가 입력값을 조작해 공격할 수 있는 보안 약점이다.

05 검증되지 않은 외부 입력값이 SQL 쿼리문 생성에 사용되어 악의적인 쿼리가 실행될 수 있는 보안 약점은?

① SQL 삽입(SQL Injection)
② 크로스사이트 스크립트(XSS)
③ 크로스사이트 요청 위조(CSRF)
④ 메모리 버퍼 오버플로

해설 SQL 삽입은 외부의 입력값으로 악의적인 SQL 쿼리문을 생성하여 공격하는 기법이다.

출제 예상 문제

06 검증되지 않은 외부 입력값에 의해 브라우저에서 악의적인 스크립트가 실행되어 공격자가 원하는 요청(Request)이 관리자의 권한으로 서버로 전송되는 보안 약점은?

① SQL 삽입(SQL Injection)
② 크로스사이트 스크립트(XSS)
③ 크로스사이트 요청 위조(CSRF)
④ 메모리 버퍼 오버플로

해설 CSRF는 공격자가 관리자의 권한으로 악의적인 스크립트를 실행시킨다.

07 메모리 버퍼의 경계값을 넘어서 메모리 값을 읽거나 저장하여 예기치 않은 결과를 발생시킬 수 있는 보안 약점은?

① SQL 삽입(SQL Injection)
② 크로스사이트 스크립트(XSS)
③ 크로스사이트 요청 위조(CSRF)
④ 메모리 버퍼 오버플로

해설 메모리 버퍼의 경계값을 넘어 사용할 경우 메모리 버퍼 오버플로 오류가 발생한다.

08 printf() 함수의 취약점을 이용하여 메모리 값을 변조하는 해킹 공격은?

① XPath 삽입 공격
② 포맷 스트링 공격
③ SQL Injection 공격
④ 크로스사이트 스크립트 공격

해설 포맷 스트링 공격에 대한 설명이다.

305 | 보안 기능

1 보안 기능(인증, 접근 제어 등) 보안 약점의 개념

보안 기능에 있어 인증, 접근 제어, 기밀성, 암호화, 권한 관리 등을 부적절하게 구현하여 발생할 수 있는 보안 약점이다. 적절한 인증 없는 중요 기능 허용, 부적절한 인가 등이 포함된다.

멘토 코멘트

보안 기능에 대한 취약점은 모두 기억하기 힘들지만 인증, 접근 제어, 기밀성, 암호화, 권한 관리와 관련되어 발생하는 취약점이라는 것은 기억해 두어야 한다.

2 보안 기능(인증, 접근 제어 등) 보안 약점

보안 약점	설명
적절한 인증 없는 중요 기능 허용	적절한 인증 없이 중요 정보인 금융 정보, 개인 정보, 인증 정보 등을 열람, 변경할 수 있게 하는 보안 약점
부적절한 인가	적절한 접근 제어를 검사하지 않거나 불완전하게 검사하여 공격자가 중요 자원에 접근할 수 있는 보안 약점
중요한 자원에 대한 잘못된 권한 설정	중요 자원에 읽기 또는 수정하기 권한을 의도하지 않게 허가할 경우 중요 정보가 노출되거나 수정되는 보안 약점
취약한 암호화 알고리즘 사용	중요 정보의 기밀성을 보장할 수 없는 취약한 암호화 알고리즘을 사용하여 정보가 노출될 수 있는 보안 약점
중요 정보 평문 저장	중요 정보인 비밀 정보, 개인 정보를 암호화하여 저장하지 않아 정보가 노출될 수 있는 보안 약점
중요 정보 평문 전송	중요 정보 전송 시 암호화하지 않거나 안전한 통신 채널을 이용하지 않아 정보가 노출될 수 있는 보안 약점
하드 코드된 비밀번호	소스 코드 내에 비밀번호가 하드 코딩되어 소스 코드 유출 시 비밀번호 노출 우려 및 주기적 변경 등 수정이 용이하지 않는 보안 약점
충분하지 않은 키 길이 사용	길이가 짧은 키를 사용하는 경우 암호화 알고리즘을 취약하게 만들어 공격자가 키를 찾아낼 수 있는 보안 약점
적절하지 않은 난수값 사용	예측 가능한 난수 사용으로 공격자로 하여금 다음 숫자 등을 예상하여 시스템 공격이 가능한 보안 약점
하드 코드된 암호화키	소스 코드 내에 암호화키가 하드 코딩되어 소스 코드 유출 시 노출 우려 및 키 변경이 용이하지 않는 보안 약점
취약한 비밀번호 허용	비밀번호 조합 규칙 미흡 및 길이가 충분하지 않아 노출될 수 있는 보안 약점
사용자 하드디스크에 저장되는 쿠키를 통한 정보 노출	웹 프로그램에서 쿠키는 메모리에 상주시켜 사용하지만 중요 정보가 포함된 쿠키를 하드디스크에 저장함으로써 개인 정보 등 기밀 정보가 노출될 수 있는 보안 약점

주석문 안에 포함된 시스템 주요 정보	소스 코드 내의 주석문에 인증 정보 등 시스템 주요 정보가 포함되어 소스 코드 유출 시 노출될 수 있는 보안 약점
솔트*없이 일방향 해시 함수 사용	공격자가 솔트 없이 생성된 해시값을 얻게 된 경우 미리 계산된 레인보우 테이블을 이용하여 원문을 찾을 수 있는 보안 약점
무결성 검사 없는 코드 다운로드	원격으로부터 소스 코드 또는 실행 파일을 무결성 검사 없이 다운로드받고 실행하는 경우 공격자가 악의적인 코드를 실행할 수 있는 보안 약점
반복된 인증 시도 제한 기능 부재	인증 시도의 수를 제한하지 않아 공격자가 무작위 인증 시도를 통해 계정 접근 권한을 얻을 수 있는 보안 약점

★ 솔트

의사난수 생성기로 생성한 랜덤값을 의미하며, 해시 함수의 무차별 공격에 대한 취약점에 대응하기 위해서 솔트를 사용한다.

3 적절한 인증 없는 중요 기능 허용

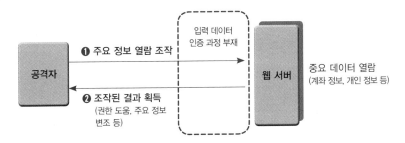

멘토 코멘트

관리자 사이트나 관리자만 쓰기, 조회 가능한 게시판 등에 대한 적절한 인증이 수행되지 않는다면 이를 공격하여 중요 정보를 해킹당하게 된다.

발생 조건	중요 정보에 대한 기능과 인증 방식을 정의하고, 정의된 중요 정보 접근 및 중요 기능 수행 허용을 위해 인증 기능이 우회되지 않도록 설계되야 하나 이를 지키지 않아 인증을 우회하여 중요 정보가 유출된다.
보안 대책	– 중요 기능이나 리소스에 대해서는 인증 후 사용 정책이 적용되야 한다. – 안전한 인증 방식으로 인증 우회나 권한 상승이 발생하지 않도록 한다. – 중요 기능에 대해 2단계(2Factor) 인증을 사용한다.

2020.08

01 다음 Java코드에서 밑줄로 표시된 부분에는 어떤 보안 약점이 존재하는가? (단, key는 암호화 키를 저장하는 변수이다.)

```
import javax.crypto.KeyGenerator;
import javax.crypto.spec.SecretKeySpec;
import javax.crypto.Cipher;
......생략
public String encriptString(String user){
String key = "22df3023sf~2;asn!@#/)as"
if(key != null){
byte[] bToEncrypt = usr.getBytes("UTF-8");
......생략
```

① 무결성 검사 없는 코드 다운로드

② 중요 자원에 대한 잘못된 권한 설정

③ 하드 코드된 암호화키 사용

④ 적절한 인증 없는 중요 기능 허용

해설 String key = "22df3023sf~2;asn!@#/)as" 부분에서 하드 코드된 암호화키를 사용하고 있다.

02 소프트웨어 개발에 있어 적절한 인증이 없는 경우 발생할 수 있는 보안 약점에 대한 대응 방안 중 가장 적절하지 않은 것은?

① 중요 기능이나 리소스에 대해서는 인증 후 사용 정책이 적용되어야 한다.

② 안전한 인증 방식으로 인증 우회나 권한 상승이 발생하지 않도록 한다.

③ 중요 기능에 대해 2단계(2Factor) 인증을 사용한다.

④ 외부 입력값이 삽입되는 SQL 쿼리문을 동적으로 생성해서 실행되지 않도록 한다.

해설 SQL 삽입 취약점은 입력 데이터 검증 및 표현에 대한 보안 약점이며, 대응 방법으로는 외부 입력값이 삽입되는 동적 SQL문이 사용되지 않도록 한다. 외부 입력값을 이용해 동적으로 SQL 쿼리문을 생성해야 하는 경우 입력값에 대한 검증을 수행한 뒤 사용하도록 한다.

306 | 시간 및 상태

1 시간 및 상태 보안 약점의 개념

- 하나 이상의 프로세스가 동시에 동작되는 환경에서 시간 및 상태를 부적절하게 관리하여 발생하는 보안 약점이다.
- 시간 및 상태 보안 약점에는 TOCTOU 경쟁 조건*과 종료되지 않은 반복문 보안 약점이 있다.

★ TOCTOU 경쟁 조건
검사 시점(Time Of Check), 사용 시점(Time Of Use)을 고려하지 않았을 때 발생하는 보안 약점이다.

2 TOCTOU 경쟁 조건(검사 시점과 사용 시점)의 보안 약점

구분	설명
발생 조건	멀티프로세스로 구현한 응용 프로그램에서 파일, 소켓 등을 사용하기 전에 자원 사용 가능 상태를 검사하지만 검사 시점과 사용 시점이 다르기 때문에 검사 시점에 자원 상태가 변하여 사용이 불가능한 경우에 발생한다. 이러한 보안 약점으로 인해 동기화 오류와 교착 상태*와 같은 문제가 발생한다.
보안 대책	공유 자원에 대하여 한 번에 하나의 프로세스만 접근 가능하도록 동기화를 위하여 Synchronized, Mutex, Semaphore 등 같은 동기화 구문을 사용하여 TOCTOU 경쟁 조건 문제를 해결한다.

★ 교착 상태(Deadlock)
2개 이상의 프로세스가 아무리 기다려도 자원을 사용할 수 없는 무한 대기 상태다.

3 종료되지 않은 반복문 또는 재귀 함수의 보안 약점

알아두기

프로그래밍 언어 Java, C#, C에서는 동기화를 위하여 Synchronized, Mutex, Semaphore를 사용한다.

구분	설명
발생 조건	재귀적 호출을 제어하지 못하면 무한 루프에 빠져 자원 고갈을 유발함으로써 시스템의 정상적인 서비스를 제공할 수 없는 문제가 발생한다.
보안 대책	재귀 호출 시에 재귀 호출의 횟수를 제한하거나 초기값을 설정하여 재귀 호출 횟수를 제한하여 문제를 해결할 수 있다.

출제 예상 문제

01 다음 ㉮ 영역 코드는 어떤 보안 문제를 해결하기 위한 가장 적절한 방법인가?

```
.. 생략 ..
public void run() {
    synchronized(SYNC) {   ← ㉮ 영역
        try {
            .. 생략 ..
```

① 재귀 호출 문제

② 동기화 문제

③ 캡슐화 문제

④ 버퍼 오버플로 문제

> 해설 동기화를 위해서 프로그래밍할 때 synchronized, Mutex, semaphore를 사용하여 구현한다.

02 다음에서 설명하는 보안 약점은?

> 멀티프로세스로 구현한 응용 프로그램에서 파일, 소켓 등을 사용하기 전에 자원 사용 가능 상태를 검사하지만 검사 시점과 사용 시점이 다르기 때문에 검사 시점에 자원 상태가 변하여 사용이 불가능한 경우 동기화 오류와 교착 상태와 같은 문제가 발생한다.

① 경쟁 조건(TOCTOU)

② 종료되지 않은 반복문 또는 재귀 함수

③ 버퍼 오버플로

④ XPath 삽입

> 해설 TOCTOU 경쟁 조건은 검사 시점(Time Of Check), 사용 시점(Time Of Use)을 고려하지 않았을 때 발생하는 보안 약점이다.

307 | 에러 처리

1 에러 처리 보안 약점의 개념

에러 발생 시 에러 처리를 하지 않거나 부적절하게 처리하여 에러 정보에 중요한 시스템 내부 정보 등이 포함되어 노출되는 보안 약점이다.

2 에러 처리 보안 약점

보안 약점	설명
오류 메시지를 통한 정보 노출	개발자가 생성한 오류 메시지에 시스템 내부 구조 등이 포함되어 민감한 정보가 노출될 수 있는 보안 약점이다.
오류 상황 대응 부재	시스템에서 발생하는 오류 상황을 처리하지 않아 프로그램 실행 정지 등 의도하지 않은 상황이 발생할 수 있는 보안 약점이다.
부적절한 예외 처리	예외에 대한 부적절한 처리로 인해 의도하지 않은 상황이 발생할 수 있는 보안 약점이다.

3 에러 처리 보안 약점의 보안 대책

보안 약점	보안 대책
오류 메시지를 통한 정보 노출	- 오류 메시지는 정해진 사용자에게 최소한의 정보만 포함되도록 한다. - 민감한 정보가 포함된 오류 메시지가 출력되지 않도록 미리 정의된 메시지를 제공하도록 설정한다.
오류 상황 대응 부재	- 오류 발생 부분에 제어문을 적절하게 사용하여 예외 처리를 한다. - C/C++에서 if와 switch를 사용하고 Java에서는 try/catch를 사용하여 오류 상황에 대응한다.
부적절한 예외 처리	예외 처리가 의도했던 것인지 검사하고 광범위한 예외 처리 대신 구체적인 예외 처리를 수행할 수 있도록 한다.

01 다음 코드에서 발생 가능한 가장 적절한 보안 약점은?

```
try {
    .. 생략 ..
} catch (Exception e) {
    System.err.println("Exception : " +
    e.getMessage());
}
```

① Null 포인터 역참조 발생

② 예외 처리를 세분화하지 않아 예기치 않은 문제가 발생 가능

③ 에러 메시지를 통해 스택 정보가 노출됨

④ 버퍼 오버플로 문제

해설 광범위한 예외 처리보다는 세분화된 예외 처리를 해야 한다.

02 다음 에러 처리 보안 약점이 아닌 것은?

① 오류 메시지를 통한 정보 노출

② 오류 상황 대응 부재

③ 부적절한 예외 처리

④ Null 포인터 역참조

해설 Null 포인터 역참조는 코드 오류에 대한 보안 약점이다.

308 | 코드 오류

1 코드 오류 보안 약점의 개념

부적절한 자원 해제 및 변수 사용 등에 대하여 개발자가 범할 수 있는 코딩 오류로 인하여 발생되는 보안 약점이다.

2 코드 오류 보안 약점

보안 약점	설명
Null 포인터 역참조	Null로 설정된 변수의 주소값을 참조했을 때 발생하는 보안 약점이다.
부적절한 자원 해제	프로그램 코드 작성에 있어 부적절하게 자원을 해제하지 않는 경우 자원 누수가 발생하는 보안 약점이다.
해제된 자원 사용	참조하던 메모리를 해제된 이후에 참조하는 경우 예측하지 못한 오류가 발생될 수 있는 보안 약점이다.
초기화되지 않은 변수 사용	변수 초기화를 하지 않고 사용할 경우 예기치 않은 오류가 발생될 수 있는 보안 약점이다.

3 코드 오류 보안 약점의 보안 대책

보안 약점	보안 대책
Null 포인터 역참조	Null값이 참조되기 전에 Null값인지 검사하고 안전한 경우에만 사용한다.
부적절한 자원 해제	자원을 획득하여 사용한 다음 반드시 자원을 해제하여 반환하도록 한다.
해제된 자원 사용	메모리 해제 후 Null값을 저장하거나 다른 값을 저장하면 의도하지 않은 코드의 실행을 막을 수 있다.
초기화되지 않은 변수 사용	메모리에 저장되어 있는 값을 공격자가 탈취할 수 있으므로 모든 변수는 사용 전에 반드시 초기값을 할당하여 문제를 예방한다.

출제 예상 문제

01 다음 코드에서 밑줄로 표시된 부분에 발생 가능한 보안 약점은?

```
int main(int argc, const char *argv[]) {
    char *temp;
    temp = (char *)malloc(BUFFER_SIZE);
    ...
    free(temp);
    strncpy(temp, argv[1], BUFFER_SIZE−1);
}
```

① 부적절한 인가

② 검사 시점과 사용 시점

③ 해제된 자원 사용

④ 초기화되지 않은 변수 사용

해설 free(temp)로 자원을 해제하였기 때문에 이후 해제된 자원을 사용하는 보안 약점이 발생한다.

02 구현 단계에서 개발자가 범할 수 있는 코드 오류의 보안 약점이 아닌 것은?

① Null 포인터 역참조

② 부적절한 자원 해제

③ 해제된 자원 사용

④ 크로스사이트 스크립트(XSS)

해설 크로스사이트 스크립트(XSS)는 입력 데이터 검증 및 표현으로 분류되는 보안 약점 중 하나이다.

309 | 캡슐화

1 캡슐화 보안 약점의 개념

중요한 데이터에 대한 접근 방법을 잘못 사용하여 정보 누출, 권한 문제 등이 발생하는 보안 약점이다.

2 캡슐화 보안 약점

보안 약점	설명
잘못된 세션에 의한 데이터 정보 노출	잘못된 세션에 의하여 인가되지 않은 사용자에게 중요 정보가 노출될 수 있는 보안 약점이다.
제거되지 않고 남은 디버그 코드	디버깅 코드로 인하여 인가되지 않은 사용자에게 중요 정보가 노출될 수 있는 보안 약점이다.
시스템 데이터 정보 노출	사용자가 볼 수 있는 오류 메시지나 스택 정보에 시스템 내부 데이터나 디버깅 관련 정보가 공개되는 보안 약점이다.
Public 메서드로부터 반환된 Private 배열	Public으로 선언된 메서드를 통해 Private으로 선언된 배열을 반환하여 그 배열의 데이터가 외부에 공개되어 외부에서 배열이 수정될 수 있는 보안 약점이다.
Private 배열에 Public 데이터 할당	Private으로 선언된 배열에 Public으로 선언된 데이터 또는 메서드의 파라미터가 저장되면 Private 배열을 외부에서 접근할 수 있게 되는 보안 약점이다.

3 캡슐화 보안 약점의 보안 대책

알아두기

싱글톤(Singleton)은 디자인 패턴 중 하나로, 프로그램 내에서 하나의 인스턴스로 관리되는 패턴이다. DBCP (DataBase Connection Pool)가 대표적이다.

보안 약점	보안 대책
잘못된 세션에 의한 데이터 정보 노출	다중 스레드 환경에서 싱글톤(Singleton)을 사용할 경우 경쟁 조건(Race Condition)이 발생할 수 있으므로 멤버 변수값이 공유되어 사용될 때 세션 데이터가 공유되지 않도록 주의를 기울여야 한다.
제거되지 않고 남은 디버그 코드	소프트웨어 배포 전에 반드시 디버그 코드를 삭제해야 하며 대표적으로 main() 함수나 중요한 정보가 노출될 수 있는 디버그 정보를 반드시 삭제해야 한다.
시스템 데이터 정보 노출	개발에 있어 예외 발생 시 시스템 메시지 정보가 노출되는 경우가 많은데, 이 경우 내부 정보가 노출되지 않도록 개발 및 검증해야 한다.
Public 메서드로부터 반환된 Private 배열	private으로 선언된 배열을 의도하지 않게 수정되는 것을 방지하기 위하여 private 배열의 복사본을 만들어 반환하도록 한다.
Private 배열에 Public 데이터 할당	public으로 선언된 메서드의 인자를 private으로 선언된 배열로 저장되지 않도록 한다.

01 다음 소프트웨어 개발에서 캡슐화가 안 된 경우의 보안 약점이 아닌 것은?

① 잘못된 세션에 의한 데이터 정보 노출

② 제거되지 않고 남은 디버그 코드

③ 시스템 데이터 정보 노출

④ 메모리 버퍼 오버플로

해설 메모리 버퍼 오버플로 보안 약점은 입력 데이터 검증 및 표현이 잘못된 경우에 발생하는 보안 약점이다.

02 다음 중 캡슐화 보안 약점에 대한 보안 대책으로 알맞지 않은 것은?

① 운영 환경 배포 후 디버그 코드를 이용하여 보안 약점을 해결한다.

② 시스템 데이터 정보가 노출되지 않도록 개발 및 검증을 한다.

③ private으로 선언된 배열은 의도하지 않게 수정되지 않도록 주의해야 한다.

④ public으로 선언된 메서드의 인자를 private으로 선언된 배열로 저장되지 않도록 한다.

해설 소프트웨어를 운영 환경에 배포하기 전에 반드시 디버그 코드를 삭제해야 한다.

310 | API 오용

1 API 오용 보안 약점의 개념

보안에 취약한 API를 사용하거나 의도된 사용에 반하여 API를 사용하는 경우 발생되는 보안 약점이다.

2 API 오용 보안 약점

보안 약점	설명
DNS Lookup에 의존한 보안 결정	DNS는 공격자에 의해 DNS 스푸핑 공격 등이 가능하므로 인증 및 접근 통제와 같은 보안 결정을 DNS 이름에 의존할 경우 보안 결정 등이 노출되는 보안 약점이다.
취약한 API 사용	- 취약한 API를 사용하는 경우 예기치 않은 보안 위협에 노출될 수 있는 보안 약점이다. - 메모리 경계를 검사하지 않기 때문에 버퍼 오버플로 오류가 발생하는 대표적인 함수는 strcpy, strcat, gets, scanf가 있다.

3 API 오용 보안 약점의 보안 대책

보안 약점	보안 대책
DNS Lookup에 의존한 보안 결정	공격자가 DNS 서버의 캐시 정보를 의도적으로 변경할 수 있기 때문에 도메인명을 이용한 DNS Lookup을 사용하지 않도록 한다.
취약한 API 사용	보안 문제로 금지된 함수를 사용하지 않도록 하고 개발 조직에 따라서 권장 API를 명시한 경우가 있다면 반드시 준수하도록 한다.

01 다음에서 설명하는 보안 약점은?

> – 취약한 API를 사용하는 경우 예기치 않은 보안 위협에 노출될 수 있는 보안 약점이다.
> – strcpy, strcat, gets, scanf를 사용함으로써 버퍼 오버플로가 발생할 수 있다.

① 부적절한 자원 해제

② 취약한 API 사용

③ 해제된 자원 사용

④ 초기화되지 않은 변수 사용

> **해설** 취약한 API 보안 약점에 대한 설명이다. 보안 약점에 대응하기 위하여 보안 문제로 금지된 함수를 사용하지 않도록 하고 개발 조직에 따라서 권장 API를 명시한 경우가 있다면 반드시 준수해야 한다.

02 다음에서 설명하는 보안 약점으로 가장 알맞은 것은?

> DNS는 공격자에 의해 DNS 스푸핑 공격 등이 가능하므로 인증 및 접근 통제와 같은 보안 결정을 DNS 이름에 의존할 경우 보안 결정 등이 노출되는 보안 약점이다.

① 크로스사이트 요청 위조

② HTTP 응답 분할

③ 신뢰되지 않는 URL 주소로 자동 접속 연결

④ DNS Lookup에 의존한 보안 결정

> **해설** DNS Lookup에 의존한 보안 결정에 대한 설명이다. 이 보안 약점에 대응하기 위해서는 공격자가 DNS 서버의 캐시 정보를 의도적으로 변경할 수 있기 때문에 도메인명을 이용한 DNS Lookup을 사용하지 않도록 한다.

암호 알고리즘

1 암호화의 개념

메시지의 내용이 알아보기 어렵도록 평문(Plain Text)을 재구성하여 암호문(Cipher Text)으로 만드는 과정이다.

2 암호화의 목표와 원리

구분	설명
암호화 목표	인증(Authentication), 기밀성(Confidentiality), 무결성(Integrity), 부인방지(Non-Repudiation), 가용성(Availability)
암호화 원리	대체(Substitution), 블록화(Block), 치환(Transposition), 압축(Compaction), 혼돈(Confusion), 확산(Diffusion), 확장(Expansion)

3 암호화 알고리즘의 유형

🎓 **멘토 코멘트**

암호화 알고리즘은 자주 출제되는 영역이다. 특히 비대칭키 암호화 알고리즘이 자주 출제된다.

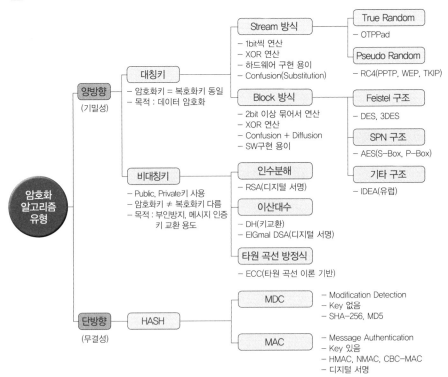

✏️ **알아두기**

MDC는 메시지 무결성은 보장하나 인증된 사용자로부터 수신된 메시지라는 것은 보장하지 못한다.
MAC는 메시지가 인증된 사용자로부터 송신되었다는 것을 해시(Hash) 기법과 공유키(Shared Key) 기반으로 보장한다.

■ 복호화 여부에 따른 유형

암호화	설명
양방향 암호화	– 암호화된 암호문을 복호화할 수 있는 알고리즘이다. – 원본 메시지를 암호화하여 기밀성을 유지하는 데 주로 사용한다(기밀성 보장). 예 SEED, ARIA, DES, AES, RSA
단방향 암호화	– 암호화 후 복호화가 불가능한 알고리즘으로, 대표적으로 해시(Hash) 알고리즘이 있다. – 해시값은 원본 메시지를 의도적으로 손상시키지 않았음을 보장하는 데 주로 사용한다(무결성 보장). 예 SHA-256, MD5

■ 키 형태에 따른 유형

암호화	설명
비밀키 (대칭키) 암호화	– 송신자와 수신자가 공유한 비밀키(대칭키)로 암호화, 복호화하는 방식이다. – 구현이 용이하고 상대적으로 암호화 속도가 빠르다. 대칭형 암호화 알고리즘(키가 동일함)
공개키 (비대칭키) 암호화	– 송신자와 수신자가 각각 공개키–비밀키(개인키) 한 쌍을 보유하고 상대방의 공개키로 암호화한 정보를 전송하면 공개키에 해당하는 비밀키(개인키)로 복원하는 방식이다. – 암호 해독이 어렵지만, 키 분배가 용이하다. (전자서명에서 사용됨) 비대칭형 암호화 알고리즘(키가 다름)

멘토 코멘트

대칭키 암호화에서 대칭키와 비밀키를 혼용하여 표현하는 경우가 있고, 공개키 암호화에서 개인키를 비밀키로 표현하는 경우가 있으니 문맥을 이해하고 판단해야 한다.

멘토 코멘트

대칭키 암호화의 핵심은 송신자와 수신자의 키가 동일하다는 것이고, 공개키 암호화의 핵심은 송신자와 수신자의 키가 다르다는 것이다.

■ 정보화 단위에 따른 유형

암호화	설명
스트림 암호화	– 한 번에 1비트 혹은 1바이트의 디지털 데이터(스트림)를 암호화하는 방식이다. – 암호화 속도가 상대적으로 빠르고 암호화 시 에러 파급 효과가 적다. 예 RC4, A5/1, A5/2
블록 암호화	– 평문 블록을 단위 블록으로 나누어 암호화 블록을 생성하는 방식이다. – 평문에 혼돈성을 주어 해독하기 어렵게 한다. 예 AES, DES, SEED, ARIA, LEA

4 암호화 알고리즘의 종류

알아두기

DES는 현재 취약한 알고리즘으로, 사용을 권장하지 않는다.

알아두기

AES의 SPN 구조

S-Box를 이용한 대체 기법과 P-Box를 이용한 치환 기법을 이용한 블록 암호화 구조이다.

알아두기

FEAL(Fast Encryption Algorithm)

1987년 일본 NTT에서 기존의 DES를 대신하기 위해 만든 블럭 암호 알고리즘으로, 기본적인 구성은 Feistel 알고리즘에 바탕을 두고 있다.

알고리즘	설명
DES	- Data Encryption Standard - 대칭키 방식으로 56bit 키와 64bit 평문 블록을 64bit의 암호문 블록으로 만드는 블록 암호 방식이다.
3 DES	- Triple DES - DES 암호화 알고리즘을 3번 적용하여 보안 강도를 강화하였다. - 2개의 암호화키와 2개의 복호화키를 사용하였다.
AES	- Advanced Encryption Standard - DES를 대체하기 위하여 2001년 미국 표준 기술 연구소(NIST)에 의해 표준으로 제정된 암호 알고리즘으로, 암복호화 과정에서 동일한 키를 사용하는 대칭키 기반 알고리즘이다. - 블록 크기 : 128bit, 키 길이 : 128/192/256bit, SPN 구조
SEED	- 국산 대칭키 블록 암호화 알고리즘이다. - 1999년 한국인터넷진흥원(KISA)에서 개발한 블록 암호화 알고리즘이다. - 블록 크기 : 128bit, 키 길이 : 128/256bit, Feistel 구조
ARIA	- Academy Research Institute Agency - 학계, 연구기관, 정부에서 공동의 노력으로 만든 국산 암호화 기술이다. - 경량 환경 및 하드웨어 구현을 위해 최적화된 범용 블록 암호 알고리즘이다. - 블록 크기 : 128bit, 키 길이 : 128/192/256bit, Involutional SPN 구조
Diffie Hellman	- 최초의 공개키 암호 알고리즘으로, 암호화되지 않은 통신망을 통하여 암호키를 교환하는 것이 가능한 알고리즘이다. - RSA의 기반을 제공한다.
RSA	- Rivest, Shamir, Adleman 3명의 수학자에 의해 개발된 공개키, 개인키 기반의 비대칭키 알고리즘이다. - 소인수분해의 난해함에 기반한 공개키로 개인키를 알아내기 어렵다는 것을 근간으로 만든 알고리즘이다.
ECC	- Elliptic Curve Cryptography - 타원 곡선 이론에 기반하여 이산 로그 문제에 착안해 만들어진 공개키 암호화 알고리즘이다.
ElGamal	- 1985년 타헤르 엘가멜에 의해서 제안되었으며 이산 대수 문제에 바탕을 둔 암호화 알고리즘이다. - 엘가멜은 디피-헬만(Diffie Hellman) 키 교환 알고리즘을 참고하여 만들어졌다.
LEA	- Lightweight Encryption Algorithm - 모바일 기기 등 경량 환경에서 기밀성 제공을 위해 국내에서 개발된 128bit 블록 암호화 알고리즘으로, AES 대비 1.5~2.7배 빠르다 - 블록 크기 : 128bit, 키 길이 : 128/192/256bit, ARX(Addition, Rotation, XOR) 기반의 GFN(Generalized Feistel Network) 구조
LSH	- 국내에서 2014년 개발한 경량화 해시 함수이다. - Wide-pipe Merkle Damgard 구조로 되어 있다. - 메시지 인증, 사용자 인증, 전자서명 등 다양한 분야에서 활용된다.

기출 유형 문제

2020.09

01 공개키 암호화 방식에 대한 설명으로 틀린 것은?

① 공개키로 암호화된 메시지는 반드시 공개키로 복호화해야 한다.

② 비대칭 암호 기법이라고도 한다.

③ 대표적인 기법은 RSA 기법이 있다.

④ 키 분배가 용이하고, 관리해야 할 키 개수가 적다.

> **해설** 공개키로 암호화된 메시지는 반드시 개인키(비밀키)로 복호화해야 한다.

2017.08

02 공개키 시스템(Public Key System)에 대한 설명으로 옳지 않은 것은?

① 암호와 해독에 다른 키를 사용한다.

② 암호키는 공개되어 있어서 누구나 사용할 수 있다.

③ 해독키를 가진 사람만이 해독할 수 있다.

④ 키 분배가 비밀키 시스템(Private Key System)보다 어렵다.

> **해설** 암호키가 공개될 수 있어 비밀키 시스템보다 관리가 쉽다.

2017.08

03 Public Key System에 대한 설명으로 틀린 것은?

① 공용키 암호화 기법을 이용한 대표적 암호화 방식에는 RSA가 있다.

② 암호화키와 해독키가 따로 존재한다.

③ 암호화키와 해독키는 보안되어야 한다.

④ 키의 분배가 용이하다.

> **해설** 암호화키와 해독키 중 해독키만 보안 기밀로 하면 기밀이 유지된다.

2016.03

04 다음 암호화 기법에 대한 설명으로 틀린 것은?

① DES는 비대칭형 암호화 기법이다.

② RSA는 공개키/비밀키 암호화 기법이다.

③ 디지털 서명은 비대칭형 암호 알고리즘을 사용한다.

④ DES 알고리즘에서 키 관리가 매우 중요하다.

> **해설** DES와 AES는 대칭키 암호화 알고리즘이고, RSA는 비대칭키 암호화 알고리즘이다.

2017.03

05 다음 중 암호화 기법이 아닌 것은?

① DES

② MALLOC

③ Public Key System

④ RSA

해설 MALLOC은 메모리 할당에 사용된다.

2016.03

06 데이터의 비밀성을 보장하는 데 사용될 수 있는 암호화 알고리즘이 아닌 것은?

① DES(Data Encryption Standard)

② RSA(Rivest Shamir Adleman)

③ Reed-Solomon Code

④ FEAL(Fast Encryption Algorithm)

해설 Reed-Solomon Code는 디지털 통신 등 블록을 기반으로 사용하는 오류 정정 코드다.

2020.08

07 블록 암호화 방식이 아닌 것은?

① DES

② RC4

③ AES

④ SEED

해설 RC4는 스트림 방식의 암호화를 지원한다.

2021.08, 2020.08, 2020.06

08 소인수분해 문제를 이용한 공개키 암호화 기법에 널리 사용되는 암호 알고리즘 기법은?

① RSA

② ECC

③ PKI

④ PEM

해설
- ECC : 타원 곡선 이론을 기반으로 이산 로그 문제에 착안하여 만든 알고리즘이다.
- PKI : 공개키 알고리즘을 통한 암호화 및 전자서명을 제공하기 위한 복합적인 보안 시스템 환경이다.
- PEM(Privacy Enhanced Mail) : 프라이버시 향상 이메일을 의미하며, 인터넷에서 사용되는 이메일 보안을 위한 기능을 제공한다.

2021.03

09 공개키 암호에 대한 설명으로 틀린 것은?

① 10명이 공개키 암호를 사용할 경우 5개의 키가 필요하다.

② 복호화키는 비공개되어 있다.

③ 송신자는 수신자의 공개키로 문서를 암호화한다.

④ 공개키 암호로 널리 알려진 알고리즘은 RSA가 있다.

해설 공개키 암호는 공개키-비밀키(개인키) 한 쌍이 필요하다. 10명이 공개키 암호를 사용할 경우 10개의 공개키와 10개의 비밀키(개인키)가 필요하며, 총 20개의 키가 필요하다.

2021.05

10 해시(Hash) 기법에 대한 설명으로 틀린 것은?

① 임의의 길이의 입력 데이터를 받아 고정된 길이의 해시값으로 변환한다.

② 주로 공개키 암호화 방식에서 키 생성을 위해 사용한다.

③ 대표적인 해시 알고리즘으로 HAVAL, SHA-1 등이 있다.

④ 해시 함수는 단방향 함수(One-Way Function)이다.

해설 공개키 암호화는 Public, Private키를 사용하며, 공개키 주요 암호 방식으로는 RSA, ECC, ElGmal이 있다.

11 다음에서 설명하는 암호화 알고리즘은?

> 모바일 기기 등 경량 환경에서 기밀성 제공을 위해 국내에서 개발된 128bit 블록 암호화 알고리즘으로 AES 대비 1.5~2배 빠르다고 알려졌으며 ARX 기반의 GFN 구조를 갖는 암호화 알고리즘이다.

① LEA(Lightweight Encryption Algorithm)
② ECC(Elliptic Curve Cryptography)
③ RSA(Rivest, Shamir, Adleman)
④ SEED

해설 ARX 기반 GFN 구조의 기밀성 제공을 위한 국산 암호화 알고리즘은 LEA이다.

12 국내에서 2014년 개발한 경량화 해시 함수로 Wide-Pipe Merkle Damgard 구조이며 메시지 인증, 사용자 인증, 전자서명 등 다양한 분야에서 활용 가능한 암호화 알고리즘은?

① LSH
② LEA
③ ARIA
④ SEED

해설 LSH에 대한 설명이다.

13 다음에서 설명하는 암호화 알고리즘은?

> 국산 대칭키 블록 암호화 알고리즘으로, Feistel 구조이고 128bit의 블록 크기와 128/256bit의 키 길이를 사용한다.

① LEA
② SEED
③ AES
④ RSA

해설 LEA는 ARX(Addition, Rotation, XOR) 기반의 GFN(Generalized Feistel Network) 구조인 블록 암호화 알고리즘이다. AES는 DES를 대체하기 위해 2001년 미국 표준 기술 연구소(NIST)에 의해 표준으로 제정된 대칭키 기반 암호 알고리즘이다. RSA는 소인수분해의 난해함에 기반한 공개키로 개인키 기반의 비대칭키 알고리즘이다.

시스템 보안 구축

이번 장에서 다룰 내용

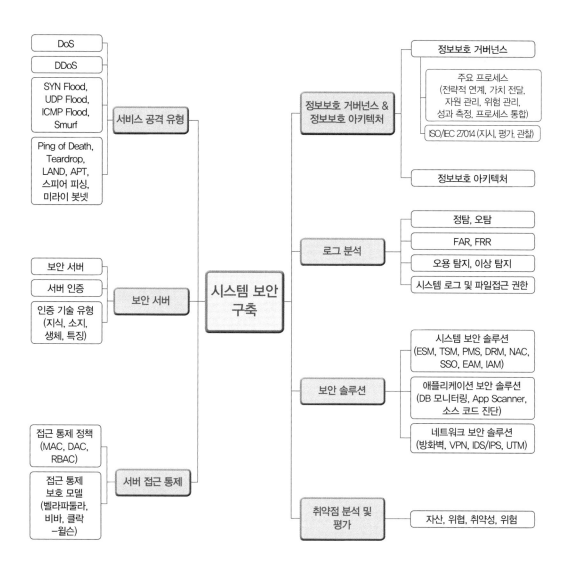

- ☑ 정의된 보안 요구사항에 따라 시스템에 대한 보안 요구사항을 명세할 수 있다.
- ☑ 명시된 보안 요구사항을 만족하는 시스템을 설계할 수 있다.
- ☑ 보안성이 강화된 시스템 구현을 위한 환경을 구축할 수 있다.
- ☑ 보안성이 강화된 시스템 구현을 위한 일정 계획을 수립할 수 있다.
- ☑ 구현된 시스템 보안의 결함 여부를 테스트할 수 있다.
- ☑ 테스트 결과에 따라 발견된 결함을 관리할 수 있다.

401 | 서비스 공격 유형

1 서비스 거부(DoS; Denial of Service) 공격

정상적인 서비스 상황에서 서비스 자원을 무리하게 요청해서 원활한 서비스가 제공될 수 없도록 하는 공격 기법이다.

2 분산 서비스 거부(DDoS; Distributed DoS) 공격

- DoS 공격이 불특정 다수에 의하여 동시 다발적으로 발생하는 공격 기법이다.
- 악성 코드에 감염된 좀비 PC인 봇넷*을 이용하여 네트워크에 많은 양의 트래픽을 악의적으로 발생시키는 공격이다.

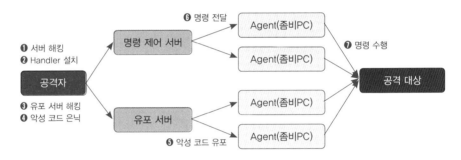

★ 봇넷(Botnet)

악성 코드 봇에 의해 감염되어 해커가 제어할 수 있는 좀비 PC들로 구성된 네트워크다.

📎 **알아두기**

DDoS 공격 도구

- Trinoo : 많은 호스트로부터 통합된 UDP Flood 공격을 유발하는 데 사용하는 도구이다.
- TFN(Tribed Flood Net-work) : Trinoo의 발전된 형태이다. UDP Flood 공격, TCP SYN Flood 공격, ICMP echo 요청 공격, ICMP 브로드캐스트 공격을 할 수 있다.
- Stacheldraht : Trinoo와 TFN의 특성을 참고하여 제작된 공격 도구이다. 마스터와 자동으로 업데이트되는 에이전트가 통신할 때 암호화 기능이 추가된다. 이로 인해 패킷 분석 시 Stacheldraht 여부를 판단하기 어렵다.
- TFN2K : TFN의 발전된 형태로 통신에 특정 포트가 사용되지 않고 암호화되어 있다. 또한 프로그램에 의해서 UDP, TCP, ICMP가 복합적으로 사용되고 포트도 임의로 결정된다.

3 SYN Flood 공격

구분	설명
공격 기법	TCP 초기 연결 과정인 TCP 3 Handshaking의 구조적 약점을 공격하여 서비스 장애를 유발시키는 서비스 거부 공격의 한 형태이다. 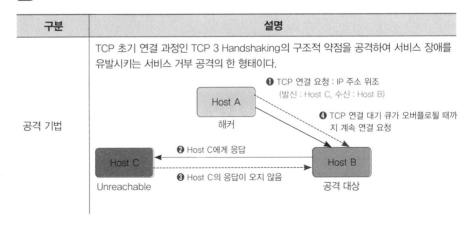

	① 공격 대상 서버에 수천 개의 TCP 접속(SYN) 요청 메시지를 보낸다. 이때 패킷 내부의 소스 IP 주소를 변경 위조한다.
	② 공격 대상 서버(Host B)는 위조된 클라이언트 IP 주소로 SYN/ACK 응답을 보낸 후, 클라이언트로부터 ACK가 올 때까지 기다리게 되고, 서버는 ACK 메시지를 받지 못하게 된다.
	③ 공격 대상 서버는 ACK를 받을 때까지 버퍼 자원을 계속 종료하지 못하고 열어 두게 되면서 누적에 따른 시스템 다운 및 서비스를 중단하는 상황에 직면하게 되고 메모리 자료 구조의 크기 제한으로 서버 자원이 고갈된다.
	④ TCP 연결 대기 큐 버퍼 오버플로 오류 및 장애가 발생하게 된다.
대응 방법	- 클라이언트가 존재하는지 확인하기 위하여 First SYN Drop을 설정하고 첫번째 SYN를 Drop하여 클라이언트로부터 재요청 패킷이 도착하는지 확인한다. - TCP 세션 연결이 정상적으로 수행된 것만 서버로 전달한다. - TCP 연결 유지 및 최대 연결 규칙을 관리하여 임계치 이상이면 연결을 차단한다.

> 📝 **알아두기**
>
> UDP Flood 공격은 TCP 대신 UDP를 이용하여 공격 대상 서버 자원을 고갈시켜 서버가 다운된다.

4 ICMP* Flood 공격

구분	설명
공격 기법	- 공격자가 봇넷을 이용해 대량의 ICMP 패킷을 전송하여 모든 대역폭을 소비시키는 공격이다. - 출발지(Source IP) 주소를 공격 대상의 IP 주소로 설정한 뒤, ICMP 에코 요청 패킷을 브로드캐스트하면 해당 네트워크의 모든 시스템들이 ICMP 에코 응답 패킷을 공격 대상으로 전송하게 되어 디도스 공격을 일으킨다.
대응 방법	- 정당한 IP 주소 범위 트래픽만 허용한다. - 유입되는 패킷의 임계치를 설정하여 차단한다.

> 📝 **알아두기**
>
> ICMP Flood 공격은 스머프 공격(Smurf Attack)이라고도 한다.

> **★ ICMP**
>
> TCP/IP 프로토콜에서 IP 네트워크의 IP 상태 및 오류 정보를 공유하는 프로토콜이며, 핑(Ping)에서 사용된다.

5 다양한 서비스 공격 유형

■ Ping of Death(죽음의 핑)

- 정상적인 ICMP 패킷보다 큰 패킷을 전송하여 시스템을 마비시키는 공격으로, 큰 패킷은 네트워크에서 여러 조각으로 나누어 전송된다.
- 패킷 수신 측 공격 대상 서버는 패킷 재조합 과정에서의 부하로 인하여 서비스 성능 저하를 유발시킨다.
- 대응 방안으로 최신 패치 적용과 ICMP 패킷 차단 방법이 있다.

■ 티어드롭 공격(Teardrop Attack)

- 조작된 IP 패킷 조각(IP Fragments)들을 전송하여 공격 대상을 마비시키는 공격이다.
- 조작된 IP 패킷 조각(IP Fragments)들은 일부가 겹치거나 일부 데이터를 누락시켜 패킷을 수신받은 공격 대상이 재조합 과정에서 부하가 발생하여 시스템이 정지하게 된다.
- 현재는 IP 패킷 재조합 버그가 수정되어 취약점이 개선되었다.

■ 랜드 공격(Land Attack)

- 패킷을 전송할 때 출발지 IP 주소와 목적지 IP 주소값을 동일하게 만들어 전송하는 공격 기법이다.
- 공격을 받으면 자신을 스스로 호출하며 시스템 자원을 고갈시킨다.
- 출발지 IP와 목적지 IP가 동일한 패킷을 차단하여 대응할 수 있다.

■ 핑 스캔(Ping Scan)

포트 스캔 공격과 유사하게 공격자가 ICMP 에코 요청(혹은 핑)을 여러 개의 서로 다른 목적지 주소로 보낸 후, 누군가 응답하기를 기다림으로써 목표 대상의 가능성이 있는 IP 주소를 찾아내는 공격이다.

■ 포트 스캔 공격(Port Scan Attack)

공격 대상 서버의 열려진 서비스 포트를 순차적으로 접속 시도함으로써 취약한 포트를 찾아내는 공격 준비 기법이다.

■ IP 스푸핑(IP Spoofing)

IP 프로토콜의 인증 취약점을 악용한 것으로, 공격자가 자신의 IP 주소를 악용하고자 하는 호스트 IP 주소로 변조하거나 속여서 접속하는 공격이다.

■ 피싱(Phishing)

개인 정보(Private Data)와 낚시(Fishing)의 합성어로, 전자 우편이나 메신저를 사용해서 믿을 만한 사람이나 기업이 보낸 것처럼 가장하여 비밀번호나 신용 카드 정보와 같이 기밀을 유지해야 하는 정보를 부정하게 얻으려는 수법이다.

■ 파밍(Pharming)

피싱이 진화한 형태로, 합법적으로 소유하고 있던 사용자의 도메인을 탈취하거나 도메인 네임 시스템(DNS) 또는 프록시 서버의 주소를 변조함으로써 사용자들로 하여금 진짜 사이트로 오인하여 접속하도록 유도한 뒤에 개인 정보를 훔치는 컴퓨터 범죄 수법이다.

■ 스미싱(Smishing)

문자 메시지(SMS)와 피싱(Phishing)의 합성어로, 스마트폰 문자 발송 메시지를 통해 악성 앱 설치를 유도하고 개인 정보 혹은 금융 정보를 탈취하는 공격이다.

■ 스피어 피싱(Spear Phishing)

창(Spear)과 피싱(Phishing)의 합성어로, 특정 공격 대상을 지정하고 다양한 방법을 통해 집중적으로 공격 대상을 공격하여 정보를 탈취하는 공격 기법이다.

■ 지능형 지속 공격(APT; Advanced Persistent Threats)

- 특정 대상에 대해 명확한 목표를 설정하고 지능적이고 지속적으로 공격을 가하여 정보를 수집하고 유출하는 해킹 기법이다.
- 공격 가능한 모든 수단을 동원하기 때문에 방어하기 어려우며, 방어하기 위해서는 지속적으로 보안 약점 탐지 및 대응이 필요하다.

■ 무작위 대입 공격(Brute Force Attack)

사용자 인증이 필요한 기능에 비밀번호 등을 무작위로 대입하여 인증 성공을 노리는 공격 기법이다.

■ 미라이 봇넷(Mirai Botnet)

- 미라이 봇넷은 사물 인터넷(IoT) 기기를 해커가 해킹을 통하여 네트워크상에서 통제권을 획득한 후 마음대로 제어하여 DDoS 공격에 사용하는 봇넷의 일종이다.
- 사물 인터넷(IoT) 기기의 쉬운 비밀번호와 기본 계정을 통해 통제권을 획득하고 봇넷을 형성하여 다량의 트래픽을 유발하는 DDoS 공격을 수행한다.

■ 랜섬웨어(Ransomware)

- 몸값(Ransom)과 제품(Ware)의 합성어로, 컴퓨터에 저장된 파일들을 암호화하여 사용자가 읽을 수 없도록 만들고 복구의 대가로 금전을 요구한다.
- 지능화되고 있으며 비트코인 등 가상 자산으로 금전을 취득한다.

■ 블루프린팅(BluePrinting)

블루투스 공격 장치의 검색 활동을 의미하며 공격 가능한 블루투스 장치를 검색할 수 있다.

2020.08

01 DDoS 공격과 연관이 있는 공격 방법은?

① Secure Shell

② Tribe Flood Network

③ Nimda

④ Deadlock

> **해설** DDoS 공격 도구인 트리누(Trinoo)나 TFN(Tribe Flood Network)으로 UDP Flooding 공격, TCP SYN Flooding 공격, ICMP Flooding 공격을 할 수 있다.

2021.08

02 다음 내용이 설명하는 것은?

> 개인과 기업, 국가적으로 큰 위협이 되고 있는 주요 사이버 범죄 중 하나로 Snake, Darkside 등 시스템을 잠그거나 데이터를 암호화해 사용할 수 없도록 하고 이를 인질로 금전을 요구하는 데 사용되는 악성 프로그램

① Format String

② Ransomware

③ Buffer Overflow

④ Adware

> **해설** 랜섬웨어(Ransomware)는 몸값(Ransom)과 제품(Ware)의 합성어로 컴퓨터에 저장된 파일들을 암호화하고 이를 인질로 금전을 요구하는 악성 프로그램이다.

2021.08

03 특정 사이트에 매우 많은 ICMP Echo를 보내면, 이에 대한 응답(Respond)을 하기 위해 시스템 자원을 모두 사용해버려 시스템이 정상적으로 동작하지 못하도록 하는 공격 방법은?

① Role-Based Access Control

② Ping Flood

③ Brute-Force

④ Trojan Horses

> **해설** Ping Flood에 대한 설명이며 스머프 공격(Smurf Attack), ICMP Flood Attack이라고도 한다. 출발지(Source IP) 주소를 공격 대상의 IP 주소로 설정한 뒤, ICMP 에코 요청(Echo Request) 패킷을 브로드캐스트하면 해당 네트워크의 모든 시스템들이 ICMP 에코 응답(Echo Reply) 패킷을 공격 대상으로 전송하게 되어 디도스 공격을 일으킨다.

2022.04

04 다음 설명에 해당하는 공격 기법은?

> 시스템 공격 기법 중 하나로 허용 범위 이상의 ICMP 패킷을 전송하여 대상 시스템의 네트워크를 마비시킨다.

① Ping of Death

② Session Hijacking

③ Piggyback Attack

④ XSS

> **해설** 정상적인 ICMP 패킷보다 큰 패킷을 전송하여 시스템을 마비시키는 공격인 Ping of Death에 대한 설명이다.

05 다음에서 설명하는 공격은 무엇인가?

> – 출발지 IP 주소를 변조하여 서버로 보내고 서버는 SYN/ACK를 위조된 IP 주소로 응답을 보낸다.
> – 서버는 ACK가 올 때까지 계속 기다리게 되고 누적되면서 서비스가 중단되는 상황이 발생한다.

① 스머프 공격
② SYN Flood
③ LAND
④ Teardrop

> 해설 SYN Flood 공격에 대한 설명이다.

06 다음에서 설명하는 공격은 무엇인가?

> – 공격자가 봇넷을 이용해 대량의 ICMP 패킷을 전송하여 모든 대역폭을 소비시키는 공격
> – ICMP Echo 패킷을 브로드캐스트를 통하여 마비시키는 공격

① 스머프 공격
② Ping of Death
③ LAND
④ 스피어 피싱

> 해설 스머프 공격에 대한 설명이다. 'ICMP Flood 공격'이라고도 한다.

07 다음에서 설명하는 공격은 무엇인가?

> – 컴퓨터에 저장된 파일들을 암호화하여 사용자가 읽을 수 없도록 만들고 복구의 대가로 금전을 요구한다.
> – 지능화되고 있으며 비트코인 등 가상 자산으로 금전을 취득한다.

① 랜섬웨어
② 미라이 봇넷
③ 스피어 피싱
④ 스머프 공격

> 해설 랜섬웨어에 대한 설명이다. 랜섬웨어는 '몸값(Ransom)'과 '제품(Ware)'의 합성어다.

08 다음에서 설명하는 공격은 무엇인가?

> 특정 대상에 대해 명확한 목표를 설정하고 지능적이고 지속적으로 공격을 가하여 정보를 수집 및 유출하는 해킹 기법

① Advanced Persistent Threat
② Brute Force Attack
③ Mirai botnet
④ Ransomware

> 해설 지능형 지속 공격(APT)에 대한 설명이다.

402 | 보안 서버

1 보안 서버의 개념

알아두기

보안 서버가 구축되어 있으면 인터넷 주소 창에 자물쇠 이미지와 https:// 확인을 통하여 피싱에 대한 피해를 줄일 수 있다.

- 인터넷상에서 개인 정보를 암호화하여 송수신하는 기능이 구축된 웹 사이트의 서버를 말하며, 하드웨어를 설치하는 것이 아니라 이미 사용하고 있는 웹 서버에 인증서나 암호화 소프트웨어를 설치하여 암호화 통신이 가능하게 한다.
- 인증서의 경우 전자거래 업체의 실존을 증명하는 과정을 거쳐 발급하기 때문에 웹 사이트에 대한 인증 기능도 일부 수행한다.

2 보안 서버의 구축 필요성

필요성	설명
정보 유출 방지	스니핑 도구를 사용할 경우 다른 사람의 개인 정보를 쉽게 얻을 수 있기 때문에 보안 서버를 구축하여 이를 예방할 수 있다.
위조 사이트 방지	보안 서버가 구축된 사이트의 경우 피싱 공격을 시도하기가 어려워 피싱에 대한 피해를 줄일 수 있다.
기업의 신뢰도 향상	SSL 인증서 발급업체가 제공하는 보안 서버 인증 마크를 통하여 해당 홈페이지가 보안 서버를 구축하였음을 확인할 수 있다.

3 보안 서버의 구축 유형

유형	설명
SSL 방식	SSL 인증서를 이용하여 사용자 PC에 별도의 보안 프로그램 설치가 필요 없으며, 서버에 설치된 SSL 인증서를 통해 개인 정보를 암호화하여 전송한다.
애플리케이션 방식	암호화 응용 프로그램을 이용한 보안 서버는 웹 서버에 접속하면 사용자 PC에 자동으로 보안 프로그램이 설치되고 이를 통해 개인 정보를 암호화하여 전송한다.

4 인증 기술 유형

유형	설명
지식 기반	기억하고 있는 지식의 문자, 숫자 텍스트 기반 비밀번호 방식 예 비밀번호, 가상 키패드 등
소지 기반	사용자가 소지하고 있는 것을 기반으로 인증을 수행 예 OTP 토큰, 스마트카드, SMS, 이메일, 신분증 등
생체 기반	사용자 고유의 생체 정보를 기반으로 인증 수행 예 지문, 홍채, 망막, 정맥, 음성, 얼굴 등
특징 기반	사용자의 특징 정보를 활용하여 인증 수행 예 서명, 동작, 위치 정보 등

📝 **알아두기**

인증 기술 유형은 지식 기반, 소유 기반, 속성 기반 3가지로 나눌 수도 있다.
속성 기반에는 생체 기반 인증이 포함된다.

📝 **알아두기**

멀티팩터(Multi Factor) 인증

2가지 이상의 요소로 인증하는 방식으로, 두 가지 인증 요소를 사용하면 2팩터 인증이라고 한다.

2022.04

01 각 사용자 인증 유형에 대한 설명으로 가장 적절하지 않은 것은?

① 지식 : 주체는 '그가 알고 있는 것'을 보여주며 예시로는 패스워드, PIN 등이 있다.

② 소유 : 주체는 '그가 가지고 있는 것'을 보여주며 예시로는 토큰, 스마트카드 등이 있다.

③ 존재 : 주체는 '그를 대체하는 것'을 보여주며 예시로는 패턴, QR 등이 있다.

④ 행위 : 주체는 '그가 하는 것'을 보여주며 예시로는 서명, 움직임, 음성 등이 있다.

> **해설** 사용자 인증 유형은 지식, 소유, 속성이 있으며, 속성에는 생체 정보, 특징, 행위, 위치 정보 등이 있다.

02 다음 중 대표적인 4가지 인증 기술 유형이 아닌 것은?

① 지식 기반

② 소지 기반

③ 특징 기반

④ 권한 기반

> **해설** 인증 기술 유형은 지식 기반, 소지 기반, 생체 기반, 특징 기반 4가지가 있다. 또는 지식 기반, 소유 기반, 속성 기반 3가지로도 나눌 수 있다.

03 보안 서버와 인증 기술에 대한 내용 중 올바르지 않은 것은?

① 정보 유출 피해와 위조 사이트 피해를 줄일 수 있다.

② SSL 인증서를 이용하여 설치 없이 이용 가능하다.

③ OTP 토큰은 지식 기반 인증 기술이다.

④ SSL 인증서를 이용하여 개인 정보를 암호화할 수 있다.

> **해설** OTP 토큰은 소지 기반의 인증 기술이다.

403 | 서버 접근 통제

1 서버 접근 통제의 개념

- 서버에 접근 시 접근 권한 및 ID, IP 등에 따라서 접근 제한을 설정할 수 있으며 직무에 따라 접근 권한을 차등적으로 부여해야 한다.
- 접근 통제 정책 원칙은 최소 권한 부여, 직무 분리의 원칙이 있다.

2 접근 통제의 정책 유형

접근 통제 정책에는 강제적 접근 통제(MAC), 임의적 접근 통제(DAC), 역할 기반 접근 통제(RBAC) 정책이 있다.

■ 강제적 접근 통제(MAC; Mandatory Access Control)

- 주체와 객체의 보안 등급을 비교하여 접근 권한을 부여하는 규칙 기반의 접근 통제이며, 보안 관리자가 취급 인가를 허용한 개체만 접근할 수 있도록 강제적으로 통제한다.
- 보안 등급, 규칙 기반, 관리 기반 접근 통제 방식으로 모든 주체와 객체에 대해 일정하며 어느 하나의 주체, 객체 단위로 접근 제한을 설정할 수 없다.
- 중앙 집중식으로 관리되기 때문에 엄격한 보안을 제공할 수 있으나 관리를 위한 비용이 많이 소모되며, 성능이 저하된다.

■ 임의적 접근 통제(DAC; Discretionary Access Control)

- 소유자가 사용자나 사용자 그룹의 신분에 따라 임의로 접근을 제어할 수 있으며 구현을 위해 ACL을 사용하여 신원 기반, 사용자 기반 통제 방식을 사용한다.
- 하나의 주체마다 객체에 대한 접근 권한을 부여해야 한다.
- 객체별로 세분화된 접근 제어가 가능하여 유연한 접근 제어 서비스를 제공할 수 있으나 시스템 전체적인 측면에서 일관성 있는 접근 제어 관리가 부족하다.

■ 역할 기반 접근 통제(RBAC; Role Based Access Control)

- 사용자의 역할에 기반을 두고 접근을 통제하는 정책이다.
- 사용자에게 최소한의 권한을 부여하며 직무에 따라 허가를 결정한다.

🎓 **멘토 코멘트**

접근 통제의 정책 유형 3가지를 기억해야 한다.
① MAC (Mandatory Access Control)은 관리자가 객체의 보안 레벨과 사용자 등급을 수정한다.
② DAC (Discretionary Access Control)은 자원의 소유자가 자원에 대한 권한을 신분에 따라 부여한다.
③ RBAC (Role Based Access Control)은 역할(Role)을 설정하고 사용자에게 역할을 할당한다.

- 역할이 자주 변경되는 구조에 유리한 정책이다.
- 역할 기반으로 관리되어 관리자에게 편리한 관리 기능을 제공하며, DAC보다 시스템 전체적인 측면에서 일관성 있는 접근 제어가 가능하다.

3 접근 통제 보호 모델 유형

🎓 **멘토 코멘트**

접근 통제 보호 모델 3가지를 기억해야 한다.

벨라파둘라(BLP), 비바(Biba), 클락-윌슨(Clark and Wilson) 3가지가 있다.

■ 벨라파둘라(BLP; Bell-LaPadula)

기밀성의 요구사항 충족을 위해 설계된 모델이다.

No Read Up	보안 수준이 낮은 주체는 보안 수준이 높은 객체를 읽을 수 없다.
No Write Down	보안 수준이 높은 주체는 보안 수준이 낮은 객체에 기록할 수 없다.

■ 비바(Biba)

🎓 **멘토 코멘트**

보안에서 무결성이란 인가되지 않은 자로부터 데이터의 수정을 방지하는 것이다.

벨라파둘라(BLP)의 단점을 보완한 최초의 무결성 보장 모델이다.

No Read Down	높은 등급의 주체는 낮은 등급의 객체를 읽을 수 없다.
No Write Up	낮은 등급의 주체는 높은 등급의 객체를 수정할 수 없다.

■ 클락-윌슨(Clark and Wilson)

- 비바(Biba) 무결성 모델보다 더 정교하며 위변조 방지, 정확한 트랜잭션, 직무 분리라는 3가지 무결성의 목표를 구현하였다.
- 무결성 중심의 상업용 모델로, 사용자 프로그램을 통해 접근 가능하도록 설계되었다.

4 접근 통제의 메커니즘

모델	설명
ACL (Access Control List)	- 주체가 객체에 어떤 행위를 할 수 있는지 표현하여 접근 통제 수행 - 주체-객체별 권한 나열
CL (Capability List)	- 주체에 대해 저장된 접근 허가 목록을 관리하여 접근 통제 수행 - 주체를 기준으로 접근 허가 목록
SL (Security Label)	- 객체에 부여된 보안 속성 정보의 집합을 통해 접근 통제 수행 - 객체에 부여된 보안 속성 집합

기출 유형 문제

2020.09

01 다음은 정보의 접근 통제 정책에 대한 설명이다. (ㄱ)에 들어갈 내용으로 옳은 것은?

정책	(ㄱ)	DAC	RBAC
권한 부여	시스템	데이터 소유자	중앙 관리자
접근 결정	보안 등급 (Level)	신분 (Identity)	역할 (Role)
정책 변경	고정적 (변경 어려움)	변경 용이	변경 용이
장점	안정적 (중앙집중적)	구현 용이 유연함	관리 용이

① NAC ② MAC
③ SDAC ④ AAC

 강제적 접근 통제(MAC)에 대한 설명이다.

2021.03

02 정보보안을 위한 접근 통제 정책 종류에 해당하지 않는 것은?

① 임의적 접근 통제
② 데이터 전환 접근 통제
③ 강제적 접근 통제
④ 역할 기반 접근 통제

 정보보안을 위한 접근 통제 정책은 강제적 접근 통제(MAC), 임의적 접근 통제(DAC), 역할 기반 접근 통제(RBAC)가 있다.

2022.05

03 다음 내용이 설명하는 접근 제어 모델은?

> – 군대의 보안 레벨처럼 정보의 기밀성에 따라 상하 관계가 구분된 정보를 보호하기 위해 사용한다.
> – 자신의 권한보다 낮은 보안 레벨 권한을 가진 경우에는 높은 보안 레벨의 문서를 읽을 수 없고 자신의 권한보다 낮은 수준의 문서만 읽을 수 있다.
> – 자신의 권한보다 높은 보안 레벨의 문서에는 쓰기가 가능하지만 보안 레벨이 낮은 문서의 쓰기 권한은 제한한다.

① Clark-Wilson Integrity Model
② PDCA Model
③ Bell-Lapadula Model
④ Chinese Wall Model

 기밀성을 강조하고 No Read Up, No Write Down으로 설계된 접근 통제 모델은 Bell-Lapadula Model이다.

2022.04

04 접근 통제 방법 중 조직 내에서 직무, 직책 등 개인의 역할에 따라 결정하여 부여하는 접근 정책은?

① RBAC
② DAC
③ MAC
④ QAC

 역할 기반 접근 통제(RBAC; Role Based Access Control)에 대한 설명이다. MAC는 보안 관리자가 보안 등급을 사용하여 강제적으로 통제한다. DAC는 자원의 소유자가 자원에 대한 권한을 신분에 따라 임의로 접근할 수 있도록 구현한다.

05 다음에서 역할 기반 접근 통제(RBAC)에 대한 설명으로 옳지 않은 것은?

① 사용자의 역할에 기반을 두고 접근을 통제하는 정책

② 사용자에게 최소한의 권한을 부여함

③ 역할이 자주 변경되는 구조에 유리한 정책

④ 보안 등급 기반의 접근 통제 방식 적용

해설 보안 등급, 규칙 기반 방식으로의 접근 통제는 강제적 접근 통제(MAC)에서 사용하는 접근 통제 방식이다.

06 다음에서 설명하는 접근 통제 정책은?

> – 주체와 객체의 보안 등급을 비교하여 접근 권한을 부여하는 규칙 기반의 접근 통제며, 보안 관리자가 취급 인가를 허용한 개체만 접근할 수 있도록 강제적으로 통제한다.
> – 보안 등급, 규칙 기반, 관리 기반 접근 통제 방식으로 모든 주체와 객체에 대해 일정하며 어느 하나의 주체, 객체 단위로 접근 제한을 설정할 수 없다.

① 강제적 접근 통제(MAC)

② 임의적 접근 통제(DAC)

③ 역할 기반 접근 통제(RBAC)

④ 비바(Biba)

해설 강제적 접근 통제(MAC)는 주체가 갖는 권한에 근거하여 기밀(비밀)과 보안 등급으로 접근 통제를 수행하며, 사용자의 자원에 대한 권한은 관리자로부터 위임을 받는다.

07 벨라파둘라(BLP)의 속성으로 알맞은 것은?

① No Read Up, No Write Down

② No Read Up, No Write Up

③ No Read Down, No Write Down

④ No Read Down, No Write Up

해설 벨라파둘라(BLP) 속성은 'No Read Up, No Write Down' 으로 기밀성의 요구사항 충족을 위해 설계된 모델이다.

08 접근 통제에 대한 설명 중 옳지 않은 것은?

① 벨라파둘라(BLP; Bell-LaPadula)는 기밀성의 요구사항 충족을 위해 설계된 모델이다.

② 비바(Biba)는 벨라파둘라(BLP)의 단점을 보완한 최초의 무결성 보장 모델이다.

③ 클락-윌슨(Clark and Wilson) 위변조 방지, 정확한 트랜잭션, 직무 분리 3가지 무결성의 목표를 구현하였다.

④ 역할 기반 접근 통제(RBAC)는 사용자 그룹의 신분에 따라 접근을 제어할 수 있다.

해설 임의적 접근 통제(DAC)는 사용자 그룹의 신분에 따라 임의로 접근을 제어할 수 있으며 구현을 위해 ACL을 사용하여 신원 기반, 사용자 기반 통제 방식을 사용한다.

404

정보보호 거버넌스와 정보보호 아키텍처

1 정보보호 거버넌스의 개념

정보보호에 대한 의사결정 권한과 책임의 할당, 비즈니스와 전략적 연계, 관련 법과 규정의 준수를 위한 프로세스 및 실행 체계이다.

■ 정보보호 거버넌스의 목표

목표	설명
책임성	정보보호 활동 성과에 대한 책임소재
비즈니스 연계성	정보보호 활동이 기업 비즈니스 목표 달성 기여 여부
준거성	정보보호 활동이 원칙과 기준에 따른 수행 예 법, 제도, 기업 내부의 규정 등

■ 정보보호 거버넌스 표준 ISO/IEC 27014

(1) 정보보호 거버넌스 표준 ISO/IEC 27014의 개념

정보보호에 대한 최고 경영층의 의사결정 권한과 책임, 비즈니스와의 전략적 연계, 컴플라이언스 보장을 위해서 지켜야 할 원칙과 프로세스를 정의한 표준이다.

알아두기

정보보호 거버넌스는 IT 거버넌스와 밀접한 관계를 갖는다. ISO/IEC 38500은 IT 거버넌스 표준으로, 조직의 IT 활용을 지시, 평가, 모니터할 수 있도록 표준 프레임워크를 제공한다.

(2) 정보보호 거버넌스 표준 ISO/IEC 27014의 프로세스

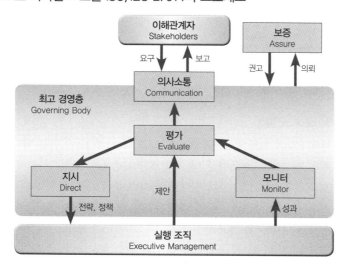

프로세스	설명
평가(Evaluate)	정보보호 활동에 대한 피드백, 평가
지시(Direct)	정보보호 전략, 정책 기반으로 지휘
모니터(Monitor)	정보보호 정책의 준수, 계획 대비 성과를 모니터
의사소통(Communication)	– 이해관계자의 필요에 따라 보안 내용을 공유 – 경영층(Governing Body)과 이해관계자의 정보 공유
보증(Assure)	독립적인 감사 조직에 의한 감사 활동

2 정보보호 아키텍처의 개념

멘토 코멘트

정보보호 아키텍처는 출제 비중이 상대적으로 낮다.

- 엔터프라이즈 아키텍처(EA; Enterprise Architecture)는 조직의 업무 프로세스, 응용 아키텍처, 기술 아키텍처 등을 전사적으로 가시화하여 최적의 프로세스를 구성하고 관리하기 위한 체계이다.
- 전사적 정보보호 아키텍처(EISA; Enterprise Information Security Architecture)는 정보보호를 위한 관리적, 물리적, 기술적 차원에서의 통제 프로세스를 구성하고 조직 구성원들의 역할과 책임을 명세화하기 위한 아키텍처다.

■ 정보보호 아키텍처의 유형

(1) SABSA(Sherwood Applied Business Security Architecture)

- 1995년 존 셔우드(John Sherwood)에 의하여 처음 고안된 아키텍처로서 논리(보안 서비스), 물리(보안 메커니즘), 운영(보안 관리) 아키텍처의 3가지 레이어로 구성된다. 상부에 명목상 아키텍처와 개념적 아키텍처, 하부에 구성상 아키텍처를 추가하여 총 6개의 계층으로 구성된 정보보호 아키텍처를 제시하였다.
- SABSA의 개발 프로세스는 일반적으로 명목상, 개념적 정보보호 아키텍처를 개발하고 이후 논리적, 물리적, 구성상 정보보호 아키텍처와 운영상 정보보호 아키텍처를 동시에 개발하는 프로세스로 이루어졌다.

(2) 가트너의 EISA 모델

- 가트너의 EISA 모델은 조직의 경영 전략 및 세부 수행 목표 달성을 위한 정보보호와 정보보호 요구사항 및 서비스를 도출하며 조직 전체 차원에서의 정보보호 목표를 제시함으로써 정보보호 대책 구현 시 일관성 유지 및 중복성을 최소화하여 관리, 물리, 기술적 대책을 포괄하는 관점에서의 정보보호를 가능하게 하는 아키텍처를 제시하였다.
- 가트너가 제시한 전사적 정보보호 아키텍처의 구조는 3단계로 구성된다.

단계	설명
개념적 단계	비교적 추상적인 목표와 모델의 형태로 존재
논리적 단계	개념적 목표를 실현시키기 위한 이상, 방법론, 기술 적용 단계
구현 단계	개념적이고 논리적인 설계를 수행하기 위한 자원을 개발하거나 구입하는 단계

실력 점검 문제

기출 유형 문제

2019.03

01 다음에서 설명하는 것으로 가장 알맞은 것은?

> 정보보호에 대한 의사결정 권한과 책임의 할당, 비즈니스와 전략적 연계, 관련 법과 규정의 준수를 위한 프로세스 및 실행 체계이다.

① IT 거버넌스

② 정보보호 아키텍처

③ ITSM

④ 정보보호 거버넌스

해설 정보보호 거버넌스의 개념에 대한 설명이다.

출제 예상 문제

02 정보보호 거버넌스 표준인 것은?

① ISO/IEC 27014

② ISO/IEC 38000

③ ISO 22301

④ ISO/IEC/IEEE 29119

해설
– ISO/IEC 38000 : IT 거버넌스
– ISO 22301 : 비즈니스 영속성
– ISO/IEC/IEEE 29119 : 소프트웨어 테스트

03 정보보호 거버넌스 표준인 ISO/IEC 27014 프로세스가 아닌 것은?

① 평가(Evaluate)

② 지시(Direct)

③ 모니터(Monitor)

④ 보안(Security)

해설 ISO/IEC 27014 프로세스는 평가(Evaluate), 지시(Direct), 모니터(Monitor), 의사소통(Communication), 보증(Assure)이다.

405 | 로그 분석

📝 **알아두기**

로그는 특정 사건(Event)이 발생하였을 때 사건의 발생 시점, 사건 내용, 사건 발생 주체 등에 대한 정보를 기록한 것이다. 특정 기능의 제공 중 정책에 해당/위반되는 사건을 확인하였거나 장애 발생 등 관리자/운영자가 목표한 사건에 대한 상세 내역을 기록하고 있다.

1 보안 로그의 개념

로그 중 '보안 사건에 해당하는 로그'를 나타내는 것을 의미하며 등록, 적용 중인 보안 정책에 해당하는 사건에 대한 기록으로 해당 사건에 대한 주체 및 객체, 발생 시간, 행위, 해당 사건의 영향 범위 등의 정보를 포함하고 있다.

2 보안 로그의 분석

■ 보안 사건 판단의 개념

침해 사고 발생 시 해당 접근이 악의적 공격인지, 정상 접근인지를 분석하는 행위이다. 대부분의 경우 정상 접근이나 이 중 악의적 공격임을 판단할 수 있는 능력이 요구된다.

| 개념도 |

• 보안 사건의 '탐지'는 정책(규칙)과 일치 여부를 확인하는 행위이다.
• 정책과 일치할 때에는 '탐지', 일치하지 않을 경우에는 '미탐지'로 결정한다.
• 정책(규칙)에는 없지만 해당 접근이 '악의적 공격'일 경우, 이는 제로데이공격으로 분류하여 보안 담당자가 직접 해당 접근을 차단할 수 있는 관리 기능이 필요하다.

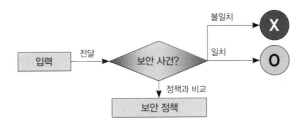

■ 보안 사건의 탐지 분류

분류	내용	유형
정탐	– 보안 사건의 정상 탐지 – 보안 사건이라고 정해진 규칙에 의거하여 탐지한 내용 – 사고 내역 분석 결과, 침해 사건을 보안 사건으로 판정된 사항 – 비침해 사건을 보안 사건이 아닌 것으로 판정	N/A
오탐	– 탐지 오류 – 보안 사건이 아님에도 불구하고 보안 사건으로 판정한 내용 – 침해 사건을 보안 사건이 아닌 것으로 판정	– FAR – FRR

■ 오탐의 종류

종류	내용
FAR	– False Acceptance Ratio – 비인가자를 정상적으로 인가된 사용자로 판단하여 비인가자를 인가자로 판단하는 오류이다. – 보안 요구사항이 낮은 조직에서 많이 발생한다.
FRR	– False Reject Ratio – 인가된 사용자이나 비정상적으로 판단하여 허가받지 못하는 탐지 오류이다. – 보안 요구사항이 높은 조직에서 발생한다.

■ 오탐의 상관관계

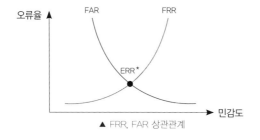

▲ FRR, FAR 상관관계

★ EER
(Equal Error Rate)
FRR과 FAR이 동일하여 가장 탐지 효율이 높은 상태다.

3 탐지 패턴

■ 탐지 패턴의 개발 목적

새롭게 발견된 공격에 대하여 동일 공격이 재발할 경우 이를 즉각 탐지하고 차단하기 위하여 탐지 패턴을 개발하여 적용해야 한다.

■ 탐지 모형

보안 이벤트 탐지를 위한 탐지 모형은 크게 2가지로 분류되며, 필요한 경우 복합적으로 적용이 가능하다.

유형	내용
오용 탐지 (Misuse)	– 침입 패턴(Rule Set)을 저장하여 패턴과 일치하면 탐지한다. – 침입 패턴을 탐지하므로 오탐률(False Positive)은 낮고, 미탐률(False Negative)이 높다.
이상 탐지 (Anomaly)	– 정보 및 정보의 유입 순서가 규칙에 부합되는지를 확인한다. – 오용 탐지와 다르게 정상 패턴을 저장하고 이와 다르면 탐지한다. – 정상적인 패턴과 다르면 모두 침입으로 판단하기 때문에 오탐률이 높지만 미탐률이 상대적으로 낮고 제로데이 공격에 대응이 가능하다.

4 시스템 로그 및 파일접근 권한

대표적인 유닉스, 리눅스, 윈도우 시스템 유형에 따라서 로그 파일이 저장되는 위치가 다르고, 로그 파일의 위치를 알고 있어야 해킹의 공격으로부터 예방, 탐지, 대응 및 모니터를 수행할 수 있다.

■ 리눅스(Linux)/유닉스(Unix) 로그

(1) 로그 경로

리눅스와 유닉스는 일반적으로 로그 파일이 텍스트 파일로 저장되며, 바이너리 파일로 저장된 경우 특정 명령어 등으로 확인할 수 있다. 그리고 시스템마다 저장되는 경로가 조금씩 다르다.

경로	시스템
/usr/adm	초기 Unix, BSD 계열 : HP–UX 9.x, SunOS 4.x
/var/adm	최근 Unix, SVR 계열 : Oracle Solaris, HP–UX 10.x 이후, IBM AIX
/var/log	일부 BSD 계열 : BSD, FreeBSD, Oracle Solaris, Linux
/var/run	일부 Linux

(2) 로그 종류

중앙 집중적으로 로그를 관리하는 syslogd 데몬*이 있지만, 각 데몬들이 로그를 별도로 남기는 경우가 많기 때문에 로그 파일이 어떤 경로에 남겨지는지 숙지하고 있어야 한다.

★ syslogd 데몬

/etc/syslog.conf 설정 파일을 참고하여 로그를 기록한다.
설정 파일을 변경하여 로그 파일 저장 경로를 변경할 수 있다.

| 리눅스 로그 예시 |

종류	파일명	설명
커널 로그	/dev/console	커널 관련 중요 정보(시스템 풀, 다운 등)를 파일 저장이 아닌 장치명(/dev/console)을 사용하여 콘솔로 보여 준다.
시스템 로그	/var/log/messages	syslog.conf에 로그로 기록하지 않도록 지정한 것을 제외한 시스템의 모든 상황들을 기록한다.
보안 로그	/var/log/secure	inetd에 의한 로그로 시스템 사용자의 원격 로그인 정보를 기록한 것으로, 중요한 파일이다.
메일 로그	/var/log/maillog	sendmail 등 메일 로그의 송수신 관련 정보를 저장한다.
크론 로그	/var/log/cron	주기적인 작업을 스케줄링하는 crond의 작업 정보를 기록한다.
부팅 로그	/var/log/boot.log	시스템 부팅 시 로그로 데몬들이 실행, 재시작되었을 때 정보를 기록한다.
커널 부트 메시지 로그	/var/log/dmesg	시스템이 부팅할 때 메시지 정보로, 부팅 시 이상 메시지를 확인할 수 있다.
로그인 로그	/var/log/utmp	현재 로그인한 사용자의 상태 정보를 기록한다.
	/var/log/wtmp	시스템 전체 로그인 기록을 저장한다.
	/var/log/btmp	로그인 시도에 실패한 정보를 저장한다.
FTP 로그	/var/log/xferlog	ftp 데몬들에 의한 시스템의 데이터 전송 정보를 기록한다.
웹 로그	/usr/local/apache/logs/access_log	아파치(웹 서버) 로그 파일로 웹 서비스에 대한 로그를 기록한다.
네임 서버 로그	/var/log/named.log	네임 서버(DNS) 로그 기록을 저장한다.

| 리눅스 로그 레벨 |

레벨	시스템
Emergency	시스템이 멈췄거나 아주 불안정한 패닉 상태로 전체 공지가 필요한 상황
Alert	시스템을 가동시킬 수는 있지만, 즉각 조치해야 하는 상황 예 시스템 데이터베이스 오류 등
Critical	하드웨어나 소프트웨어에서 심각한 문제가 발생된 상황
Error	일반적인 에러/오류가 발생한 상황
Warning	경고 메시지
Notice	에러/오류는 아니지만 관리자 조치가 필요한 상황
Information	일반적인 시스템 정보
Debug	디버깅을 목적으로 보통 프로그래머가 사용함

■ 윈도우(Windows) 로그

- 윈도우 이벤트 로그(Windows Event Log)는 윈도우 시스템을 사용하는 동안 발생되는 모든 내용을 발생 시간 순으로 기록하는 로그 파일이다.
- 이벤트 로그는 이벤트 뷰어(Event Viewer) 관리 도구를 사용하여 로그를 확인할 수 있다.

| 윈도우 이벤트 로그 종류 |

종류	설명
응용 프로그램 로그	응용 프로그램에서 발생되는 이벤트가 저장되며, 프로그래머가 로그를 남길지 결정한다.
보안 로그	- 보안과 관련된 이벤트가 기록되며, 프로그램의 동작을 모니터링하면서 유효하거나 유효하지 않은 로그온 시도와 같은 이벤트나 리소스 사용 이벤트가 기록된다. - 관리자(Administrator) 그룹의 계정으로 보안 로그 설정을 할 수 있다.
시스템 로그	윈도우 시스템에서 기록하는 로그로, 시스템을 시작하는 동안 드라이버나 다른 시스템 구성 요소의 로드에 실패하면 시스템 로그에 기록된다.

■ 파일 접근 권한

- umask는 Unix 및 Linux 계열에서 파일 또는 디렉터리가 생성될 때 요구되는 접근권한을 일괄적으로 제한하기 위하여 사용한다.
- 일반 파일은 666, 디렉터리는 777에서 umask값을 뺀 값으로 접근 권한이 설정된다.

| umask에 의한 접근 권한 |

umask	디렉터리 접근권한	파일 접근권한
000	777	666
022	755	644
006	771	660

| umask에 의한 접근 권한 |

Owner			Group			Other		
4	2	1	4	2	1	4	2	1
r	w	x	r	w	x	r	w	x

- 디렉터리 소유자(Owner)가 읽기(r), 쓰기(w), 실행(x) 권한을 모두 가지고 있다면 rwx 혹은 7로 표현할 수 있다.
- 디렉터리 소유자(Owner), 소유자가 속한 그룹(Group), 소유자 이외 사용자 모두 가 읽기, 쓰기, 실행 권한을 가지고 있으면 777 혹은 rwxrwxrwx로 표현한다.

예 디렉터리의 umask 값이 022이면 777 − 022 = 755(rwxr−xr−x)이다.
　　일반파일의 umask 값이 002이면 666 − 002 = 664(rw−rw−r−−)이다.

2022.03

01 리눅스에서 생성된 파일 권한이 644일 경우 umask 값은?

① 022

② 666

③ 777

④ 755

> **해설** umask는 권한을 허가할 때 사용하는 것이 아니고, 권한을 제한할 때 사용한다. 즉, umask가 000일 때 파일 최대 권한은 666이다. 파일 최대 권한에서 문제의 파일 권한을 계산해보면 666 – 644 = 022이다.

2022.03

02 다음 내용이 설명하는 로그 파일은?

> – 리눅스 시스템에서 성공한 사용자의 로그인/로그아웃 정보 기록
> – 시스템의 종료/시작 시간 기록

① tapping

② xtslog

③ linuxer

④ wtmp

> **해설** wtmp에 시스템 전체 로그인 기록을 저장한다.

03 다음 중 인가자를 비정상적으로 판단하는 오탐의 종류는?

① FAR(False Acceptance Ratio)

② FRR(False Reject Ratio)

③ ERR(Equal Error Rate)

④ CER(Crossver Error Rate)

> **해설** 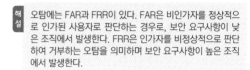 오탐에는 FAR과 FRR이 있다. FAR은 비인가자를 정상적으로 인가된 사용자로 판단하는 경우로, 보안 요구사항이 낮은 조직에서 발생한다. FRR은 인가자를 비정상적으로 판단하여 거부하는 오탐을 의미하며 보안 요구사항이 높은 조직에서 발생한다.

04 다음에서 설명하는 탐지 모형은?

> 정상적인 패턴과 다르면 모두 침입으로 판단하기 때문에 오탐률이 높지만 미탐률이 상대적으로 낮고 제로데이 공격에 대응이 가능하다.

① 오용 탐지

② 이상 탐지

③ Rule Based

④ 상태 전이 탐지

> **해설** 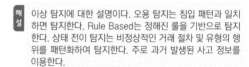 이상 탐지에 대한 설명이다. 오용 탐지는 침입 패턴과 일치하면 탐지한다. Rule Based는 정해진 룰을 기반으로 탐지한다. 상태 전이 탐지는 비정상적인 거래 절차 및 유형의 행위를 패턴화하여 탐지한다. 주로 과거 발생된 사고 정보를 이용한다.

05 다음에서 가장 올바르지 않은 것은?

① crond의 작업 정보는 /var/log/cron에 기록된다.

② 커널 관련 중요 정보는 /var/log/xferlog를 통하여 콘솔로 출력된다.

③ 메일 로그는 /var/log/maillog 경로에서 확인할 수 있다.

④ 현재 로그인한 사용자 상태 정보는 /var/log/utmp에 저장된다.

> **해설** 커널 관련 중요 정보는 /dev/console을 통하여 콘솔로 출력된다. 그리고 ftp 데몬에 의한 시스템의 데이터 전송 정보는 /var/log/xferlog에 기록한다.

406 | 보안 솔루션

1 보안 솔루션의 개념

보안상 발생하는 기술적인 위험 요소를 방어하기 위한 솔루션으로, 기술적인 레벨에 따라 각 구성 요소를 선별적으로 적용하여야 한다.

2 보안 솔루션의 아키텍처

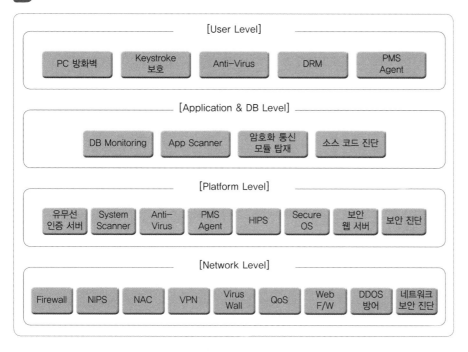

3 보안 기능

■ 네트워크 보안 솔루션별 보안 기능

(1) 방화벽(Firewall)

관리자가 허용하는 패킷만 내외부 전송을 허용하는 방식으로, 가장 기본적인 개념의 네트워크 보안 솔루션이다.

구축 유형	설명
스크리닝 라우터 (Screening Router)	- 망과 망 사이에 라우터를 설치하고 라우터에 ACL을 구성한다. - 속도가 빠르지만 라우터에 부하를 준다.
베스천 호스트 (Bastion Host)	- 어플리케이션 계층에서 동작하는 호스트 시스템이다. - 인증기능과 모니터링, 로깅 등의 기능이 있다.
듀얼 홈드 게이트웨이 (Dual Homed Gateway)	- 2개의 네트워크 인터페이스를 가진 베스천 호스트를 이용하여 구성한다. - 논리적으로만 구분하는 베스천 호스트에 비해서 물리적으로 구분이 더 안전하다.
스크린드 호스트 게이트웨이 (Screened Host Gateway)	- 스크리닝 라우터와 베스천 호스트의 혼합 구성이다. - 네트워크, 트랜스포트 계층에서 스크리닝 라우터가 1차로 필터링하고 어플리케이션 계층에서 2차로 베스천 호스트가 방어한다.
스크린드 서브넷 게이트웨이 (Screened Subnet Gateway)	- 스크리닝 라우터 2개 사이에 하나의 서브넷(망)을 구성하고 서브넷에 베스천 호스트를 적용한다. 일반적으로 DMZ 구간을 운영하는 구축 형태에 해당하며, 가장 안전하지만 가장 비싸고 느리다.

(2) 가상 사설망(VPN)

정보를 암호화하여 공중망을 통하여 전송함으로써 정보를 가로채기 당하더라도 데이터 유출을 차단시키는 네트워크 보안 솔루션이다.

(3) 침입 탐지 시스템(IDS)

네트워크 공격 형태를 사전에 분석하여 규칙을 만들어 놓고, 이상 패킷을 실시간으로 감지하여 관리자에게 통보하여 공격에 대응하는 네트워크 보안 솔루션이다.

(4) 침입 방지 시스템(IPS)

침입 탐지 시스템에 방지 기능까지 자동으로 수행하는 네트워크 보안 솔루션이다.

(5) 통합 위협 관리(UTM)

물리적인 하나의 장비에서 여러 보안 기능을 통합적으로 제공하는 네트워크 보안 장비로 IDS, IPS 등의 기능을 포함한다.

(6) 보안 패치 시스템

기업의 서버와 같은 정보 자산에 설치되지 않은 윈도우 보안 패치 등을 검색하여 자동으로 설치하는 프로그램 또는 솔루션이다.

(7) 통합 보안 관리

UTM(Unified Threat Management) 어플라이언스 및 보안 모듈 형태로 네트워크 장비에 통합하는 추세이다.

(8) IPSEC(IP Security)

TCP/IP 프로토콜의 IP계층에서 인증헤더(AH)와 ESP를 이용한 IP보안 프로토콜이며 인터넷 프로토콜 네트워크 암호 보안 서비스를 제공한다. AH는 무결성, 인증을 보장하고, ESP는 인증, 데이터 무결성, 기밀성 모두를 보장한다. 운영 모드는 터널 모드와 전송 모드로 분류된다.

(9) SSH(Secure Shell)

네트워크 통신에서 암호화 되지 않은 평문을 전송하는 TELNET, rlogin, SMTP 중간자 공격에 취약하다. SSH는 암호화 기법을 사용하여 네트워크가 노출되더라도 안전하게 다른 컴퓨터에 로그인하거나 원격시스템에서 명령을 실행하는 응용 프로그램 또는 프로토콜이다.

TCP를 기반으로 기본적으로 22번 포트를 사용하며 인증, 기밀성, 무결성, 압축 기능을 제공한다.

■ 시스템 보안 솔루션별 보안 기능

(1) 보안 관리

유형	기능
기업 보안 관리 (ESM)	다양한 보안 시스템과 보안 장비를 연동하여 운영하는 통합 보안 관리 시스템이다.
위협 관리 시스템 (TMS)	사이버 공격을 예측하고 판단하여 대응할 수 있는 체계적인 위협 관제 및 대응 시스템이다.
패치 관리 시스템 (PMS)	보안 취약점을 보완하기 위해 배포되는 보안 패치 파일을 원격에서 자동으로 설치 관리하는 시스템이다.

<aside>

알아두기

DPI(Deep Packet Inspection)

OSI 7 Layer 전 계층의 프로토콜과 패킷 내부의 콘텐츠를 파악하여 침입 시도, 해킹 등을 탐지하고 트래픽을 조정하기 위한 패킷 분석 기술이다.
</aside>

(2) 인증 제품

유형	기능
보안 스마트 카드	핸드폰이나 PC에 삽입해 전자 결제 시 신원 인증에 사용한다.
하드웨어 토큰	전자서명 생성 및 검증 등이 가능한 보안 하드웨어 장치이다.
일회용 비밀번호 (OTP)	로그인 시 새로운 패스워드를 생성하는 보안 시스템이다.

(3) 안티 바이러스(Anti-Virus)

유형	기능
바이러스 백신	바이러스, 웜 등 악성 프로그램을 탐지, 치료하는 프로그램이다.
안티 스파이웨어	스파이웨어 탐지 및 치료 프로그램이다.

(4) 안티 스팸(Anti-Spam)

유형	기능
스팸 차단 소프트웨어	스팸 메일 차단 솔루션이다.

(5) 보안 운영체제

유형	기능
Secure OS	운영체제의 보안 결함으로 인한 해킹을 방지하기 위하여 보안 기능이 추가된 운영체제이다.

(6) PC 보안

유형	기능
PC 보안	PC 방화벽, 암호화, 매체 제어 기능 등을 통합한 PC 보안 제품이다.

(7) DB, 콘텐츠 보안

유형	기능
데이터베이스 보안	허가받지 않은 사용자의 데이터베이스 접근을 제한하고 내부자에 의한 데이터베이스 유출에 대비하여 접근 제어, 암호화, 감사를 수행한다.
DRM	디지털 콘텐츠에 대한 저작권 보호 솔루션이다.

(8) 접근 관리

유형	기능
NAC	비인가 사용자 및 단말의 내부 네트워크로의 접근을 제한한다.
SSO	한 번의 인증만으로 전 시스템을 하나의 시스템처럼 사용할 수 있는 시스템이다.
EAM	정보 자원에 대한 접근 인증과 접근 권한을 관리하는 통합 인증 관리 솔루션이다.
IAM	ID/PW를 종합적으로 관리해 주는 역할 기반의 사용자 계정 관리 솔루션이다.

(9) 바이오 인식

유형	기능
지문 인식	개인마다 다른 지문 정보를 이용하여 신분을 확인한다.
정맥 인식	손바닥, 손목 등의 혈관 패턴을 이용하여 신분을 확인한다.
얼굴 인식	카메라로 입력된 얼굴 영상과 데이터베이스 얼굴 영상을 비교하여 신분을 확인한다.
다중 인식	여러 가지 인식 기술을 함께 사용하여 인식 성능을 향상시키고 신뢰도를 높이는 인식 기법이다.

(10) 보안 취약점 점검 도구

유형	기능
MBSA	MBSA는 일반적으로 Windows 시스템에서 틀리기 쉬운 보안 관련 설정을 간단히 확인하는 기능을 갖추고 있다.
Nmap	서버 관리자의 입장에서 자체 시스템 스캔을 통해 자신이 운영하는 서버가 자신이 알지 못하는 사이에 다른 포트가 열려 있는지 등을 확인하는 도구이다.
NBTScan	NetBIOS name 정보를 얻기 위해 네트워크를 점검(Scan)하는 프로그램이다. 점검하고자 하는 대상 IP에 대해서 UDP 포트 137을 사용하여 NetBIOS status 질의를 보내면 해당 시스템은 IP 주소, NetBIOS 컴퓨터 이름, 사용자 이름, MAC 주소 등의 정보를 반송한다.

(11) 클라우드 기반 HSM(Cloud-based Hardware Security Module)

- 클라우드 시스템을 사용하면서 필요한 각종 암호키를 보관, 관리하고 암호, 인증, 전자서명 등에 필요한 암호 알고리즘을 수행한다.
- 클라우드 시스템 내에서 사용되는 보안 관련 설정부터 암호키 관리, 암호화 서비스 등 모든 보안 관련 사항을 서비스로 제공하기 때문에 서비스형 하드웨어 보안 모듈(HSM as a Service)이라고도 한다.

📝 **알아두기**

TCP Wrapper
호스트 기반 네트워킹 ACL 시스템으로 리눅스, BSD 같은 운영체제의 인터넷 프로토콜 서버에서 네트워크 접근을 필터링하기 위해 사용된다.

■ 기타 보안 기법

유형	기능
디지털 서명 기법 (Digital Signature Mechanism)	손으로 쓴 서명과 같이 고유의 전자서명으로 송신자가 전자 문서 송신 사실을 부인할 수 없다.
여분 정보 삽입 기법 (Traffic Padding Mechanism)	정상적인 데이터에 여분의 거짓 데이터를 삽입하여 불법적으로 데이터를 분석하는 공격을 방어할 수 있는 기법이다.
인증 교환 기법 (Authentication Exchange Mechanism)	수신자가 메시지 전송 도중에 변경되지 않았음을 확인할 수 있으며, 메시지가 정당한 상대방으로부터 전달되었음을 확인할 수 있는 기법이다.
접근 제어 기법 (Access Control Mechanism)	데이터에 인가된 자만 접근하도록 허용하는 기법이다.

기출 유형 문제

2020.09

01 컴퓨터 운영체제의 커널에 보안 기능을 추가한 것으로 운영체제의 보안상 결함으로 인하여 발생 가능한 각종 해킹으로부터 시스템을 보호하기 위하여 사용되는 것은?

① GPIB

② CentOS

③ XSS

④ Secure OS

> **해설** 운영체제의 보안 결함으로 인한 해킹을 방지하기 위하여 보안 기능이 추가된 운영체제는 Secure OS이다.
> – GPIB : IEEE(미국전기전자학회)가 표준화한 통신 규격의 한 가지로, 주로 계측기기를 개인용 컴퓨터에 접속하는 데 사용되는 인터페이스 버스이다.
> – CentOS : CentOS 프로젝트에서 레드햇 제휴로 개발한 리눅스계 운영체제이다. 레드햇 엔터프라이즈 리눅스와 완벽하게 호환되는 무료 기업용 컴퓨팅 플랫폼을 제공할 목적으로 만들었다.
> – 크로스사이트 스크립트(XSS) : 검증되지 않은 외부 입력값을 사용하여 사용자 브라우저에서 악의적인 스크립트가 실행될 수 있는 보안 약점이다.

2020.09

02 이용자가 인터넷과 같은 공중망에 사설망을 구축하여 마치 전용망을 사용하는 효과를 가지는 보안 솔루션은?

① ZIGBEE

② NDD

③ IDS

④ VPN

> **해설** VPN은 터널링 기법을 사용해 공중망에 접속해 있는 두 네트워크 사이의 연결을 마치 전용 회선을 이용해 연결한 것과 같은 효과를 내는 가상 사설 네트워크이다.
> – ZIGBEE : 소형, 저전력 디지털 라디오를 이용해 개인 통신망을 구성하여 통신하기 위한 기술이다.
> – NDD : 커널 드라이버의 파라미터 정보를 출력하거나 설정하는 명령어이다.
> – IDS : 네트워크 공격 형태를 사전에 분석하여 규칙을 만들어 놓고, 이상 패킷을 실시간으로 감지하여 관리자에게 통보하여 공격에 대응하는 네트워크 보안 솔루션이다.

2017.03

03 정상적인 데이터에 여분의 거짓 데이터를 삽입하여 불법적으로 데이터를 분석하는 공격을 방어할 수 있는 기법은?

① Digital Signature Mechanism

② Traffic Padding Mechanism

③ Authentication Exchange Mechanism

④ Access Control Mechanism

> **해설** 문제는 여분 정보 삽입 기법(Traffic Padding Mechanism)에 대한 내용이다.
> – 디지털 서명 기법(Digital Signature Mechanism) : 손으로 쓴 서명과 같이 고유의 전자서명으로 송신자가 전자 문서 송신 사실을 부인할 수 없다.
> – 인증 교환 기법(Authentication Exchange Mechanism) : 수신자가 메시지 전송 도중에 변경되지 않았음을 확인할 수 있으며, 메시지가 정당한 상대방으로부터 전달되었음을 확인할 수 있는 기법이다.
> – 접근 제어 기법(Access Control Mechanism) : 데이터에 인가된 자만 접근하도록 허용하는 기법이다.

2021.05

04 SSH(Secure Shell)에 대한 설명으로 틀린 것은?

① SSH의 기본 네트워크 포트는 220번을 사용한다.

② 전송되는 데이터는 암호화된다.

③ 키를 통한 인증은 클라이언트의 공개키를 서버에 등록해야 한다.

④ 서로 연결되어 있는 컴퓨터 간 원격 명령 실행이나 셸 서비스 등을 수행한다.

> **해설** SSH 기본 포트는 22번이며 변경 가능하다.

2021.05

05 IPSec(IP Security)에 대한 설명으로 틀린 것은?

① 암호화 수행 시 일방향 암호화만 지원한다.

② ESP는 발신지 인증, 데이터 무결성, 기밀성 모두를 보장한다.

③ 운영 모드는 터널 모드와 전송 모드로 분류된다.

④ AH는 발신지 호스트를 인증하고, IP 패킷의 무결성을 보장한다.

> **해설** 암호화 수행 시 일방향 암호화를 지원하는 것은 해시 암호화이다.

2021.05

06 침입 차단 시스템(방화벽) 중 다음과 같은 형태의 구축 유형은?

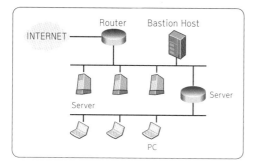

① Block Host

② Tree Host

③ Screened Subnet

④ Ring Homed

> **해설** 스크리닝 라우터 2개와 베스천 호스트 한 개로 구성된 Screened Subnet 구축 형태이다.

2021.08

07 침입 탐지 시스템(IDS; Intrusion Detection System)과 관련한 설명으로 틀린 것은?

① 이상 탐지 기법(Anomaly Detection)은 Signature Base나 Knowledge Base라고도 불리며 이미 발견되고 정립된 침입 패턴을 입력해 두었다가 탐지 및 차단한다.

② HIDS(Host-Based Intrusion Detection)는 운영체제에 설정된 사용자 계정에 따라 어떤 사용자가 어떤 접근을 시도하고 어떤 작업을 했는지에 대한 기록을 남기고 추적한다.

③ NIDS(Network-based Intrusion Detection System)로는 대표적으로 Snort가 있다.

④ 외부 인터넷에 서비스를 제공하는 서버가 위치하는 네트워크인 DMZ(Demilitarized Zone)에는 IDS가 설치될 수 있다.

> **해설** 오용 탐지(Misuse)는 침입 패턴(Rule Set)을 저장하여 패턴과 일치하면 탐지한다.
> 이상 탐지(Anomaly)는 오용 탐지와 다르게 정상 패턴을 저장하고 이와 다르면 탐지한다.

2021.08

08 시스템이 몇 대가 되어도 하나의 시스템에서 인증에 성공하면 다른 시스템에 대한 접근 권한도 얻는 시스템을 의미하는 것은?

① SOS

② SBO

③ SSO

④ SOA

> **해설** SSO는 한 번의 인증만으로 전 시스템을 하나의 시스템처럼 사용할 수 있다.

2022.04

09 클라우드 기반 HSM(Cloud-based Hardware Security Module)에 대한 설명으로 틀린 것은?

① 클라우드(데이터센터) 기반 암호화키 생성, 처리, 저장 등을 하는 보안 기기이다.

② 국내에서는 공인인증제의 폐지와 전자서명법 개정을 추진하면서 클라우드 HSM 용어가 자주 등장하였다.

③ 클라우드에 인증서를 저장하므로 기존 HSM 기기나 휴대폰전화 인증서를 저장해 다닐 필요가 없다.

④ 하드웨어가 아닌 소프트웨어적으로만 구현되기 때문에 소프트웨어식 암호 기술에 내재된 보안 취약점을 해결할 수 없다는 것이 주요 단점이다.

> 해설 클라우드 기반 HSM은 하드웨어 기반인 HSM 보안 기능을 클라우드 서비스 형태로 제공한다.

출제 예상 문제

10 다음에서 설명하는 보안 솔루션은?

> ID/PW를 종합적으로 관리해 주는 역할 기반의 사용자 계정 관리 솔루션

① IAM(Identity Access Management)

② UTM(Unified Threat Management)

③ PMS(Patch Management System)

④ ESM(Enterprise Security Management)

> 해설 문제는 IAM에 대한 설명이다.
> - 통합 위협 관리(UTM) : 물리적인 하나의 장비에서 여러 보안 기능을 통합적으로 제공하는 네트워크 보안 장비로 IDS, IPS 등 기능을 포함한다.
> - 패치 관리 시스템(PMS) : 보안 취약점을 보완하기 위해 배포되는 보안 패치 파일을 원격에서 자동으로 설치 관리하는 시스템이다.
> - 기업 보안 관리(ESM) : 다양한 보안 시스템과 보안 장비를 연동하여 운영하는 통합 보안 관리 시스템이다.

407 | 취약점 분석 및 평가

1 취약점 분석과 위험 분석의 개념

- 취약점 분석은 사이버 위협에 대한 정보 시스템의 취약점을 종합적으로 분석, 평가, 개선하는 일련의 과정이다.
- 위험 분석은 자산의 취약점을 식별하고 존재하는 위협을 분석하여 이들의 발생 가능성 및 위협이 미칠 수 있는 영향을 파악해서 보안 위험의 내용과 정도를 결정하는 과정이다.

2 취약점 분석과 위험 분석의 차이점

취약점 분석은 네트워크나 시스템의 결점을 기술적 위험에 대한 대응만 고려하지만, 위험 분석은 취약점 분석의 내용에 추가하여 조직의 사업 목표와 임무를 수행하기 위한 자산의 가치를 고려한다는 것이 다르다.

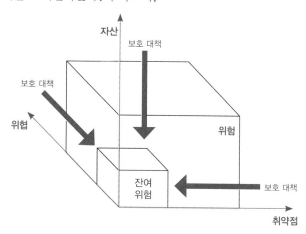

구분	설명
자산(Asset)	조직 내의 가치를 갖고 있는 모든 것으로 보호해야 할 대상이다.
위협(Threat)	자산 손실을 초래할 수 있는 잠재적 원인으로, 의도적 위협과 우연한 위협이 있다.
취약점(Vulnerability)	잠재적인 위협의 이용 대상이 되는 것을 의미한다.
위험(Risk)	자산 또는 자산 집합의 취약한 부분에 위협 요소가 발생하여 자산의 손실, 손상을 유발할 가능성을 의미한다. 위험 = 자산 x 위협 x 취약점

3 취약점 분석 및 평가 범위

- 정보 시스템 자산에 직접, 간접적으로 관여하는 관리적, 물리적, 기술적 분야를 포함한다.
- 연계 시스템이 기반 시설에 미치는 영향도 포함한다.
- 관리적, 물리적, 기술적으로 구분하여 중요도와 기관의 사정에 따라서 점검한다.

4 취약점 분석 및 평가 수행 절차

취약점 분석 및 평가를 위하여 계획 수립, 대상 선별, 분석, 평가 순으로 수행한다.

	절차	설명
1	계획 수립	수행 주체, 수행 절차, 소요 예산, 산출물 등 취약점 분석 평가를 위한 세부 계획을 수립한다.
2	대상 선별	– 기반 시설의 IT 자산, 제어 시스템 자산, 의료 장비 등 자산을 식별하고 유형별로 그룹화하여 취약점 분석/평가 대상 목록을 작성한다. – 식별된 대상 목록의 각 자산에 대하여 중요도를 산정한다.
3	분석 수행	– 취약점 분석, 평가를 위한 관리적, 물리적, 기술적 세부 점검 항목 목표를 수립하고 취약점 점검 항목을 기본으로 하며, 기관별 특성에 따라 추가 보완하여 점검표를 작성한다. – 관리적 점검 요령은 정보보호 정책, 지침 등 관련 문서 확인과 정보보호 담당자, 시스템 관리자, 사용자 등과의 면담으로 확인한다. – 물리적 점검 요령은 전산실, 현관 등의 통제 구역을 실사하여 확인한다. – 기술적 점검 요령은 점검 도구, 수동 점검, 모의 해킹 등을 통해 확인한다. – 직전 년도에 발견된 취약점에 대해서는 중점적으로 점검한다.
4	평가 수행	– 취약점 분석 결과에 대해 세부 내용을 서술하고 발견된 취약점별 위험 등급 표시 및 개선 방향 수립을 원칙으로 한다. – 기밀성, 무결성, 가용성을 고려하여 위험 등급을 작성하고 단기, 중기, 장기로 구분하여 개선 방향을 수립한다.

01 다음에서 설명하는 위험 분석 항목은?

> 시스템이나 조직에 피해를 끼칠 수 있는 원치 않는
> 사고의 잠재적 원인

① 자산(Asset)

② 위협(Threat)

③ 취약점(Vulnerability)

④ 위험(Risk)

해설 위협(Threat)은 자산 손실을 초래할 수 있는 잠재적 원인으로, 의도적 위협과 우연한 위협이 있다.
  – 자산(Asset) : 조직 내의 가치를 갖고 있는 모든 것으로 보호해야 할 대상이다.
  – 취약점(Vulnerability) : 잠재적인 위협의 이용 대상이 되는 것을 의미한다.
  – 위험(Risk) : 자산 또는 자산 집합의 취약한 부분에 위협 요소가 발생하여 자산의 손실, 손상을 유발할 가능성을 의미한다.

02 취약점 분석 및 평가에 대한 내용 중 올바르지 않은 것은?

① 계획 수립, 대상 선별, 분석 수행, 평가 수행 절차로 진행한다.

② 취약점은 자산 × 위협 × 위험으로 계산한다.

③ 관리적, 물리적, 기술적으로 구분하여 점검한다.

④ 위협은 피해를 끼칠 수 있는 잠재적 원인이다.

해설 위험 = 자산 x 위협 x 취약점으로 계산한다. 위험은 자산 또는 자산 집합의 취약한 부분에 위협 요소가 발생하여 자산의 손실, 손상을 유발할 가능성을 의미한다.

03 취약점 분석에 대한 설명 중 옳은 것은?

① 취약점은 자산 손실을 초래할 수 있는 잠재적 원인으로 의도적 위협과 우연한 위협이 있다.

② 자산은 조직 내의 가치를 갖고 있는 가장 핵심적인 일부분이 보호해야 할 대상이다.

③ 위험은 자산 또는 자산 집합의 취약한 부분에 위협 요소가 발생하여 자산의 손실, 손상을 유발할 가능성을 의미한다.

④ 취약점 = 자산 × 위협 × 위험

해설
  – 자산은 조직 내의 가치를 갖고 있는 모든 것으로 보호해야 할 대상이다.
  – 위협은 자산 손실을 초래할 수 있는 잠재적 원인으로 의도적 위협과 우연한 위협이 있다.
  – 취약점은 잠재적인 위협의 이용 대상이 되는 것을 의미한다.
  – 위험은 자산 또는 자산 집합의 취약한 부분에 위협 요소가 발생하여 자산의 손실, 손상을 유발할 가능성을 의미한다. 위험 = 자산 × 위협 × 취약점이다.

합격의 공식
온라인 강의

자격증 · 공무원 · 금융/보험 · 면허증 · 언어/외국어 · 검정고시/독학사 · 기업체/취업
이 시대의 모든 합격! 시대에듀에서 합격하세요!

www.youtube.com ➜ 시대에듀 ➜ 구독

빨리보는 간단한 키워드

1과목 소프트웨어 설계

| 1장 | 요구사항 확인

01 플랫폼 성능 특성 : 성능 테스트(응답 시간, 사용률, 가용성), 문서 점검(문서 보관, 문서 양식), 사용자 인터뷰(데이터양, 데이터 용량 규격, 제한/보존 기간)

02 운영체제의 목적 : 처리 능력(Throughput) 향상, 반환 시간(Turnaround Time) 단축, 사용 가능도(Availability) 증가, 신뢰도(Reliability) 향상

03 운영체제 분석 시 고려 사항 : 신뢰도, 성능, 기술 지원, 주변기기, 구축 비용

04 네트워크 OSI 7계층 : ⑦ Application, ⑥ Presentation, ⑤ Session, ④ Transport, ③ Network, ② Data link, ① Physical

05 DBMS 분석 시 고려 사항 : 가용성, 성능, 기술 지원, 상호 호환성, 구축 비용

06 요구사항 명세 기법 : 정형 명세(수학적, 모델링 이용, Z, VDM, CSP, CSS), 비정형 명세(상태/기능/객체 중심, FSM, Decision Table, State Chart)

07 UML 구성 요소 : 사물(Things), 관계(Relationship), 다이어그램(Diagram)

08 구조(정적) 다이어그램 : 클래스, 객체, 컴포넌트, 배치, 복합 구조, 패키지 다이어그램

09 행위(동적) 다이어그램 : 유스케이스, 활동, 상태 머신, 시퀀스, 커뮤니케이션, 상호작용 개요, 타이밍 다이어그램

10 유스케이스 다이어그램 : 유스케이스(Use Case), 행위자(Actor), 시스템(System), 관계(Relationships)로 구성

11 UML 확장 모델 : 스테레오 타입에서는 Guillemet 기호 '《 》'를 사용하여 표현

12 애자일이 추구하는 4가지 가치 : ① 개인과 상호작용, ② 변화에 대응, ③ 동작하는 소프트웨어, ④ 고객과의 협력

13 XP의 5가지 가치 : ① 용기, ② 단순성, ③ 커뮤니케이션, ④ 피드백, ⑤ 존중

14 XP의 12가지 실천 항목 : ① Pair Programming, ② Collective Ownership, ③ Continuous Integration, ④ Planning Game, ⑤ Small Release, ⑥ Metaphor, ⑦ Simple Design, ⑧ Test Driven Develop, ⑨ Refactoring, ⑩ 40-Hour per Week, ⑪ On-Site Customer, ⑫ Coding Standards

15 SCRUM 3대 요소 : ① PO(Product Owner), ② SM(Scrum Master), ③ 팀원

16 SCRUM 3대 View : ① Daily Scrum Meeting, ② Sprint Review, ③ Sprint Retrospective Meeting

17 Lean 7대 원칙 : ① 낭비 제거, ② 배움 증폭, ③ 늦은 결정, ④ 빠른 인도, ⑤ 팀에 권한 위임, ⑥ 전체를 볼 것, ⑦ 통합성 구축

18 자료 흐름도(DFD; Data Flow Diagram) : 프로세스(Process), 데이터 흐름(Data Flow), 데이터 저장소(Data Store), 단말(Terminator)

19 자료 사전(DD; Data Dictionary) : = (정의), + (구성), [ ] (선택), { } (반복), ( ) (생략), * * (설명)

20 객체 지향 분석 모델링 : 객체 모델링(객체 다이어그램), 동적 모델링(상태 다이어그램), 기능 모델링(자료 흐름도, DFD)

21 CASE(자동화 도구) : ① 상위 CASE(소프트웨어 생명주기 전반인 시스템 계획, 요구 분석, 상위 설계 단계를 지원), ② 하위 CASE(상세 설계, 구현 및 코드 작성, 테스팅, 문서화 등 지원), ③ 통합 CASE(소프트웨어 개발 주기 전체를 지원, 상위와 하위 CASE의 기능 통합 도구)

22 HIPO(시스템 분석 도구) : 하향식 개발을 위한 ① 가시적 도표(전체 기능), ② 총체적 도표(기능 기술), ③ 세부적 도표(총체 도표 상세화)

| 2장 | 화면 설계

01 UI의 설계 원칙 : ① 직관성(누구나 쉽게 이해하고 사용할 수 있어야 함), ② 유효성(사용자의 목적을 정확하게 달성), ③ 학습성(누구나 쉽게 배우고 익힐 수 있어야 함), ④ 유연성(사용자의 요구사항을 최대한 수용하며, 오류를 최소화하여야 함)

02 UI의 품질 요구사항 : 기능성, 신뢰성, 사용성, 효율성, 유지보수성, 이식성

03 감성 공학 단계 : 요소화 → 형상화 → 구현 → 생산

04 나가마치의 접근 방법 : ① 1류 접근법(인간의 감성을 표현하는 어휘를 이용해 제품에 대한 이미지를 조사하고 분석), ② 2류 접근법(1류 접근법과 함께 감성의 심리적 특성을 강조한 접근), ③ 3류 접근법(대상 제품의 물리적 특성에 대한 객관적 지표와의 연관 분석을 통해 제품 설계에 응용)

| 3장 | 애플리케이션 설계

01 코드의 기능 : 식별, 분류, 배열, 암호화, 표준화, 연상, 오류 검출

02 코드의 종류 : 순차, 블록, 10진, 그룹 분류, 연상, 표의 숫자, 합성 코드

03 모듈 명세 기법 : 정확성(기능이 필요), 명확성(일관되게 한 가지로 해석), 완전성(구현을 위해 모든 것을 작성), 일관성(상호 충돌되지 않도록), 추적성(요구사항의 출처, 관련 시스템 간의 관계)

04 효율적 소프트웨어 : 결합도↓, 응집도↑, 복잡도↓, 중복성↓, 팬인↑, 팬아웃↓, 적정성, 계층도, 분리 유지

05 소프트웨어 아키텍처 특징 : 변화 민첩성, 비용 절감, 표준화, 의사소통 수단, 간략성, 관점 모형

06 소프트웨어 아키텍처 스타일 : ① 저장소 구조(데이터 공유 모델), ② MVC(사용자 인터페이스와 비즈니스 로직 분리 모델, Model, View, Controller), ③ 클라이언트/서버(Master-Slave로 상호작용), ④ 계층 구조(모듈의 응집된 집합을 계층으로 표현), ⑤ 파이프 필터(입력 데이터를 받아 처리하고 다른 시스템에 보내는 구조)

07 객체 지향 기법 : 캡슐화, 추상화, 다형성, 정보 은닉, 상속

08 객체 지향 설계 원칙(SOLID) : 단일 책임의 원칙(SRP), 개방 폐쇄 원칙(OCP), 리스코프 교체의 원칙(LSP), 인터페이스 분리의 원칙(ISP), 의존관계 역전의 원칙(DIP)

09 단일 책임의 원칙(SRP) : 시스템의 모든 객체는 하나의 책임만을 가지며, 객체가 제공하는 모든 서비스는 그 하나만의 책임만을 수행해야 한다는 설계 원칙

10 개방 폐쇄 원칙(OCP) : 소프트웨어의 개체는 확장에는 열려 있고 수정에는 닫혀 있어야 한다는 설계 원칙

11 리스코프 교체의 원칙(LSP) : 자식 타입들은 부모 타입들이 사용되는 곳에 대체될 수 있어야 한다는 설계 원칙

12 인터페이스 분리의 원칙(ISP) : 어떤 클래스가 다른 클래스에 종속될 때는 최소한의 인터페이스만을 사용해야 한다는 설계 원칙

13 의존관계 역전의 원칙(DIP) : 높은 레벨의 모듈은 낮은 레벨의 모듈을 의존하지 않고 서로 추상에 의존해야 한다는 설계 원칙

14 객체 지향 방법론 : ① Rumbaugh 방법(그래픽 표기법 모델링, 객체/동적/기능 모델링), ② Booch 방법(미시적, 거시적 프로세스 사용), ③ Jacobson 방법(유스케이스 사용), ④ Coad와 Yourdon 방법(E-R 다이어그램, 관계 분석), ⑤ Wirfs-Brock 방법(분석과 설계 간의 구분 없이 수행)

15 디자인 패턴의 구성 : 패턴 이름, 문제, 해법, 결과

16 디자인 패턴 분류 : ① 생성 패턴(객체의 생성 방식 결정, 클래스 정의, 객체 생성 방식을 구조화, 캡슐화), ② 구조 패턴(객체 구조화, 조직화), ③ 행위 패턴(객체 행위 조직화, 관리, 연합, 객체나 클래스 연동 제시)

17 **생성 패턴 유형** : Abstract Factory, Factory Method, Prototype, Singleton, Builder

18 **구조 패턴 유형** : Adapter, Bridge, Composite, Decorator, Facade, Flyweight, Proxy

19 **행위 패턴 유형** : Chain of Responsibility, Command, Iterator, Mediator, Memento, Observer, State, Strategy, Visitor, Interpreter, Template Method

| 4장 | 인터페이스 설계

01 **인터페이스 요구사항 분석** : ① 요구사항 분류(유형별, 우선순위별, 제품 및 프로세스 연관성 등에 따라 분류), ② 개념 모델링(요구되는 서비스와 기능을 분석), ③ 요구사항 할당(아키텍처 구성 요소를 식별), ④ 요구사항 협상(서로 다른 이해관계자가 상충하는 내용을 협의하거나 협상을 통해 적절한 수준에서 합의)

02 **요구사항 검증 방법** : 동료 검토, 워크 스루, 인스펙션, CASE 도구

03 **동료 검토** : 요구사항 명세서 작성자가 요구사항 명세서를 설명하고 이해관계자들이 설명을 들으면서 결함을 발견하는 검토 방법

04 **워크 스루** : 요구사항 명세서를 회의 전에 배포해서 사전 검토한 후 짧은 시간 동안 검토 회의를 진행하면서 결함을 조기에 발견하는 검토 방법

05 **인스펙션** : 작성자 이외의 전문 검토 그룹이 요구사항 명세서를 상세히 조사하여 결함, 표준 위배, 문제점 등을 파악하는 회의

06 **CASE 도구** : 자동화된 요구사항 관리 도구를 이용, 요구사항 추적성과 일관성을 검토하는 도구

07 **미들웨어** : 운영체제와 사용자 애플리케이션(응용 서비스)의 사이인 중간 계층에서 다양한 응용 서비스의 실행에 필요한 기능을 제공하고 상호 간에 연결하여 데이터를 주고 받을 수 있도록 매개체 역할을 하는 소프트웨어

08 **미들웨어 종류** : ① 데이터베이스(애플리케이션과 데이터베이스 서버 사이에서 원격 접속을 연결), ② RPC(클라이언트가 원격에서 동작하는 프러시저를 호출하는 시스템), ③ MOM(클라이언트가 생성한 메시지를 저장소에 요청할 때 저장하면서 다른 업무를 수행하게 지원), ④ TP-Monitor(분산 컴퓨팅 환경, 실시간 온라인(발권 및 예약) 트랜잭션 발생이 빈번한 곳에서 각 트랜잭션이 올바르게 처리되고 있는지 감시), ⑤ ORB(객체 지향 시스템에서 객체 및 서비스를 요청하고 전송할 수 있도록 지원), ⑥ WAS(웹 애플리케이션을 지원, 사용자의 요구에 바로 적용할 수 있는 동적 콘텐츠 처리에 적합)

2과목 소프트웨어 개발

| 1장 | 데이터 입출력 구현

01 **선형 구조 종류** : 배열(Array), 리스트(선형 리스트, 연결 리스트), 스택(Stack), 큐(Queue), 데크(Deque)

02 **비선형 구조 종류** : 트리(Tree), 그래프(Graph)

03 **스택(Stack)** : 가장 나중에 삽입된 자료가 가장 먼저 삭제되는 후입선출(LIFO) 방식의 자료 구조

04 **큐(Queue)** : 한 쪽 끝에서는 삽입 작업이, 다른 한 쪽에서는 삭제 작업이 이루어지는 선입선출(FIFO) 방식의 자료 구조

05 **연결 리스트 종류** : 단순 연결 리스트(Simple Linked List), 이중 연결 리스트(Double Linked List), 원형 연결 리스트(Circular Linked List)

06 **차수(Degree)** : 한 노드에 연결된 자식 노드의 수

07 **단말 노드(Terminal Node or 리프 노드)** : 자식이 하나도 없는 노드로, 차수 = 0인 노드

08 **트리의 차수(Degree of Tree)** : 트리의 노드들 중 차수(Degree)가 가장 많은 수

09 트리 전위 순회(Pre-Order Traversal) : 루트부터 시작해서 왼쪽 서브트리, 오른쪽 서브트리 순서로 순회하는 방식(루트 → 왼쪽 → 오른쪽)

10 트리 중위 순회(In-Order Traversal) : 왼쪽 서브트리부터 시작해서 루트, 오른쪽 서브트리 순서로 순회하는 방식(왼쪽 → 루트 → 오른쪽)

11 트리 후위 순회(Post-Order Traversal) : 왼쪽 서브트리부터 시작해서 오른쪽 서브트리, 루트 순서로 순회하는 방식(왼쪽 → 오른쪽 → 루트)

12 전위 표기법(Prefix Notation) : 연산자를 피연산자의 앞에 표기하는 방법. 연산자 → Left(피연산자) → Right(피연산자)

13 중위 표기법(Infix Notation) : 연산자를 피연산자의 사이에 표기하는 방법. Left(피연산자) → 연산자 → Right(피연산자)

14 후위 표기법(Postfix Notation) : 연산자를 피연산자의 뒤에 표기하는 방법. Left(피연산자) → Right(피연산자) → 연산자

15 무방향 그래프(Undirected Graph) : 정점을 연결하는 선에 방향이 없는 그래프 ➡ 최대 간선 수는 n(n-1)/2

16 방향 그래프(Directed Graph) : 정점을 연결하는 선에 방향이 있는 그래프 ➡ 최대 간선 수는 n(n-1)

17 논리 데이터 저장소 : 논리적인 데이터 집합, 관계, 제약 조건 등을 정의하여 논리적인 구조로 구성된 데이터 저장소

18 논리 데이터 저장소의 구조 : 개체(Entity), 속성(Attribute), 관계(Relationship)

19 물리 데이터 저장소 : 논리 데이터 모델을 바탕으로 목표 시스템의 물리적 특성 및 성능을 고려하여 물리적 데이터 모델로 변환된 데이터를 저장하는 저장소

20 데이터베이스 반정규화(Denormalization) : 정규화된 데이터 모델을 시스템의 성능 향상, 개발 편의성, 운영 효율성을 위해 수행

21 반정규화 방법 : 테이블 추가, 테이블 조합, 테이블 분할, 중복 칼럼 추가, 파생 칼럼 추가, 중복 관계 추가

22 반정규화 중복 테이블 추가 방법 : 집계 테이블 추가, 진행 테이블 추가, 특정 부분만을 포함하는 테이블 추가

23 데이터베이스 파티션 유형 : 범위 분할(Range Partitioning), 해시 분할(Hash Partitioning), 조합 분할(Composite Partitioning), 리스트 분할(List Partitioning)

24 소스 코드 인스펙션(Inspection) : 성능 향상을 위해 소스 코드를 분석하여 표준 위배, 오류 등 결함을 발견하여 개선하는 공식적인 활동

25 소스 코드 인스펙션 절차 : 계획(Planning) → 개관(Overview) → 준비(Preparation) → 검토 회의(Inspection Meeting) → 재작업(Rework) → 추적(Follow-up)

| 2장 | 통합 구현

01 단위 모듈(Unit Module) : 소프트웨어의 여러 기능을 세분화하여 각각의 기능을 수행하도록 구현된 모듈

02 단위 모듈 설계 원리 : 정보 은닉(Information Hiding), 자료 추상화(Data Abstraction), 분할과 정복(Divide & Conquer), 모듈의 독립성

03 결합도(Coupling) : 모듈 간의 상호 의존도 또는 연관 관계

04 결합도의 유형 : 자료, 스탬프, 제어, 외부, 공통, 내용 결합도

05 응집도(Cohesion) : 한 모듈 내부의 처리 요소들 간의 기능적 연관도

06 응집도의 유형 : 우연적, 논리적, 시간적, 절차적, 통신적, 순차적, 기능적 응집도

07 공유도(Fan-In) : 임의의 한 모듈을 제어(호출)하는 상위 모듈의 수

08 제어폭(Fan-Out) : 임의의 한 모듈에 의해 제어(호출)되는 모듈의 수

09 테스트 드라이버 : 테스트 단위 모듈을 호출하는 가상의 상위 모듈

10 테스트 스텁 : 테스트 단위 모듈이 호출하는 가상의 하위 모듈

11 블랙박스 테스트 : 기능 명세서 기반으로 기능의 입/출력 결과에 대해 검증하는 방법

12 블랙박스 테스트 종류 : 동등(동치) 분할, 경계값 분석, 원인-결과(효과) 그래프, 의사결정 트리, 상태 전이, 유스케이스, 분류 트리, 페어와이즈 테스트 등

13 화이트박스 테스트 : 모듈의 내부 구조를 참조하여 상세히 테스트를 수행하는 방법

14 화이트박스 테스트 종류 : 제어 구조, 기본 경로, 루프, 조건 검사, 데이터 흐름 테스트

15 형상 관리(Configuration Management) : 소프트웨어의 개발을 위한 전체 과정에서 발생하는 모든 항목의 변경 사항을 관리하기 위한 활동

16 형상 관리 대상 : 프로젝트 요구 분석서, 소스 코드, 운영 및 설치 시험서, 컴퓨터 프로그램, 컴퓨터 프로그램 서술 문서, 정의/개발 단계 문서, 유지보수 단계 변경 사항 등

17 형상 관리 절차 : 형상 식별 → 형상 통제 → 형상 감사 → 형상 기록

18 형상 관리 도구 : 중앙 집중형(SVN, CVS), 분산 저장소(Git, Mercurial), Local(RCS, SCCS) 등

19 형상 관리 도구의 주요 기능 : 체크인(Check-In), 체크아웃(Check-Out), 커밋(Commit) 등

| 3장 | 소프트웨어 패키징

01 애플리케이션(소프트웨어) 패키징 : 개발이 완료된 애플리케이션(소프트웨어)을 고객에게 전달하기 위한 형태로 패키징하고, 매뉴얼 작성 및 버전 관리를 수행하는 과정 ➡ 다양한 사용자의 환경을 고려해야 함

02 소프트웨어 빌드(Software Build) : 소스 코드 파일을 컴퓨터에서 실행할 수 있는 애플리케이션의 단위로 변환하는 과정이나 그에 대한 결과물

03 애플리케이션 배포(Application Release) : 개발이 완료된 애플리케이션을 소스 검증 후에 빌드를 수행하고, 운영 환경에 배포하는 것

04 릴리즈 노트(Release Note) : 애플리케이션의 효율적인 배포를 위해 고객과 잘 정리된 릴리즈 정보를 공유하는 문서

05 애플리케이션 모니터링 : 사용자 환경에 배포 및 설치된 애플리케이션을 지속적으로 확인하여 성능 및 문제 발생 시 빠르게 조치하고 재배치하기 위한 개념

06 DRM(Digital Rights Management) : 허가된 사용자만이 디지털 콘텐츠에 접근 가능하도록 만드는 저작권 보호 기술

07 DRM의 구성 : 콘텐츠 제공자, 콘텐츠 분배자, 콘텐츠 소비자, 패키저, 보안 컨테이너, DRM 컨트롤러, 클리어링 하우스 등

08 제품 소프트웨어 매뉴얼 : 완성된 제품 소프트웨어에 대한 내용을 사용자 측면으로 작성하여 설치하거나 사용하기 위해 필요한 정보를 제공하는 안내서 (설치 매뉴얼과 사용자 매뉴얼로 분류 가능)

09 ISO 9126 : 소프트웨어 품질의 특성을 정의하고, 품질 평가의 Metrics를 정의한 국제 표준

10 ISO 9126 품질 항목 : 기능성, 신뢰성, 사용성, 효율성, 유지보수성, 이식성

11 ISO 25010 : ISO 9126에 보안성과 호환성이 추가되어 개정된 버전

12 소프트웨어 버전 관리 : 지속적으로 변경되는 소프트웨어에 대한 통제를 통해 불필요한 수정을 제한하거나 에러 발생 시 빠른 복구가 가능하도록 소프트웨어를 관리하기 위한 개념

13 소프트웨어 버전 등록 순서 : 추가 → 인출 → 예치 → 동기화 → 차이 확인

14 소프트웨어 버전 관리 용어 : 가져오기(Import), 체크아웃(Check-Out), 체크인(Check-In), 커밋(Commit), 저장소(Repository)

15 빌드 자동화 도구 : Ant, Maven, Jenkins, Gradle 등

| 4장 | 애플리케이션 테스트 관리

01 테스트의 원리 : 결함을 찾는 활동, 완벽한 테스트 불가, 개발 초기에 시작, 결함 집중의 원리(Defect Clustering), 살충제 패러독스(Pesticide Paradox), 정황 의존성의 법칙, 오류 부재의 궤변(Absence of Errors Fallacy)

02 **테스트의 유형** : 프로그램 실행 여부(정적 테스트, 동적 테스트), 테스트 기법(화이트박스 테스트, 블랙박스 테스트), 시각(검증, 확인), 목적(회복, 안전, 강도, 성능, 구조, 회귀, 병행), 종류(명세 기반, 구조 기반, 경험 기반), 대상(알파 테스트, 베타 테스트) 등으로 구분

03 **테스트 단계** : 단위 테스트 → 통합 테스트 → 시스템 테스트 → 인수 테스트

04 **테스트 시나리오** : 테스트 수행을 위한 여러 테스트 케이스의 집합으로서, 테스트 케이스의 동작 순서와 테스트를 위한 절차를 명세한 문서를 의미

05 **테스트 오라클** : 테스트 수행 이후 결과가 올바른지 판단하기 위해 참값을 입력하여 비교하는 기법을 의미

06 **테스트 오라클의 종류** : 참, 샘플링, 휴리스틱, 일관성 검사 오라클

07 **통합 테스트의 점증적 방법** : 테스트 스텁을 이용하는 하향식 통합 방식과 테스트 드라이버를 이용하는 상향식 통합 방식이 있음

08 **소프트웨어의 결함 관리** : 각 단계별 테스트를 수행한 후 발생한 결함의 재발 방지를 위해 유사 결함 발견 시 처리 시간 단축을 위해 결함을 추적하고 관리하는 활동

09 **소프트웨어의 결함** : 에러(Error), 결함(Defect), 결점(Fault), 버그(Bug), 실패(Failure) 등의 용어를 사용

10 **테스트 결함 관리 측정 지표** : 결함 분포, 결함 추세, 결함 에이징

11 **테스트 자동화의 목적** : 신속한 테스트 작업 수행, 테스트 비용 절감, 테스트 작업 오류의 최소화 등을 추구하기 위해 테스트 자동화를 수행함

12 **애플리케이션 성능 점검** : 최소의 자원을 사용하면서 얼마나 빨리 많은 기능을 수행하는지를 측정하는 행위

13 **애플리케이션 성능 측정 지표** : 처리량, 응답 시간, 경과 시간, 자원 사용률, 신뢰도

14 **소스 코드 품질 분석 도구** : ① 정적 분석 도구(pmd, cppcheck, SonarQube, checkstyle, ccm, cobertura 등), ② 동적 분석 도구(Avalanche, Valgrind 등)

15 **Bad Code(나쁜 코드)** : 다른 개발자가 로직을 이해하기 어렵게 작성된 코드

16 **Alien Code(외계인 코드)** : 아주 오래된 코드로 개발자가 없고, 주석문이나 설명도 없어 해석이나 유지 보수가 어려운 코드

17 **Clean Code(클린 코드)** : 잘 작성되어 가독성이 높고, 단순하며, 의존성을 줄이고 중복이 최소화된 코드

18 **Clean Code(클린 코드) 작성 원칙** : 가독성, 단순성, 의존성, 중복성, 추상화

19 **맥케이브의 순환 복잡도(Mccabe Cyclomatic Complexity)** : 소프트웨어의 한 유닛(Method나 Function 등)의 소스 코드가 얼마나 복잡한지를 정량적으로 표현하기 위한 지표 ➜ 순환 복잡도 $V(G) = Edges - Nodes + 2$

20 **3R(Reverse Engineering, Re-engineering, Reuse)** : 저장소(Repository)를 기반으로 역공학(Reverse Engineering), 재공학(Re-Engineering), 재사용(Reuse)을 통해서 소프트웨어 생산성을 극대화하는 기법

21 **성능 개선을 위한 알고리즘** : 주어진 문제를 논리적으로 해결하기 위한 절차, 방법, 명령어들의 집합

22 **알고리즘의 시간 복잡도** : O-Notation을 이용하여 표현

O(1)	해시 함수(Hash Function)
O(logN)	이진 탐색(Binary Search)
O(N)	단순 탐색(Simple Search)
O(N*logN)	퀵 정렬(Quick Sort)
O(N²)	버블 정렬(Bubble Sort)
O(N³)	최단 경로 탐색(Floyd-Warshall)
O(2ⁿ)	동적 계획법(Dynamic Programming)

23 **탐색 알고리즘의 종류** : 이진 탐색, 깊이 우선 탐색, 너비 우선 탐색

24 정렬 알고리즘의 종류 : 선택 정렬, 삽입 정렬, 버블 정렬, 합병 정렬, 힙 정렬, 퀵 정렬 등

| 5장 | 인터페이스 구현

01 내/외부 모듈 연계 방법 : 시스템 인터페이스를 위해 사용(대표적인 방식 : EAI 방식과 ESB 방식)

02 EAI(Enterprise Application Integration) : 기업에서 운영하고 있는 이기종의 플랫폼 및 애플리케이션들과의 정보를 전달하거나 연계 및 통합을 지원하는 솔루션

03 EAI의 구축 유형 : Point to Point, Hub & Spoke, Message Bus, Hybrid 등

04 ESB(Enterprise Service Bus) : 애플리케이션 간의 통합 측면에서 EAI와 유사하나 애플리케이션보다는 서비스 중심으로 통합을 지향하는 기술

05 데이터 통신 시 대표적인 보안 위협 : 스니핑, 스푸핑 등

06 시큐어 코딩 : 안전한 소프트웨어를 개발하기 위해 지켜야 할 코딩 규칙과 소스 코드 취약 목록이 포함된 규칙

07 데이터베이스 암호화 : 알고리즘(대칭키, 해시, 비대칭키)과 암호화 기법(API 방식, Filter(Plug-In) 방식, Hybrid 방식)으로 구분

08 인터페이스 구현 검증 도구 : xUnit, STAF, FitNesse, NTAF, Selenium, watir 등

---

3 과목 데이터베이스 구축

| 1장 | 논리 데이터베이스 설계

01 관계 데이터 모델 구성 요소 : 개체, 속성, 관계

02 관계 데이터 모델 구성 절차 : 요구사항 분석 → 개념적 모델 → 논리적 모델 → 물리적 모델 → 데이터베이스 구현

03 개념적 설계 단계 : DBMS 독립적인 개념 스키마 설계, 트랜잭션 모델링, E-R 모델링을 수행

04 논리적 설계 단계 : 트랜잭션 인터페이스 설계, 목표 DBMS에 맞는 스키마 평가 및 정제

05 물리적 설계 단계 : 저장 레코드 양식 설계, 레코드 집중 분석 및 설계, 파일 조작 방법, 파일 접근 설계, 목표 DBMS에 맞는 물리적 구조로 변환 수행, 트랜잭션 세부 설계를 진행

06 일반 집합 연산자 : 합집합, 교집합, 차집합, 카티션 곱

07 순수 관계 연산자 : 셀렉트, 프로젝트, 조인, 디비전

08 튜플 관계 해석 : 튜플 변수, 한정 애트리뷰트, 원자식

09 논리 연산자 : AND($\wedge$, 원자식 간 '그리고'), OR($\vee$, 원자식 간 '또는'), NOT($\neg$, 원자식 부정)

10 정량자 : ① 전칭 정량자 $\forall$(for all, 모든 형태의 가능한 튜플), ② 존재 정량자 $\exists$(there Exists, 어떤 튜플 하나라도 존재)

11 ERD 표기법 : 바커, 정보 공학 표기법

12 E-R 모델 표현 : 개체-사각형, 관계-마름모, 연결-선, 속성-타원, 다중값 속성-이중 타원, 기본키-밑줄 타원

13 정보 공학 표기법 : 개체(사각형), 속성, 관계, 식별자, 서브타입(배타적, 포괄적)으로 구성

14 바커 표기법 : 개체(둥근 모서리 사각형), 속성, 관계, 식별자, 서브타입으로 구성

15 데이터베이스 정규화 : 1차 정규화(반복 그룹 속성 제거, 도메인 원자성), 2차 정규화(완전 함수 종속 제거), 3차 정규화(이행 함수 종속 제거), BCNF(후보키가 아닌 속성 제거), 4차 정규화(다가 종속성 제거), 5차 정규화(조인 종속성 제거)로 구성

16 함수적 종속성 : 반사 규칙(A $\supseteq$ B이면 A → B이고 A → A), 첨가 규칙(A → B이면 AC → BC이고 AC → B), 이행 규칙(A → B이고 B → C이면 A → C), 분해 규칙(A → BC이면 A → B이고 A → C), 결합 규칙(A → B이고 A → C이면 A → BC), 의사 이행성 규칙(A → B이고 WB → G이면 WA → G)

17 이상 현상 : 삽입, 삭제, 갱신 이상 ➜ 이상 현상을 해결하기 위해 정규화를 진행

18 반정규화 절차 : 반정규화 대상 조사 → 다른 방법 유도 검토 → 반정규화 적용

19 반정규화 기법 : 테이블 병합, 테이블 분할(수직, 수평), 테이블 추가

20 SQL 성능 튜닝 : ① 설계 튜닝(테이블 분할/통합, 인덱스 설계, 정규화/반정규화, Data Type 설계), ② DBMS 엔진(입출력 최소화, Buffer Pool 관리, Commit/Check Point 조절, Optimizer Mode), ③ SQL 문장 튜닝(힌트, 부분 범위 처리, 인덱스 접근, 조인 방식 및 접근 순서 변경)

| 2장 | 물리 데이터베이스 설계

01 데이터 용어 사전(데이터 사전) : 명명 규칙, 논리명, 물리명, 용어를 정의한 표준 체계

02 데이터베이스 관리 요소 : DBMS 구조, 이중화 구성, 분산 구조, 접근 제어, 데이터베이스 암호화 등

03 DBMS 백업(Backup) : 백업 주체(DBMS 논리 백업, 운영체제 물리 백업), 데이터 범위(전체, 차분-변경 부분만, 증분-전체 백업 이후 변경 누적)로 가능

04 테이블 유형 : 일반 유형, 클러스터 인덱스 테이블, 파티셔닝 테이블, 외부 테이블, 임시 테이블이 있음

05 무결성 : 절차적, 선언적으로 유지하고 동시성 제어, 회복 기법을 이용해 정확성, 일관성, 유효성, 신뢰성, 무효 갱신으로부터 데이터를 보호하기 위한 기법

06 무결성의 종류 : ① 실체(개체) 무결성, ② 영역(속성) 무결성, ③ 참조 무결성, ④ 사용자 정의 무결성, ⑤ 키 무결성

07 회복 기법 : 로그 기반 회복 기법(즉시 갱신/지연 갱신), 체크포인트 회복 기법, 그림자 페이징 회복 기법

08 인덱스의 종류 : 트리 기반 인덱스, 비트맵 인덱스 함수 기반 인덱스, 비트맵 조인 인덱스, 도메인 인덱스

09 분산 데이터베이스 투명성의 종류 : ① 위치 투명성, ② 복제 투명성, ③ 병행 투명성, ④ 분할 투명성, ⑤ 장애 투명성

10 접근 통제 : DAC(임의적 접근 통제), MAC(강제적 접근 통제)

11 보안 모델 유형 : 접근 통제 행렬(주체-행, 객체-열, 규칙), 기밀성 모델(No-Read Up, No-Write Down), 무결성 모델(No-Read Down, No-Write Up)

12 접근 통제 정책의 종류 : ① 신원 기반 정책(IBP, GBP), ② 규칙 기반 정책(MLP, CBP), ③ 역할 기반 정책

13 논리 데이터베이스 설계에서 물리 데이터 모델로의 변환 : 엔티티 → 테이블, 속성 → 칼럼, 주 식별자 → 기본키, 외래 식별자 → 외래키로 변환하고 관계, 관계의 카디널리티, 관계의 참여도 등을 변환

14 물리 데이터 모델 품질 검토의 목적 : 성능과 오류 예방

15 물리 데이터 모델 품질 검토의 기준 요소 : ① 정확성, ② 완전성, ③ 준거성, ④ 최신성, ⑤ 일관성, ⑥ 활용성

16 CRUD 매트릭스의 구성 : ① 개체(Entity) 타입, ② 단위 프로세스, ③ CRUD(Create, Read, Update, Delete)

17 CRUD 매트릭스의 분석 방법 : ① 데이터 모델 검증, ② 프로세스 모델 검증

| 3장 | SQL 응용

01 SQL의 구성 : DDL(개체 정의, 수정, 삭제), DML(데이터 조작), DCL(권한 부여&회수)

02 테이블 용어 : ① 행 = 튜플 = 레코드, ② 카디널리티(행의 개수), ③ 열 = 애트리뷰트, ④ 차수(열의 개수), ⑤ 도메인(하나의 애트리뷰트가 가질 수 있는 원자값들의 집합)

03 키(Key)의 종류 : ① 슈퍼키(유일성 ○, 최소성 ×), ② 후보키(유일성 ○, 최소성 ○), ③ 기본키(유일성 ○, 최소성 ○, 대표성 ○), ④ 대체키(유일성 ○, 최소성 ○, 기본키 대체 가능), ⑤ 외래키(연관 관계가 있는 다른 테이블의 후보키를 참조하는 키)

04 DDL 대상 : 스키마, 도메인, 테이블, 뷰, 인덱스

05 DDL 유형 : CREATE, ALTER, TRUNCATE, DROP

06 제약조건 : 테이블 생성 시 PK(Primary Key), FK(Foreign Key), UNIQUE, NOT NULL, CHECK로 제약조건을 적용할 수 있음

07 DCL 유형 : GRANT/REVOKE, COMMIT, ROLLBACK, CHECKPOINT

08 사용자 권한 부여 : GRANT 사용 시 WITH GRANT OPTION을 적용하면 권한을 받은 사용자가 다른 사용자에게 부여받은 권한을 다시 부여할 수 있음

09 사용자 권한 회수 : REVOKE 사용 시 CASCADE를 적용하면 재부여된 사용자 권한이 연쇄적으로 취소됨

10 DML 유형 : INSERT, SELECT, UPDATE, DELETE

11 트랜잭션의 특징 : ① 원자성(Atomicity) = All or Nothing, ② 일관성(Consistency) = 무결성, ③ 고립성(Isolation) = 독립성, ④ 영속성(Durability)

12 트랜잭션의 상태 변화 : ① 활동(Active), ② 부분 완료(Partially Committed), ③ 완료(Committed), ④ 실패(Failed), ⑤ 철회(Aborted)

13 동시성 제어를 하지 않을 경우 발생하는 문제 : ① 갱신 손실, ② 현황 파악 오류, ③ 모순성, ④ 연쇄 복귀

14 동시성 제어 기법의 유형 : ① Locking, ② 2PL(Phase Locking), ③ Timestamp Ordering, ④ 낙관적 검증(Optimistic Validation), ⑤ 다중 버전 동시성 제어(MVCC)

15 조인 유형 : ① 논리적 조인(내부 조인, 외부 조인), ② 물리적 조인(Nested Loop Join, Merge Join, Hash Join)

16 내부 조인 유형 : ① 동등 조인, ② 자연 조인, ③ 교차 조인

17 외부 조인 유형 : ① 왼쪽 외부 조인, ② 오른쪽 외부 조인, ③ 완전 외부 조인

18 서브쿼리 유형(동작 방식 기준) : ① 비연관 서브쿼리(메인쿼리와 상관없음), ② 연관 서브쿼리(서브쿼리가 메인쿼리 칼럼을 갖음)

19 서브쿼리 유형(반환 데이터 기준) : ① 단일 행 서브쿼리, ② 복수 행 서브쿼리, ③ 다중 칼럼 서브쿼리

20 SQL 함수의 종류 : ① AGGREGATION FUNCTION(SUM, COUNT, MAX, MIN 등), ② GROUP FUNCTION(CUBE, ROLLU, GROUPING SETS 등), ③ WINDOW FUNCTION(PARTITION BY, ORDER BY 등)

21 윈도우 함수 분류 : ① 순위 함수(RANK, DENSE_RANK, ROW_NUMBER), ② 행 순서 함수(FIRST_VALUE, LAST_VALUE, LAG, LEAD), ③ 비율 함수(RATIO_TO_REPORT, PERCENT_RANK, CUME_DIST, NTILE)

22 집계 함수 : COUNT(개수), SUM(합계), AVG(평균), MIN(최소), MAX(최대)

23 집합 연산자 유형 : ① UNION(중복 제거, 속도 저하), ② UNION ALL(중복 포함), ③ INTERSECTION(교집합), ④ EXCEPT(MINUS, 차집합, NOT IN 가능)

| 4장 | SQL 활용

01 뷰의 특징 : ① 물리적으로 저장되지 않음, ② 논리적 독립성을 제공, ③ 독립적 인덱스 생성이 불가능, ④ 뷰의 이름 변경 불가(삭제 후 신규 생성)

02 인덱스 생성 : 자동 생성은 안되지만 기본키 생성 시 자동으로 인덱스가 생성됨

03 인덱스의 분류 : ① 단일 인덱스, ② 순서 인덱스, ③ 해시 인덱스, ④ 결합 인덱스, ⑤ 함수 기반 인덱스, ⑥ 비트맵 인덱스, ⑦ 클러스터드 인덱스

04 인덱스 스캔 방식 : ① Index Full Scan, ② Index Unique Scan, ③ Index Skip Scan, ④ Index Fast Full Scan, ⑤ Index Range Scan Descending

05 Index Sequential File : 키값을 이용한 정렬로 순차적으로 접근 ➡ ① 기본 영역, ② 색인 영역, ③ 오버플로 영역으로 구성

06 트리거 실행 : 특정 테이블에 데이터 변경 이벤트 발생 시 DBMS에서 자동으로 실행

07 트리거의 구성 : ① 트리거가 실행될 조건이 되는 문장이나 이벤트, ② 실행 조건의 제약, ③ 실행될 내용 ➡ 이벤트의 구성도 동일

08 사용자 정의 함수 : 프러시저와 대부분 동일, 단일값만 반환되는 것이 다름

09 오류 핸들러 선언 구문

> DECLARE 액션 HANDLER FOR 상태값 명령문;

① 액션 : 오류 발생 시 핸들러 처리 방법

② 상태값 : 오류 핸들러가 수행되기 위한 오류 코드

③ 명령문 : 오류 핸들러가 호출될 때 실행되는 명령어

10 OLAP의 구성 요소 : ① ETT/ETL, ② ODS, ③ Meta Data, ④ Data Mart, ⑤ Reporting Tool

11 OLAP 연산의 종류 : ① Slicing, ② Dicing, ③ Roll-Up, ④ Drill-Down, ⑤ Pivot

---

| 5장 | 데이터 전환

01 데이터 전환 정의 : 원천 시스템에서 데이터를 추출하여 변환 과정을 거쳐 목적 시스템에 적재하는 과정 ➡ ETL-Extraction, Transformation, Load, 데이터 이행, 데이터 이관이라고도 함

02 데이터 전환 사전 지식 : ① 구조적 질의어, ② 관계 정의, ③ 데이터 조작, ④ 프로그래밍 지식

03 데이터 전환 수행 절차 : 데이터 전환 계획 및 요건 정의 → 데이터 전환 설계 → 데이터 전환 개발 → 데이터 전환 테스트 및 검증 → 데이터 전환

04 데이터 정제 요청서 정의 : 데이터 정제 과정에서 데이터에 분석된 오류 내용을 근거로 정제 유형을 분류해 현재의 정제 상태를 기록하는 과정

05 데이터 정제 요건 목록 : ① 정제 제목, ② 정제 전략, ③ 정제 유형, ④ 정제 방법, ⑤ 상태, ⑥ 검증 방법

06 데이터 정제 요청서 작성 항목 : ① 정제 ID, ② 정제 제목, ③ 관련 테이블, ④ 예상 처리 건수

07 데이터 품질 관리 프레임워크의 대상 : ① 데이터값, ② 데이터 구조, ③ 데이터 관리 프로세스

08 데이터 품질 관리 프레임워크의 조직 : ① CIO/EDA(개괄적 관점), ② DA(개념적 관점), ③ Modeler(논리적 관점), ④ DBA(물리적 관점), ⑤ User(운용적 관점)

09 데이터 정제의 오류(Check Factor) : ① 심각도(상, 중, 하), ② 상태(Open, Assigned, Fixed, Closed, Differed, Classified)

4과목 프로그래밍 언어 활용

| 1장 | 서버 프로그램 구현

01 웹 서버 : 정적 콘텐츠를 제공하는 역할

02 WAS : 동적 콘텐츠를 제공하는 역할

03 서버 아키텍처 구성 요소 : 운영체제, 웹 서버, 웹 애플리케이션 서버, 데이터베이스 서버, 파일 서버 등

04 통합 개발 도구 : 구현 도구, 테스트 도구, 형상 관리 도구, 빌드 도구

05 CCB(Configuration Control Board) : 형상 관리에 대한 전략과 통제 등 전반적인 관리 통제를 하는 조직

06 데브옵스 : 소프트웨어의 개발(Development)과 운영(Operations)의 합성어 ➡ 소프트웨어 개발자와 정보기술 전문가 간의 소통, 협업 및 통합을 강조하는 개발 환경이나 문화를 의미하는 방법론

07 CI(Continuous Integration) : 중앙 저장소에 지속적으로 코드가 통합, 테스트되고 배포할 준비를 하는 자동 환경 구축 방법

08 CD(Continuous Delivery) : 소프트웨어의 빌드, 테스트, 릴리즈를 더 빠르고 더 자주 하기 위한 방법

09 프로그래밍 언어 선정 기준 : 적정성, 효율성, 이식성, 친밀성, 범용성

⑩ 디버깅 : 컴퓨터 프로그램 개발 단계 중에 발생하는 시스템의 논리적인 오류나 비정상적 연산(버그)을 찾아내고 그 원인을 밝히고 수정하는 작업 과정

⑪ 컴파일 : 원시 코드를 주로 다른 프로그램이나 하드웨어가 처리하기에 용이한 형태로 출력되는 목적 코드로 옮기는 과정

⑫ 배포 : 최종 사용자에게 소프트웨어를 전달하는 과정

⑬ 빌드 : 소스 코드 파일을 컴퓨터나 휴대전화에서 실행할 수 있는 독립 소프트웨어 가공물로 변환하는 과정

⑭ Java의 객체 접근 제한자 : public(모든 접근 허용), protected(상속 관계만 허용), default(같은 패키지 내 허용), private(현재 클래스 내에만 허용)

⑮ 서버 프레임워크 구성 요소 : 개발 환경, 실행 환경, 운영 환경, 관리 환경

⑯ 서버 보안의 취약 유형 : 메모리 보안 침입(버퍼 오버플로, 허상 포인터), 입력 확인(포맷 스트링 버그, SQL 삽입, 코드 인젝션), 경쟁 상태(심볼릭 링크 경쟁), 권한 이용 공격(요청 위조 공격, 클릭재킹)

⑰ API : 외부에서 해당 기능을 이용하거나 애플리케이션을 구현하도록 함수, 프로토콜, 기능 등을 제공할 수 있는 인터페이스

⑱ 모듈화 : 결합도는 낮을수록 독립성이 좋고, 응집도는 높을수록 독립성이 좋음

⑲ 배치 프로그램 : 사용자와의 상호 작용 없이 일련의 작업들을 작업 단위로 묶어 정기적으로 반복 수행하거나 정해진 규칙에 따라 일괄 처리하는 프로그램

| 2장 | 프로그래밍 언어 활용

① Java의 변수 타입 : 정수형(byte, short, int, long), 실수형(float, double), 문자형(char)

② C/C++의 변수 타입 : 정수형(short, int, long, unsigned short, unsigned int, unsigned long), 실수형(float, double), 문자형(char, unsigned char)

③ 포인터 : 메모리의 주소값을 저장하는 변수 ➡ 포인터 변수라고도 부름

④ 연산자 : 프로그램 실행을 위해 연산을 표현하는 기호

⑤ 배열(Array) : 같은 타입의 변수들로 이루어진 유한 집합 ➡ 배열 요소(Element-배열을 구성하는 각각의 값), 인덱스(Index-배열에서의 위치를 가리키는 숫자)

⑥ 제어문 : 조건문(if문, switch문), 반복문(while문, do/while문, for문)

⑦ 구조체 : 여러 데이터 타입(자료형)을 가진 변수들을 하나로 묶어 사용할 수 있도록 정의하는 표현식

⑧ 절차적 프로그래밍 언어 : 단순히 순차적인 명령 수행이 아니라 루틴, 서브루틴, 메소드, 함수 등을 이용한 프로그래밍 패러다임 언어 ➡ 대표적 언어 – C언어 등

⑨ 객체 지향 프로그래밍 언어 : 프로그램을 단순히 데이터와 처리 방법으로 나누는 것이 아니라, 프로그램을 수많은 '객체'라는 기본 단위로 나누고 이 객체들의 상호작용으로 프로그래밍하는 언어 ➡ 대표적 언어 – C++, Java 등

⑩ 스크립트 언어 : 기계어로 컴파일되지 않고 별도의 번역기를 통해 소스를 읽어 동작하는 언어 ➡ 대표적 언어 – 자바스크립트, 파이썬, PHP, Node.js 등

⑪ 선언형 언어 : 특정 선언만 명시하여 프로그램을 동작시키는 프로그래밍 언어 ➡ 대표적 언어 – HTML, XML, SQL 등

⑫ 라이브러리 : 프로그램을 참조하여 효율적으로 개발할 수 있도록 모아 놓은 집합체

⑬ 예외 처리 : 프로그램이 처리되는 동안 특정한 문제가 일어났을 때 처리를 중단하고 다른 처리를 하는 방법

| 3장 | 응용 SW 기초 기술 활용

① 운영체제의 기능 : 파일 관리, 네트워킹, 입출력 관리, 보호 시스템, 명령 해석, 메모리 관리

02 **커널(Kernel)** : 운영체제의 핵심을 이루는 요소로서, 컴퓨터 내의 자원을 사용자 프로그램이 사용할 수 있도록 관리하는 프로그램

03 **메모리 관리 전략** : 할당 기법(고정 할당/가변 할당), 호출 기법(요구 호출/예상 호출), 배치 기법(First, Best, Next, Worst Fit), 교체 기법(FIFO, OPT, LRU, LFU, NUR)

04 **분할 기법의 종류** : 페이징 기법, 세그먼테이션 기법

05 **페이징(Paging) 기법** : 가상기억장치를 모두 같은 크기의 페이지로 편성하여 운용하는 기법

06 **세그먼테이션(Segmentation) 기법** : 가상기억장치를 서로 크기가 다른 논리적 단위인 세그먼트로 분할하는 기법

07 **사상 기법의 종류** : 직접 사상, 연관 사상, 집합 연관 사상

08 **직접 사상(Direct Mapping)** : 순서대로 블록 하나, 캐시 하나를 매치하는 방법

09 **연관 사상(Associative Mapping)** : 직접 사상의 단점을 보완하여 메모리의 각 블록이 캐시의 어느 라인에나 적재 가능하도록 하는 기법

10 **집합 연관 사상(Set Associative Mapping)** : 직접 사상과 연관 사상의 장점을 결합한 기법으로 캐시 메모리를 세트로 구성하고, 주기억장치가 세트에 대응되어 세트 내 자유롭게 매핑이 가능한 캐시 사상 기법

11 **프로세스 상태** : ① 생성 상태(사용자에 의해 프로세스가 생성된 상태), ② 준비 상태(CPU를 할당 받을 수 있는 상태), ③ 실행 상태(프로세스가 CPU를 할당 받아 동작 중인 상태), ④ 대기 상태(프로세스 실행 중 입출력 처리 등으로 인해 CPU를 양도하고 입출력 처리가 완료될 때까지 기다리는 상태), ⑤ 완료 상태(프로세스가 CPU를 할당받아 주어진 시간 내에 수행을 종료한 상태)

12 **문맥 교환(Context Switching)** : 멀티 프로세스 환경에서 실행 중인 프로세스의 상태를 보관하고 새로운 프로세스의 상태를 CPU에 적재하는 과정

13 **프로세스 스케줄링의 종류** : 선점, 비선점

14 **선점 스케줄링** : 한 프로세스가 CPU를 점유하고 있을 때 우선순위가 높은 다른 프로세스가 현재 프로세스를 중지시키고 자신이 CPU 점유 가능 ➜ 종류 : RR(Round Robin), SRT, Multi-Level Queue, Multi-Level Feedback Queue, RM, EDF

15 **비선점 스케줄링** : 한 프로세스가 CPU를 점유하면 프로세스가 종료되거나 CPU 반환 시까지 다른 프로세스는 CPU 점유 불가 ➜ 종류 - 우선순위 스케줄링, 기한부 스케줄링, FCFS(FIFO), SJF(SPN), HRN

16 **스레드(Thread)** : 프로세스보다 가볍게 독립적으로 수행되는 순차적인 제어 흐름의 기본 단위

17 **인터럽트(Interrupt)** : 컴퓨터 시스템 외부, 내부, 소프트웨어적인 원인으로 CPU가 처리하던 프로그램을 중단하고 특수 사건이나 환경을 처리할 수 있도록 보내는 제어 신호

18 **환경 변수** : 프로그램에서 동적으로 선언하여 다양한 환경에서 작동할 수 있는 변수

19 **셸 스크립트** : 셸이나 명령 줄 인터프리터를 통해서 실행될 수 있도록 하는 스크립트(Script)

20 **지역성** : 프로세스는 국지적(Local) 부분을 집중 참조한다는 개념으로, 작은 용량의 고속 메모리에서 데이터 적중률(Hit Rate)을 높이기 위한 원리임

21 **지역성 유형** : 공간적, 시간적, 순차적 지역성

22 **교착 상태(Deadlock)** : 멀티 프로세스 환경에서 2개 이상의 프로세스가 아무리 기다려도 자원을 사용할 수 없는 무한 대기 상태

23 **교착 상태 발생 원인** : 상호 배제(Mutual Exclusion), 점유와 대기(Hold & Wait), 비선점(Non-Preemption), 환형 대기(Circular Wait)

24 **교착 상태의 해결 방안** : 예방(Prevention), 회피(Avoidance), 발견(Detection), 회복(Recovery)

25 **네트워크 TCP/IP 프로토콜 4계층** : Application(응용 계층), Transport(전송 계층), Internet(인터넷 계층), Network Access(네트워크 액세스 계층)

26 IPv4 : 인터넷에서 사용되는 패킷 교환 네트워크상에서 데이터를 교환하기 위한 32비트 주소 체계를 갖는 네트워크 계층의 프로토콜

27 IPv6 : IPv4가 가지고 있는 주소 고갈, 보안성, 이동성 지원 등의 문제점을 해결하기 위해서 개발된 128비트 주소 체계

28 TCP(Transmission Control Protocol) : 양종단 호스트 내 프로세스 상호 간에 신뢰적인 연결 지향성 서비스를 제공하는 프로토콜

29 UDP(User Datagram Protocol) : TCP의 다양한 기능을 축소하여 단방향으로 비연결을 보장하고 빠른 데이터 전송을 지원하는 프로토콜

30 FTP(File Transfer Protocol) : TCP/IP 프로토콜을 기반으로 서버, 클라이언트 사이에서 파일 송수신을 하기 위한 프로토콜

31 TELNET : 인터넷이나 로컬 영역의 네트워크 연결을 위해 23번 포트를 이용하는 네트워크 프로토콜

32 SSH(Secure Shell) : 보안을 강화하여 22번 포트를 이용하는 프로토콜

33 ARP(Address Resolution Protocol) : 네트워크상에서 IP 주소를 물리적 네트워크 주소로 대응(Bind)시키기 위해 사용되는 프로토콜

34 RARP : ARP의 반대 개념으로, MAC 주소로 IP 주소를 가져오는 방식의 프로토콜

35 LAN(Local Area Network) : 다수의 독립적인 컴퓨터 기기들이 상호 간 통신이 가능하도록 하는 통신 방법 ➡ LAN의 표준 : 802.11 등

36 슈퍼넷팅(Supernetting) : 한 네트워크에 수많은 호스트가 있는 경우 원활한 통신이 불가능한데, 이를 해결하기 위해 브로드캐스트(네트워크) 영역을 나누는 기법

37 서브넷 마스크 : 32비트의 값으로 네트워크 ID와 호스트 ID를 AND 연산하여 IP 주소를 효율적으로 구분하는 역할을 함

38 슈퍼넷팅(Supernetting) : 여러 네트워크에 할당된 주소 범위를 그룹화시켜 하나로 묶어 표현하는 방법으로, 여러 네트워크 주소들을 마치 하나의 큰 주소(Supernet)처럼 크게 그룹화함

39 CDN(Contents Delivery Network) : 콘텐츠를 효율적으로 전달하기 위해 여러 노드(웹 캐시)를 가진 네트워크에 데이터를 저장하여 제공하는 시스템

40 SDN(Software Defined Network) : 개방형 API인 오픈플로를 통해 네트워크의 트래픽 전달 동작을 프로그래밍하듯 소프트웨어 기반으로 컨트롤러에서 제어하는 네트워크 인프라

41 DHCP(Dynamic Host Configuration Protocol) : 네트워크 관리자가 조직의 중앙에서 일정한 시간 동안만 유효하도록 하는 임대 개념의 IP 주소를 할당하고 관리할 수 있도록 해 주는 프로토콜 ➡ Discover, Offer, Request, Ack로 작동

5 과목 정보 시스템 구축 관리

1장 | 소프트웨어 개발 방법론 활용

01 소프트웨어 생명주기 모델 : 폭포수 모델, 프로토타이핑 모델, 나선형 모델, 반복적 모델, RAD 모델

02 폭포수 모델(Waterfall Model) : 순차적, 하향식, 산출물 중심

03 프로토타이핑(Prototyping Model) : 시제품으로 의사소통 및 피드백을 수행

04 나선형 모델(Spiral Model) : ① 계획 및 정의, ② 위험 분석, ③ 개발, ④ 고객 평가 순서로 반복 ➡ 위험 부담을 감소할 수 있어 대규모 프로젝트에 적합

05 반복적 모델(Interation Model) : 병렬 개발하는 증분형(Incremental)과 단계별 진화하는 진화형(Evolutional) 모델이 있음

06 RAD 모델 : JRP, JAD, Cutover 절차로 진행

07 소프트웨어 개발 방법론 : 구조적 방법론, 정보 공학 방법론, 객체 지향 방법론, 컴포넌트 기반 방법론, 애자일 방법론, 제품 계열 방법론

08 구조적 방법론 : Top-Down으로 분할과 정복을 수행하는 개발 방법론

09 **정보 공학 방법론** : 구조적 방법론의 문제를 극복하고 대규모 정보 시스템을 구축 ➜ Top-Down으로 진행

10 **객체 지향 방법론** : 객체 지향 기법을 활용하여 정보 시스템을 구축하는 개발 방법론

11 **컴포넌트 기반 방법론** : 컴포넌트 제작 기법을 통한 재사용성 향상과 비용을 최소화할 수 있음

12 **애자일 방법론** : 애자일 선언문의 4가지 가치와 12가지 원칙을 기반으로 함

13 **스크럼(Scrum)** : 제품 기능 목록(Product Backlog)을 2~4주 정도의 스프린트 개발 기간 동안 점진적, 반복적으로 개발하는 애자일 기법

14 **XP** : 의사소통과 TDD를 기반으로 짧은 개발 주기로 소프트웨어 개발하는 애자일 방법론

15 **린(Lean)** : 빠른 프로토타입과 신속한 고객 피드백을 통하여 JIT(Just in Time) 달성과 함께 낭비를 제거하는 개발 방법론

16 **제품 계열 방법론** : 도메인 공학, 응용 공학, 핵심 자산으로 재사용성과 생산성을 극대화한 방법론

17 **소프트웨어 품질 평가 및 개선 모델** : ISO/IEC 12207, CMMI, SPICE 모델

18 **ISO/IEC 12207** : 소프트웨어의 체계적인 획득, 공급, 개발, 운영 및 유지보수에 있어 기본, 지원, 조직 생명주기 프로세스를 구성하여 소프트웨어 생명주기 표준을 제공

19 **CMMI(Capability Maturity Model Integration)** : 소프트웨어 개발 조직의 업무 능력과 조직의 성숙도를 평가하는 평가 모델

20 **CMMI 역량 성숙도 단계** : 불완전, 초기, 관리, 정의, 정량적 관리, 최적화

21 **SPICE(Software Process Improvement and Capability dEtermination)** : 소프트웨어 개발 프로세스를 개선하여 개발자의 능력을 향상시키고 개발 위험을 통제하는 소프트웨어 품질 평가 표준

22 **SPICE 수행 능력** : 불완전, 수행, 관리, 확립, 예측, 최적화

23 **스프링 프레임워크** : 자바(Java) 플랫폼상의 경량화된 오픈 소스 웹 애플리케이션 프레임워크

24 **전자정부 프레임워크** : 공공사업에 적용되는 개발 프레임워크의 표준을 제공하며 응용 소프트웨어 표준화, 품질 및 재사용성 향상을 목표로 함

25 **테일러링 절차** : 프로젝트 특징 정의 → 표준 프로세스 선정 및 검증 → 상위 수준의 커스터마이징 → 세부 커스터마이징 → 테일러링 문서화

26 **비용 산정 모델 분류** : 상향식(LOC, 개발 단계별 노력, COCOMO, Putnam, 기능 점수), 하향식(전문가 판단, 델파이)

27 **LOC(Line of Code)** : 노력(인/월, M/M) = 개발 기간(Month) * 투입 인원 = (LOC) / (개발자 1인당 월평균 생산 코드 라인 수)

28 **COCOMO(COnstructive COst MOdel)** : 시스템의 규모(LOC)를 추정한 이후 소프트웨어 종류에 따라 다르게 준비된 식에 대입하여 소요 노력(M/M)을 예측하여 비용을 산정하는 기법

29 **COCOMO 유형** : 단순형(Organic Model), 중간형(Semi Detached Model), 임베디드형(Embedded Model)

30 **Putnam** : 노력의 분포를 가정해 주는 모형 ➜ Rayleigh-Norden 곡선과 함께 시간에 따른 함수로 표현되며 노력 분포도를 기초로 개발한 자동화 추정 도구로 SLIM이 있음

31 **기능 점수(FP)** : 최종 사용자 관점에서 정량적으로 비용을 산정함 ➜ 소프트웨어 사업 대가 산정 가이드에서 제시하는 기능 점수 산정 방법−정통법과 간이법

32 **전문가 판단** : 조직 내에 있는 경험이 많은 2명 이상의 전문가에게 비용 산정을 의뢰하는 기법

33 **델파이** : 전문가의 편견이나 분위기에 지배되지 않도록 한 명의 조정자와 여러 전문가로 구성됨

34 **활동 기간 산정 주요 기법** : 전문가 판단, 유사 산정, 모수 산정, 3점 산정

35 **일정 개발 주요 기법** : 주공정법(CPM), 주공정 연쇄법(CCM), 자원 최적화 기법, 일정 단축 기법

36 **주공정법(CPM)** : 프로젝트 최소 기간을 결정하는 데 사용하는 일정 네트워크 분석 기법

37 **주공정 경로(Critical Path)** : 여유 기간(Float)이 '0'인 활동을 연결한 최소 경로

38 **주공정법 기간 계산 방법** : 전진 계산, 후진 계산, 여유 기간 계산, 주공정 경로 계산(임계 경로)

39 **주공정 연쇄법(CCM)** : 프로젝트 일정을 산정할 때 자원의 가용 기간이나 인력 투입 계획을 고려하여 일정을 수립하는 기법

40 **자원 최적화 기법** : 자원의 과다 배치를 줄이는 기법

41 **자원 최적화 기법의 종류** : 자원 평준화(Resource Leveling), 자원 평활화(Resource Smoothing)

42 **일정 단축 기법** : 일정을 단축하기 위한 기법

43 **일정 단축 기법의 종류** : 공정압축법(Crashing), 공정중첩 단축법(Fast Tracking)

| 2장 | IT 프로젝트 정보 시스템 구축 관리

01 **광전송 장비** : 비교적 긴 거리의 트래픽 전송에 이용 ➡ 최근에는 광케이블을 통한 전송 장비가 대세를 이루고 있음

02 **광전송 장비 구분** : SONET, SDH, DWDM, MWDM, CET 방식

03 **라우팅 프로토콜의 분류** : 정적 및 동적, 내부(RIP, OSPF) 및 외부(BGP, EGP)

04 **RIP** : 거리 벡터 알고리즘을 사용하는 가장 단순한 라우팅 프로토콜(최대 홉 수는 15, 30초마다 주기 교환) ➡ 벨만 포드 알고리즘

05 **OSPF** : 라우팅 정보에 변화가 발생하면 변경된 정보를 모든 네트워크에 전송(대규모 네트워크) ➡ 다익스트라(Dijkstra) 알고리즘

06 **BGP** : 대표적인 EGP(Exterior Gateway Protocol) 중의 하나로, 도메인 간의 라우팅 정보 전달 기능을 수행(홉 수 대신 AS 번호를 사용) ➡ 패스 벡터 알고리즘

07 **소프트웨어 정의 네트워크(SDN)** : 네트워크 트래픽 경로를 제어하는 제어 평면(Control Plane)과 트래픽 전송을 수행하는 데이터 평면(Data Plane)으로 분리하고 개방형 프로토콜 오픈플로를 이용하여 소프트웨어 기반 가상 네트워크를 구성하는 네트워크 관리 기술

08 **오픈플로(OpenFlow)** : 이기종의 스위치와 라우터의 플로 테이블을 개방형 프로토콜에 의해서 패킷 전달 및 제어 기능을 소프트웨어적으로 분리 구현한 SDN을 위한 인터페이스 표준 기술

09 **네트워크 기능 가상화(NFV)** : 네트워킹에 필요한 모든 유형의 자원을 추상화하고 소프트웨어적으로 자동화, 관리, 제어가 가능한 기술(x86 기반, NFVI, VNFs, MANO)

10 **오버레이 네트워크(Overlay Network)** : 존재하는 네트워크 전달망 기능 위에 별도의 노드 기능과 논리적 링크들을 구성하여 이루어진 가상 네트워크

11 **에지 컴퓨팅(Edge Computing)** : 저지연, 부하 분산 역할을 수행하기 위하여 데이터가 생성되는 가까운 위치에서 데이터를 처리하기 위한 기술

12 **네트워크 슬라이싱(Network Slicing)** : 논리적으로 분리된 네트워크를 만들고 이를 서로 다른 특성을 갖는 다양한 서비스들에 최적화된 네트워크 환경을 제공하는 5G 핵심 기술

13 **메시 네트워크(Mesh Network)** : 무선 환경이지만 안전성, 확장성, 보안까지 지원하며 수십, 수천 개의 디바이스가 서로 안전하게 통신해야 하는 센서 네트워크 등 사물 인터넷 환경에 적합한 기술

14 **스토리지 종류** : DAS, NAS, SAN 등 ➡ DAS는 서버 장비에 직접 연결, NAS는 서버 장비와 이더넷 네트워크로 연결, SAN은 광케이블(FC)과 광채널 스위치를 통해 연결함

15 **고가용성(HA) 유형** : Hot Standby, Mutual Take-Over, Concurrent Access

16 **클라우드 컴퓨팅(Cloud Computing)** : 서버, 스토리지, 애플리케이션 등 IT 리소스를 온디맨드(On-Demand)로 제공하고 사용한 만큼만 비용을 지불하는 컴퓨팅

17 **SaaS** : 소프트웨어나 애플리케이션을 제공

18 **PaaS** : 개발 도구나 프레임워크를 제공

19 **IaaS** : 스토리지, 서버, 메모리 등 인프라 하드웨어 자원을 제공

20 **클라우드 서비스 분류** : Public Cloud, Private Cloud, Community Cloud, Hybrid Cloud

21 **가상화(Virtualization)** : 하드웨어와 같은 물리적인 컴포넌트를 논리적인 객체로 추상화하는 것

22 **가상화 종류** : 서버 가상화, 데스크톱 가상화, 애플리케이션 가상화, 하드웨어(CPU, 메모리, 스토리지, 네트워크) 가상화

23 **가상 머신(VM)** : 하이퍼바이저를 사용하여 물리적 서버 자원을 추상화하여 여러 게스트 운영체제를 지원하는 가상화 기술

24 **컨테이너** : 리눅스 컨테이너 기반 엔진으로 애플리케이션 자원을 공유 및 격리하여 제공하는 가상화 기술

25 **오픈 스택(Open Stack)** : 클라우드 컴퓨팅 인프라를 쉽게 구축할 수 있으며 이를 개발하고 관리할 수 있는 공개 소스 소프트웨어 기반의 클라우드 컴퓨팅 플랫폼

26 **오픈 스택의 구성 요소** : Nova(컴퓨팅), Swift(오브젝트 스토리), Cinder(블록 스토리지), Neutron(가상 네트워크), KeyStone(인증), Glance(가상 머신 이미지) 등

27 **SDDC(Software Defined Data Center)** : 데이터 센터의 모든 구성 요소를 가상화하고, 소프트웨어로 자동 통제 및 관리하는 개념의 데이터 센터

28 **기계 학습 유형** : 지도 학습, 비지도 학습, 강화 학습

29 **지도 학습** : 훈련 데이터로 입력값과 출력값이 주어진 학습 방법 ➔ 서포트 벡터 머신, 은닉 마르코프 모델, 회귀 분석, 신경망, 나이브 베이즈

30 **비지도 학습** : 입력값에 대한 목표치가 주어지지 않고 학습 ➔ 군집화(Clustering), 독립 성분 분석

31 **강화 학습** : 주어진 환경에서 에이전트가 현재 상황을 인식하여 보상을 통하여 학습 ➔ Q-Learning, DQN

32 **딥러닝 알고리즘 유형** : 심층 신경망(DNN), 합성곱 신경망(CNN), 순환 신경망(RNN)

33 **심층 신경망(DNN)** : 입력층, 출력층 사이의 다중의 은닉층을 가지고 있는 인공신경망

34 **합성곱 신경망(CNN)** : 주로 컴퓨터 비전을 위해 이미지 분류, 인식에 사용되며, 합성곱층(Convolution layer, Pooling layer), 완전 연결층(Fully connected layer)을 통해 특징을 추출하고 차원 축소 단계를 거쳐 이미지를 분류하고 인식하는 인공신경망

35 **순환 신경망(RNN)** : 유닛 간 연결이 순환적 구조를 가지고 있으며 장기 메모리를 활용하여 주로 음성 인식, 자연어 처리와 같은 시계열 데이터 처리에 최적화된 인공신경망

36 **블록체인** : 네트워크에 참여하는 모든 사용자가 관리 대상이 되는 데이터를 분산 저장하여 데이터의 임의 조작이 어렵게 설계된 분산 처리 기술

37 **블록체인 주요 기술** : 분산 원장, 공개 키 기반 구조, 암호화 해시, P2P 네트워크, 합의 알고리즘, 스마트 컨트랙트

38 **블록체인 합의 알고리즘 유형** : 작업 증명(PoW), 지분 증명(PoS), 위임된 지분 증명(DPoS), PBFT

39 **디지털 트윈(Digital Twin)** : 현실 세계 센서를 통해 수집된 데이터를 기반으로 물리적인 사물이 가상 공간인 컴퓨터에 동일하게 표현되는 가상 모델

40 **서비스 지향 아키텍처(SOA)** : 서비스로 정의되는 분할된 애플리케이션 조각들을 단위로 Loosely-Coupled하게 연결한 서비스 지향의 아키텍처

41 **Mashup** : 웹에서 제공하는 정보 및 서비스를 이용하여 새로운 소프트웨어나 서비스 등을 만드는 기술

42 **빅데이터 3V** : 규모(Volumn), 다양성(Variety), 속도(Velocity)

43 **빅데이터 주요 기술**

수집	– 정형, 반정형, 비정형 데이터를 확보하여 목적지로 전송하는 기술 – 척와(Chukwa), 플럼(Flume), 스쿱(Sqoop)
저장	– 수집된 대용량의 데이터를 효과적으로 저장하는 기술 – 분산 파일 시스템, NoSQL, 네트워크 구성 및 클라우드 파일 저장 시스템 등 – HDFS(Hadoop File System), HBase, Cassandra
처리	데이터 여과, 데이터 변환, 데이터 정제, 데이터 통합, 데이터 축소

분석	연관성 분석, 분류 트리 분석, 유전 연산법, 기계 학습, 회귀 분석, 감성 분석, 사회 연결망 분석
시각화	시간 시각화, 분포 시각화, 관계 시각화, 비교 시각화, 공간 시각화
관리	암호화 기법, 프로비저닝, 메타 데이터, 마스터 데이터, 코드 관리

44 NoSQL(Not Only SQL) : 데이터 저장에 고정 테이블 스키마가 필요하지 않고, 조인 연산을 사용할 수 없으며, 수평적으로 확장 가능한 DBMS

45 NoSQL BASE 속성 : Basically Available, Soft State, Eventually Consistent

46 NoSQL CAP : 분산 컴퓨팅 환경은 일관성, 가용성, 분할 내성의 3가지 특징을 가지고 있으며, 이 중 2가지만 만족(Pick Two)할 수 있다는 이론

47 NoSQL의 데이터 모델 유형 : Key/Value Store, Column Family Store, Document Store, Graph Store

48 하둡(Hadoop) : HDFS(Hadoop File System)와 맵리듀스(MapReduce)를 이용하여 빅데이터를 효율적으로 처리하는 오픈소스 기반 분산 컴퓨팅 플랫폼

| 3장 | 소프트웨어 개발 보안 구축

01 소프트웨어 개발 보안 방법론의 종류 : MS-SDL, Seven Touchpoints, CLASP

02 MS-SDL(Microsoft - Secure Development Life cycle) : 마이크로소프트사가 보안 수준이 높은 안전한 소프트웨어를 개발하기 위해 수행한 프로세스 개선 작업으로 자체 수립한 SDL(Secure Development Life cycle) 방법론

03 Seven Touchpoints : 실무적으로 검증된 개발 보안 방법론으로, 소프트웨어 보안의 모범 사례를 소프트웨어 개발 라이프 사이클(SDLC)에 통합함 ➡ SDLC 단계에서 7가지 보안 강화 활동이 있음

04 CLASP : SDLC 초기 단계에 보안 강화를 목적으로 하는 정형화된 프로세스로써 활동 중심, 역할 기반의 프로세스로 구성된 집합체 ➡ 5가지 관점(개념, 역할, 활동 평가, 활동 구현, 취약점)에 따라 개발 보안 프로세스에 대하여 수행할 것을 제안함

05 정보보안 3요소(3가지 목적, CIA) : 기밀성, 무결성, 가용성 ➡ 정보보안을 위하여 책임 추적성, 부인방지, 접근 통제, 인증도 중요함

06 설계 단계 보안 항목 : 입력 데이터 검증 및 표현, 보안 기능, 에러 처리, 세션 통제

07 구현 단계 보안 항목 : 입력 데이터 검증 및 표현, 보안 기능, 시간 및 상태, 에러 처리, 코드 오류, 캡슐화, API 오용

08 입력 데이터 검증 및 표현의 보안 약점 : SQL 삽입(SQL Injection), 크로스사이트 스크립트(XSS), 크로스사이트 요청 위조(CSRF), 메모리 버퍼 오버플로, 포맷 스트링 삽입 등

09 보안 기능의 보안 약점 : 적절한 인증 없는 중요 기능 허용, 중요 정보 평문 저장, 하드 코드된 암호화 키, 취약한 비밀번호 허용 등

10 시간 및 상태의 보안 약점 : TOCTOU 경쟁 조건(검사 시점과 사용 시점), 종료되지 않은 반복문 또는 재귀 함수

11 에러 처리의 보안 약점 : 오류 메시지를 통한 정보 노출, 오류 상황 대응 부재, 부적절한 예외 처리

12 코드 오류의 보안 약점 : Null 포인터 역참조, 부적절한 자원 해제, 해제된 자원 사용, 초기화되지 않은 변수 사용

13 캡슐화의 보안 약점 : 잘못된 세션에 의한 데이터 정보 노출, 제거되지 않고 남은 디버그 코드, 시스템 데이터 정보 노출 등

14 API 오용의 보안 약점 : DNS Lookup에 의존한 보안 결정, 취약한 API 사용

15 암호화 목표 : 인증(Authentication), 기밀성(Confidentiality), 무결성(Integrity), 부인방지(Non-Repudiation), 가용성(Availability)

16 **암호화 원리** : 대체(Substitution), 블록화(Block), 치환(Transposition), 압축(Compaction), 혼돈(Confusion), 확산(Diffusion), 확장(Expansion)

17 **암호화 알고리즘의 유형(복호화 여부에 따른 구분)** : 양방향(SEED, ARIA, DES, AES, RSA), 단방향(SHA-256, MD5)

18 **암호화 알고리즘의 유형(키 형태에 따른 구분)** : 비밀키(대칭키) 암호화, 공개키(비대칭키) 암호화

19 **암호화 알고리즘의 유형(정보화 단위에 따른 구분)** : 스트림 암호화(RC4, A5/1), 블록 암호화(AES, DES, SEED, ARIA, LEA)

20 **암호화 알고리즘 종류**

DES	대칭키 방식으로 56bit 키와 64bit 평문 블록을 64bit의 암호문 블록으로 만드는 블록 암호 방식
AES	– DES를 대체하기 위한 대칭키 기반 알고리즘 – 블록 크기 128 bit, 키 길이 128/192/256 bit, SPN 구조
SEED	– 국산 대칭키 블록 암호화 알고리즘 – 블록 크기 128bit, 키 길이 128/256bit, Feistel 구조
ARIA	– 학계, 연구기관, 정부에서 공동의 노력으로 만든 국산 암호화 기술 – 블록 크기 128bit, 키 길이 128/192/256bit, Involutional SPN 구조
Diffie Hellman	– 최초의 공개키 암호 알고리즘 – 암호화되지 않은 통신망을 통하여 암호키를 교환하는 것이 가능한 알고리즘 – RSA의 기반을 제공
RSA	소인수분해의 난해함에 기반하여 공개키로 개인 키를 알아내기 어렵다는 것을 근간으로 만든 비대칭키 알고리즘
ECC	타원 곡선 이론에 기반하여 이산 로그 문제에 착안해 만들어진 공개키 암호화 알고리즘
LEA	– 모바일 기기 등 경량 환경에서 기밀성 제공을 위해 국내에서 개발된 128bit 블록 암호화 알고리즘 – AES 대비 1.5~2.7배 빠름 – 블록 크기 128bit, 키 길이 128/192/256bit, ARX(Addition, Rotation, XOR) 기반의 GFN(Generalized Feistel Network) 구조
LSH	– 국내에서 2014년 개발한 경량화 해시 함수 – Wide-Pipe Merkle Damgard 구조

01 **서비스 거부(DoS)** : 서비스 자원을 무리하게 요청해서 원활한 서비스가 제공될 수 없도록 하는 공격

02 **분산 서비스 거부(DDoS)** : 악성 코드 감염된 좀비 PC인 봇넷을 이용하여 네트워크에 많은 양의 악의적 트래픽을 발생시키는 공격

03 **SYN Flood 공격** : TCP 초기 연결 과정인 TCP 3 Handshaking의 구조적 약점을 공격하여 서비스 장애를 유발시키는 서비스 거부 공격의 한 형태

04 **ICMP Flood 공격** : 공격자가 봇넷을 이용해 대량의 ICMP 패킷을 전송하여 모든 대역폭을 소비시키는 공격 ➔ 스머프 공격(Smurf Attack)이라고도 함

05 **스피어 피싱(Spear Phishing)** : 창(Spear)과 피싱(Phishing)의 합성어로 특정 공격 대상을 지정하고 다양한 방법을 통해 집중적으로 공격 대상을 공격하여 정보를 탈취하는 공격

06 **지능형 지속 공격(APT)** : 특정 대상에 대해 명확한 목표를 설정하고 지능적이고 지속적으로 공격을 가하여 정보를 수집 및 유출하는 해킹 기법

07 **미라이 봇넷(Mirai Botnet)** : 사물 인터넷(IoT) 기기를 해커가 해킹을 통하여 네트워크상에서 통제권을 획득한 후 마음대로 제어하여 DDoS 공격에 사용하는 봇넷의 일종

08 **랜섬웨어(Ransomware)** : 몸값(Ransom)과 제품(Ware) 합성어로, 컴퓨터에 저장된 파일들을 암호화하여 사용자가 읽을 수 없도록 만들고 복구의 대가로 금전을 요구함

09 **인증 기술 유형** : 지식 기반(비밀번호, 가상 키패드), 소지 기반(OTP 토큰, 스마트카드, 신분증), 생체 기반(지문, 홍채), 특징 기반(서명, 동작, 위치 정보)

10 **서버 접근 통제 정책의 원칙** : 최소 권한 부여, 직무 분리의 원칙

11 **접근 통제 정책의 유형** : ① 강제적 접근 통제(MAC) 정책, ② 임의적 접근 통제(DAC), ③ 역할 기반 접근 통제(RBAC) 정책

12 **MAC(Mandatory Access Control)** : 관리자가 객체의 보안 레벨과 사용자 등급을 수정함

13 **DAC(Discretionary Access Control)** : 자원의 소유자가 자원에 대한 권한을 신분에 따라 부여함

14 **RBAC(Role Based Access Control)** : 역할(Role)을 설정하고 사용자에게 역할을 할당함

15 **접근 통제 보호 모델 유형** : ① 벨라파둘라(BLP), ② 비바(Biba), ③ 클락-윌슨(Clark and Wilson)

16 **벨라파둘라(BLP)** : 기밀성의 요구사항 충족을 위해 설계된 모델 ➡ No Read Up, No Write Down

17 **비바(Biba)** : 벨라파둘라(BLP)의 단점을 보완한 최초의 무결성 보장 모델 ➡ No Read Down, No Write Up

18 **클락-윌슨(Clark and Wilson)** : 비바(Biba) 무결성 모델보다 더 정교하며 위변조 방지, 정확한 트랜잭션, 직무 분리라는 3가지 무결성의 목표를 구현

19 **접근 통제 메커니즘** : ACL(Access Control List), CL(Capability List), SL(Security Level)

20 **ISO/IEC 27014** : 정보보호에 대한 최고 경영층의 의사결정 권한과 책임, 비즈니스와의 전략적 연계, 컴플라이언스 보장을 위해서 지켜야 할 원칙과 프로세스를 정의한 표준 ➡ 평가, 지시, 모니터, 의사소통, 보증

21 **보안 사건의 탐지 분류** : 정탐(보안 사건이라고 정해진 규칙에 의거하여 탐지한 내용), 오탐(보안 사건이 아님에도 불구하고 보안 사건으로 판정한 내용)

22 **오탐의 종류** : FAR, FRR

23 **FAR** : 비인가자를 정상적으로 인가된 사용자로 판단하게 되어 보안성이 낮음

24 **FRR** : 인가된 사용자이나 비정상적으로 판단하여 허가받지 못하는 탐지 오류

25 **탐지 모형** : 오용 탐지, 이상 탐지

26 **오용 탐지(Misuse)** : 침입 패턴(Rule Set)을 저장하여 패턴과 일치하면 탐지

27 **이상 탐지(Anomaly)** : 오용 탐지와 다르게 정상 패턴을 저장하고 이와 다르면 탐지

28 **침입 탐지 시스템(IDS)** : 네트워크 공격 형태를 사전에 분석하여 규칙을 만들어 놓고, 이상 패킷을 실시간으로 감지하여 관리자에게 통보하여 공격에 대응하는 네트워크 보안 솔루션

29 **침입 방지 시스템(IPS)** : 침입 탐지 시스템에 방지 기능까지 자동으로 수행하는 네트워크 보안 솔루션

30 **통합 위협 관리(UTM)** : 물리적인 하나의 장비에서 여러 보안 기능을 통합적으로 제공하는 네트워크 보안 장비 ➡ IDS, IPS 등 기능을 포함

31 **SSO** : 한 번의 인증만으로 전 시스템을 하나의 시스템처럼 사용할 수 있는 시스템

32 **EAM** : 정보 자원에 대한 접근 인증과 접근 권한을 관리하는 통합 인증 관리 솔루션

33 **IAM** : ID/PW를 종합적으로 관리해 주는 역할 기반의 사용자 계정 관리 솔루션

34 **취약점 분석** : 사이버 위협에 대한 정보 시스템의 취약점을 종합적으로 분석, 평가, 개선하는 일련의 과정

자산 (Asset)	조직 내의 가치를 갖고 있는 모든 것으로 보호해야 할 대상
위협 (Threat)	– 자산 손실을 초래할 수 있는 잠재적 원인 – 유형 : 의도적 위협, 우연한 위협
취약점 (Vulnerability)	잠재적인 위협의 이용 대상이 되는 것을 의미함
위험 (Risk)	자산 또는 자산 집합의 취약한 부분에 위협 요소가 발생하여 자산의 손실, 손상을 유발할 가능성을 의미함 위험 = 자산 x 위협 x 취약점

ㅋ

ㅊ

ㅌ

한 방에 합격하는

정보처리기사 필기

개정판 1쇄 발행	2023년 04월 01일
초 판 발 행	2021년 05월 03일(인쇄 2021년 03월 24일)
발 행 인	박영일
책 임 편 집	이해욱
저 자	박주형, 조숙향, 원선재, 홍관석, 안응원
편 집 진 행	박경림
표지디자인	김지수
편집디자인	신해니
발 행 처	(주)시대고시기획
출 판 등 록	제 10-1521호
주 소	서울시 마포구 큰우물로 75 [도화동 538 성지 B/D] 6F
전 화	1600-3600
홈 페 이 지	www.sdedu.co.kr

I S B N	979-11-383-2711-4(13000)
정 가	35,000원

※이 책은 저작권법에 의해 보호를 받는 저작물이므로, 동영상 제작 및 무단전재와 복제, 상업적 이용을 금합니다.
※이 책의 전부 또는 일부 내용을 이용하려면 반드시 저작권자와 (주)시대고시기획의 동의를 받아야 합니다.
※잘못된 책은 구입하신 서점에서 바꾸어 드립니다.